2020年天水市成纪之星人才项目“陇原名师石志学高中生物工作室建设暨核心素养导向的高中生物学教学策略研究”成果

本真与素养

——核心素养导向的高中生物学教学实践

石志学　编著

兰州大学出版社
LANZHOU UNIVERSITY PRESS

图书在版编目（CIP）数据

本真与素养 ：核心素养导向的高中生物学教学实践 / 石志学编著. -- 兰州 ：兰州大学出版社，2021.10
ISBN 978-7-311-06057-2

Ⅰ. ①本… Ⅱ. ①石… Ⅲ. ①生物课—教学研究—高中 Ⅳ. ①G633.912

中国版本图书馆CIP数据核字(2021)第208557号

责任编辑 张映春
封面设计 汪如祥

书　　名 本真与素养
　　　　——核心素养导向的高中生物学教学实践
作　　者 石志学 编著
出版发行 兰州大学出版社 （地址：兰州市天水南路222号 730000）
电　　话 0931-8912613(总编办公室) 0931-8617156(营销中心)
　　　　 0931-8914298(读者服务部)
网　　址 http://press.lzu.edu.cn
电子信箱 press@lzu.edu.cn
印　　刷 西安日报社印务中心
开　　本 787 mm×1092 mm 1/16
印　　张 17.75
字　　数 376千
版　　次 2021年10月第1版
印　　次 2021年10月第1次印刷
书　　号 ISBN 978-7-311-06057-2
定　　价 48.00元

本源　本真　素养

（代序）

当下，人们大讲特讲“追寻教育本源”“回归教育本源”“立足教育本源”“追寻教育本真”“回归教育本真”“立足教育本真”“实施本真教育”，其原因无外乎两点：其一，以生命力象征为核心的“本源”内涵具有价值意义、方法、状态的终极性；以生命成长规律为核心的“本真”内涵具有育人价值上的真实性和有效性；其二，“本源”失落了，“本真”失真了。

当前，人们大谈特谈“素养”“核心素养”“立德树人”“课程改革”，从国家层面讲，无外乎是两方面的考虑：一方面是面对社会多元化、知识爆炸化、信息一体化、经济全球化、挑战常态化的社会变革，应对日益激烈的国际竞争，立足于全面提高国民素质、提升综合国力做出的重大战略决策；一方面是针对我国基础教育课程“结构上过于强调学科本位、内容上‘难、繁、偏、旧’、实施上过于注重知识的传授与接受、评价上过分强调甄别与选拔、管理上过于集中”等现状进行的改革，旨在构建全面落实立德树人根本任务的课程体系，推动基础教育立足最朴素的育人本源，回归最纯粹的育人本真，突出科学育人的本质属性，彰显立德树人的本质功能。从个人层面讲，一方面人们深切地体会到，“知识本位”“学科本位”“应试教育”带来的教育功利化倾向，对人们持续发展的制约和对人们幸福生活的影响；另一方面人们已经深刻地感受到基础教育课程改革二十年来，学校面貌、学生素质、社会风气各方面的巨大变化。“核心素养”“立德树人”已经实实在在、真真切切地深入人心，成为全社会对教育应然的基本信念。

上述现象，反映出本源、本真、素养在教育内涵上一脉相承的逻辑关联，在教育属性上以人为本、基于人的生命成长、促进人的素养提升的本质功用和价值追求。因此，立足教育本源，回归教育本真，聚焦核心素养，践行立德树人，一切为了学生，为了一切学生，促进每一位学生全面而有个性的发展，是基础教育的基本方略与核心要义。

一、本源　教育的本源　本源的教育

“本源”，“本”本义是“木下”，即草木的根；“源”即水之源头。“本源”指事物产生的根源。“本源”在语用效果上有如下几层要义：其一，指事物的最初状态或构成事物的最基本元素。其二，是生命力的象征，这应该是“本源”最为核心的内涵。“无本之木”难以长成参天大树，“无源之水”摆脱不了干涸枯竭的命运。“本立而道生”“夫源远者流长，根深者枝茂”，“本源”文化的内核和实质就是生生之道。其三，若没有“本源”作为最原始的存在、作为生命力，事物将无从谈起，所以“本源”还可引申为本质的、关键的、主要的因素或问题等等。

教育的本源是什么？或者说“本源”对教育意味着什么？“教育”一词原本来源于拉丁文“educate”，隐含“内发”之意，意思是通过一定的手段，把某种本来潜在于学生身体和心灵内部的东西引发出来，教育理应是一种顺其自然的“导出”或“引领”。教育的原初含义是“引出”，是把个体内在的天赋本性引发出来，从自然性引向社会性，从个体性引向总体性，从单一性引向普遍性，从现实性引向历史性，把人的心灵、精神从低处引向高处，从黑暗、潮湿引向光明、温暖。教育家赫尔巴特更是在其《普通教育学》一书中提出了“教育性教学”的观点，指出教学的目的是教育，教育的手段是教学。谈及教育的本源，必须要厘清的一个问题是把动物的本能教育看作一个生物学的过程。而我们所说的教育是人类所特有的社会现象，是有意识、有目的地培养人的社会活动，与动物的本能教育有着本质的区别。因此，教育的基本要义是在一定的社会背景下发生的促使个体的社会化和社会的个性化的实践活动。教育有广义与狭义之分：广义的，凡是增进人们的知识和技能，影响人们的思想品德的活动都是教育。狭义的，主要指学校教育，指教育者根据一定的社会或阶级的要求，有目的、有计划、有组织地对受教育者身心施加影响，把他们培养成一定社会或阶级所需要的人的活动。当下的基础教育学科教学，无论理念如何前瞻、课程如何更替、技术如何突破，在本质上都必须回归教育的本源。

本源的教育是强调内生力量的教育，是“以人为本”、关注人的生命成长的教育，即按照人的自然生命和精神生命的成长规律，提供适时、适性、适需的教育影响，顺其自然的“导出”或“引领”个体内在的天赋本性，使个体的生命状态有力、鲜活、灵动、修复。本源的教育有如下几方面的特征：①本源的教育是培养习惯的教育，教育即养成。学校教育的本质功用是把学生培养成具有一定品质的社会公民。因此，学校必须保证其教育成果能够延伸到孩子的社会生活，长久地影响孩子甚至影响孩子的一生。孔子说：少年若天性，习惯如自然。孩子们按照我们的教育价值观养成了相应的行为习惯，那我们对他们施加的教育影响就会更加长久地发挥作用，各种好的习惯养成了，教育也就成功了。②本源教育是健康快乐的教育，教育即快乐。教育是基于师与生、教与学的双边活动，是师生当下的生活，是师生共同经历生命成长、实现生命价值的地方，是以灵魂塑造灵魂、以人格塑造人格的活动。教育的本质应该是充满阳光和快乐的，学校教育要从教育即快乐的角度出发，构建民主而平等、自由而融洽、互动而轻松、优雅而有效的氛围，让教师在幸福的工作中与学生同学习、共进步，让学生在快乐的学习中修习涵养、健康成长。③本源教育是强基固本的教育，教育即未来。基础教育是为学生适应终身发展和社会发展做准备的奠基教育，学校教育要站在学生的角度，将学科知识转化为课程知识，以最主要的问题拉动最丰富的感悟空间，以最接近学生的起点走向最远的终点，以最轻松的方式让学生获得最有分量的收获，让教学成为生命与生命对话、交流的地方，成为生命积极思考、动手实践、团结合作的地方，成为生命主动学习、提炼感悟的地方，成为激发师生美好体验并获得持续生长与发展的地方，要以独特的思想之美和“行为艺术”，激发学生美好的体验，顺其自然地引导学生获得持续的生长与发展，为成就幸福的人生奠定基础。④本源教育是学会做人的教育，教育即树人。教育的根本功用就是立德树人，就是教孩子学会生活、学会做人。教育的所有组织形式、内容和方法，本质上都要为立德树人这一根本目标服务。教育的价值追求说到底就是把德立住，把人树好。

二、本真　教育的本真　本真的教育

“本真”，“本”指事物的本源、真相、本来面貌；“真”指“存在的无蔽”，不加任何修饰的原始状态。“本真”的内涵有如下要义：①本源，真相，本来面貌。如掩盖本真。②纯洁，真诚，质朴。如为人本真。③犹正道，准则。④犹天性，本性。“本真”较为广泛的用义是符合本色而真实。“真实”就是隐含内在的必然规律、本质属性；“符合本色”就是尊重规律。

教育的本真，“本”就是以人为本，“真”就是求是求真。教育的本真在于使人（普通的生物个体）成为人（有思想、有文化的人），在于成就捍卫尊严、自由而快乐的幸福人生。因此，教育的本真应该是立足于人的生命整体，超然于人的自然素质，摆脱功利的思想束缚，以关注学生的成长为首要目标，关注学生的真实感受和真实生活，追求教育的真实性与有效性，实施正确的价值引导，培养独立的个体精神，促进个体的自我完善与发展。关于教育的本真问题，雅斯贝尔斯认为教育的本质是精神性的，而非物质的，是非物欲诱惑下的教育；是人的灵魂的教育，而非知识和认识的堆积；是怀有对终极价值和绝对真理的虔敬态度并坚持自身的独立价值和本然品质。教育不是独立的，而是依赖于精神世界的，要服务于精神生活的传承，是一种人与人精神相契合的活动；教育本真的核心思想是“以对人的灵魂陶冶为核心”。教育的过程首先是一个精神的成长过程，然后才成为获取科学知识的一部分。真正的教育不是灌输，而是发现、启迪、点燃、激励，发现学生擅长（内生力量及兴趣倾向）的并加以引导促使其积极发展；用富含思想的钥匙去打开孩子们智慧的大脑，引导他们自觉地去进行全方位、多角度的探索，让他们在尝试中体验成功的喜悦，在“失败”中养成总结与反思的习惯；用知识来充盈人、服务人、启迪人，引导学生在知识习得过程中实现自我教育，完善他们适应社会发展和终身发展所需要的必备品格与关键能力，帮助他们自由地从“自在”转向“自为”，最终学会认知、学会做事、学会共同生活、学会生存，得到全面的发展，成为“完整”的人。

本真的教育是合乎自然规律，不忘初心，立足教育本源，回归教育本真，在尊重生命本态的前提下，务本向善、求真立美，让人成为世间最美存在的教育。本真的教育是一种包括知识在内的文化教育，是知识教育的延伸、拓展和升华，是生命内涵的领悟、意志行为的规范。本真教育要使知识回归其文化，使教育回归其本性，让学生在充满文化精神、浸透了浓厚文化气息的知识教育中成为真正意义上的全面发展的人，从而让教育更加人性化并更加富有成效。人不是出自天性而成了其应是的人，人需要教育的培养。教育从根本上说是精神发展的要求，它能使人从“自在”转向“自为”，教育意味着精神的变革与发展。正如植物的生长需要阳光一样，人性的生长需要教育的照料。这种照料只有通过对学生的生命关怀，通过体察学生的内心生活，通过师生在爱的理解中达臻精神的交流与分享，才能促使学生发生灵魂的转向，精神命运必然决定教育的内涵。教育的神圣性正在于它不是对外在价值规范的皈依，而是基于精神的创造性活动所产生的自我超越、自我提升的坚定信念。本真教育就是要尊重生命的成长规律，通过文化传递功能，将文化遗产教给年轻一代，使他们自由地生成，并启迪其天性。

三、素养　核心素养　核心素养教育

“素养”，“素”本义指本色、不加修饰的、本来的、原有的；“养”本义指培植、教育、熏陶、培养。“素养”指根本性物质的培养、抚育，是后天培养和教育的结果。《辞海》中对素养的定义为：①修习涵养；②平素所供养。教育领域广泛使用的“素养”含义取自第一层“修习涵养”之义。即通过长期的学习、训练和实践逐渐形成的知识、技能、能力、态度等方面的综合表现，是人在特定情境中综合运用知识、技能和态度解决问题的高级能力与人性能力。高级能力是面对复杂问题情境时做出明智而富有创造性的判断、决策和行动的能力；人性能力是建立在人性、情感、道德与责任基础上的能力。素养融合了知识技能、道德情感、社会责任，素养的本质是“道德创造性”。有素养的人不仅是有创造性的人，而且是对其行为负责的人。

核心素养，核心即中心、主要部分，居于关键位置、起到制约作用。核心素养不是只适用于特定情境、特定学科或特定人群的特殊素养，而是适用于一切情境和所有人的普遍素养。在个体终身发展过程中，每个人都需要许多素养来应对生活的各种情况，其中，最关键、最必要、居于核心地位的素养被称为“核心素养”。核心素养必须满足三个要件：①能够产生对社会和个体有价值的结果；②帮助个体在多样化情境中满足重要需求；③不仅对学科专家重要，而且对所有人都重要。核心素养是知识、能力、态度或价值观的融合，既包括科学思维、科学探究等“认知性素养”，又包括自我管理、组织能力、人际交往等“非认知性素养”。核心素养具有根基性、支撑性、生成性、可持续发展性的特点。《中国学生发展核心素养》关于核心素养的界定是，指学生应具备的能够适应终身发展和社会发展需要的必备品格和关键能力。

核心素养教育，就是立足教育的本源，回归教育的本真，指向学生的未来，培养“全面发展的人”为核心的教育。核心素养教育是对素质教育的深化、发展和超越。素质教育是一种以提高受教育者德、智、体、美、劳诸方面素质为目标的教育模式。素质教育对受教育者赋予科学知识、智力发展、道德伦理、思想政治等各方面的培养和教育。核心素养教育不仅重视个体素质的全面培养和提升，而且更加重视个体的社会适应性，强调培养个体在多元异质社会中应对陌生的挑战性情境、处理复杂多变任务的胜任力，如创新能力、批判性思维、沟通交流和团队合作能力等。同时，核心素养教育还关注继承中华文化明德修身、“止于至善”的精神内核。核心素养教育回答了“培养什么人”和“怎样培养人”的问题。《中国学生发展核心素养》将核心素养细化为文化基础、自主发展、社会参与三个方面，综合表现为人文底蕴、科学精神、学会学习、健康生活、责任担当、实践创新六大素养，具体细化为国家认同、理性思维等十八个基本要点。其中不少要点直指当前教育改革过程中的难点与痛点，如提出“批判质疑”，要求学生具有问题意识；能独立思考、独立判断；思维缜密，能多角度、辩证地分析问题，做出选择和决定。提出“审美情趣”，要求学生具有艺术知识、技能与方法的积累；能理解和尊重文化艺术的多样性，具有发现、感知、欣赏、评价美的意识和基本能力。

四、核心素养　教育理解　教学主张

“核心素养”是对党的教育方针的具体化和细化，是对“三维目标”的超越和发展，是新一轮基础教育课程改革的基本理念和目标体系，是每一位教育工作者的基本遵循与价值追求。

本人于1982年走上讲台至今，已在教学一线工作39个春秋，亲历和实践了我国基础教育从夯实“双基”到重视“三维目标”，再到当下强化学生的“核心素养”的演替变化过程。本人挚爱教师工作，是一个虔诚的教育信徒，面对神圣的教育事业，对于每一时期的课程理念与课程标准，本人都是虔诚的信仰，忠实的实践。满怀赤诚的教育热情，本着“用心做事，世界都会为你让路”的坚定信念，自重、自省、自警、自励，慎初、慎微、慎独、慎教，从未有过须臾的放松和懈怠，取得了一些成绩，得到了学校的肯定、家长的赞许、学生的信赖、同行的认可，获得了诸多殊荣，甚至机缘巧遇，让本人头冠名师之誉，位添名师之列。但是，随着时间的推移，本人却越来越迷茫，越来越困惑，越来越觉得自己不会上课、不会当老师了，内心深处经常诘问，本人的教育基于学生究竟是快餐？大餐？美餐？究竟什么是教育？什么是好的教育？如何做教师？如何做一名好教师？等等诸多问题的追寻与拷问，鞭策着本人开始认真学习教育方针政策，深入研究教育教学理论，不断反思自己的教学实践。先后撰写并出版了教育教学专著3部，在省级及以上刊物发表论文26篇，主持完成并通过结题鉴定省级专项课题项目13项，逐渐形成了自己对教育的一些理解和对教学的一些主张。

（一）教育观：教育是成就幸福人生的活动。关注生命的价值和生命的成长，培养健康人、优秀人、幸福人是教育的本质追求

生命是教育的基石，生命价值是教育的基础性价值。基于生命成长（立足教育本源）、尊重生命成长规律（回归教育本真）、关注生命价值（实施本真教育）的教育才能发生力量而成为真正的教育。教育实践是教育的本体，教育的本体功能是促进人的发展。基础教育是人之生成、臻善的始基，是为人的一生发展奠定基础的教育，关爱一切学生、发展每一个学生，是基础教育的本体价值。基础教育既要重视学生的现实发展，

关注学生知识的习得、能力的提升、情感态度价值观的养成，培养学生的学习兴趣、学习态度、学习习惯、人格品质、健康体魄、创新精神和动手实践的能力；更要重视学生的可持续发展，要让每个学生都能永远处于追求幸福人生的过程中不断完善自我、超越自我，获得可持续的发展，成为健康人——珍爱生命，具备良好的生活方式与习惯；成为优秀人——能够适应终身发展与社会发展需要，具有非凡的智慧与生存能力；成为幸福人——热爱生活，具备正确的生活观念与价值取向。

（二）教师观：教师是塑造生命、塑造灵魂、塑造人的职业

教师的责任就是帮助学生提升应该形成的品德，完善应该健全的人格，丰富应该学会的知识，提高应该掌握的技能，强健应该发展的体魄，品味应该享受的快乐；教师的责任不是教，而是教学，教会学生学习，教会学生自我发展。

（三）学生观：学生是学习的主人，是发展中的人，是完整、独立、独特、能动的人，是有巨大发展潜能的人

教育要尊重学生的身心发展规律，促进全体学生全面和谐而有个性的发展。教育培养的学生不仅要有优秀的学习成绩，还要有良好的学习态度、浓厚的学习兴趣、健康的思想品质、健全的身心素质。

（四）课程观：课程是实现教育目的的重要途径，是组织教育教学活动的最主要的依据，是集中体现和反映教育思想和教育观念的载体

课程的本质是培养人，课程的本体是对个人的价值和作用。课程的功能在于通过经验的传递和知识的传授，使学生求真——对“真”的探索以拥有智慧，求善——对“善”的追求以获取幸福，求美——对“美”的向往以赢得自由，学会做人、学会求知、学会生活、学会劳动、学会健体、学会审美，成为全面和谐发展的人。

（五）教材观：教材是育人的重要载体

教材是课程内容的初加工和初创造产物，是课程资源的重要组成部分，是教与学活动的纽带，是师生进行对话的“话题”，是引导学生认知发展、生活学习、人格构建的一种范例，是引起学生认知、分析、理解事物并进行反思、批判和构建意义的“文化中介”，是极其重要的育人载体。教材的基本内涵包括学科知识、教育目的、学生认知特点三个方面。通过教材“话题”这一中介进行师生之间的互动交流，促进学生知识、能力、情感态度与价值观多方面获得全面发展是教材的功能所在。

（六）教学观：对话生命，格物致知；为素养而教，用学科教人

教学是基于师生当下生活，指向学生未来发展的师生互动过程；教学是以教材为“话题”的师生对话交流过程；教学是格物致知的求真、求善、求美过程。教学是手段，育人是目的，教学的本质意蕴是为素养而教，用学科教人。教学的价值追求是引领学生走向最理性的自我和拥有最正确的思维认知。

（七）教学主张：基于核心素养的高中生物学教学思想

基础教育是分学科教学落实立德树人总体目标的，学科教学是学校育人目标落地生根的基本途径和重要保证。教学的基本要义在于从学科层面，运用学科要素，促进着学

生知识与能力的提高和健全人格的养成，为实现全面育人服务。有效教学不是冰冷的命题和简单的逻辑，而是基于生命性、生活性、发展性的格物致知，是“育智”与“育德”的有机融合。有效教学的基本品质是，在民主与平等、自由而融洽、优雅而有效、互动而轻松的教与学过程中，让教师享受到工作的幸福，获得专业的发展；让学生享受学习的快乐，获得必备品格和关键能力的提升。

生物学作为六大自然科学之一，有着与其他自然科学相同的性质。它不仅是一个结论丰富的知识体系，也包括了人类认识自然现象和规律的一些特有的思维方式和探究过程。科学教育的核心是提升科学素养，生物学教育的核心就是提升生物学素养——生命观念、科学思维、科学探究、社会责任。高中生物学的基本教学思想是注重生命观念教育，提升认知能力；重视问题情境和实践体验，培养科学探究能力；重视科学方法教育，培养科学思维能力；关注生产生活实际，培养社会责任意识。核心素养导向的生物学教学的基本方略是：

1.教学策略，课堂教学与课外研究性学习相结合——“两条腿”走路；

2.教学模式，问题驱动下的高中生物学探究性教学；

3.学习策略，基于“假说演绎法”的“三阶段五环节”学习方法。

上述这些，是本人在认真学习、研究“核心素养”的教育理论的基础上，钩沉磨洗自己39年的教育历程，审视、扬弃自己39年的教学实践，提炼、总结自己的教育教学思想，所形成的对教育应然的基本观点。尽管有些生涩、幼稚或空洞、抽象，甚至可能存在偏颇或纰漏，仍需进一步去研究、去充实、去完善，但基本上反映了本人的教育认知——基于核心素养的教育理解和教学主张。

这本书在内容上，是本人对“核心素养”学习、研究与实践成果的反映，也是本人上述教育认知的具体体现，包括“理论篇”和“实践篇”两部分，“理论篇”主要是对《中国学生发展核心素养》《普通高中生物学课程标准（2017年版）》《中国高考评价体系》的理解和解读，是对核心素养导向的高中生物学教学及生物学评价体系的理性认知；“实践篇”主要是对核心素养导向的高中生物学教学实践和学生教育工作的梳理及案例分析。在写作意图上，旨在反思自己的教育教学实践，凝练教育教学思想，正本清源，回归教育本真，实现科学育人。

这本书即将付梓，本人清晰地知道，自己只是一名中学生物学教师，理论水平、知识、能力、视角、界域都十分有限，书中难免会有疏漏和缺陷。在此，本人将本着文责自负的态度去接受自己的幼稚和不足，本着虚心学习的态度接受同仁们的批评与指正。

目前，本人还有2年时间退休，但本人仍将利用有效时间进一步加强学习、研究，不断追寻一个教育行者的理想。本人坚信：人生有起点，教育无止境！一个人只要追随理想生活，本着正直自由的精神，勇往直前的毅力，诚实不欺的思想而行，一定能臻于至善至美的境地！

石志学
2012年8月于甘肃天水一中

目 录

MULU

理 论 篇

实 践 篇

理论篇

素质与素养

一、素质的内涵

从本源上讲，“素”本义指本色、不加修饰的、本来的、原有的。“质”本义指性质、本质。这两个语素组合成一个词“素质”，本指构成事物的基本成分、带根本性质的部分，即事物本来的性质。《辞海》对素质一词的定义为：①人的生理上的原来的特点。②事物本来的性质。③完成某种活动所必需的基本条件。“素质”的语义在广泛的使用中逐渐被引申和超越，总体来说有狭义和广义两种理解。

狭义的素质指人生来就具有的某些解剖生理特点，主要指神经系统、脑的解剖生理特点和感觉、运动器官的解剖生理特点，是由遗传因素或其他先天因素决定的，所以通常又将其叫作遗传素质或先天素质。狭义的素质概念是一个优生问题，而不是一个教育问题，缺乏更广泛的教育上的适应性，也不能完全适应素质教育实践的需要。

广义的素质，其含义已经超越了遗传特征的局限，在应用范围上，它既可以指个体，也可以指群体的质量或性质，是指个体在先天生理基础上，通过环境和教育的影响所形成和发展起来的相对稳定的身心组织要素、结构及其质量水平。素质既指人的可以开发的身心潜能，又指社会发展的物质文明和精神文明成果在人身心结构中的积淀和内化；既指人的个体素质，又可指群体素质。它具有相对稳固性、功能的潜在性、整体性、本原性、内源性、内化性、发展性、全民性、现实性、层次性等基本特征。广义的素质定义在应用范畴上基本倾向于人的身心发展的基本质量，指构成人的身体和心理的主要因素、基本成分、结构和功能。学校教育活动和社会生活中被广泛使用的“素质”隶属于广义的素质定义范畴。

二、素养的内涵

从本源上讲，“素”本义指本色、不加修饰的、本来的、原有的；“养”本义指培植、教育、熏陶、培养。“素养”指根本性物质的培养、抚育，是后天培养和教育的结果。《辞海》中对素养的定义为：①修习涵养；②平素所供养。现在广泛使用的“素养”含义取自第一层“修习涵养”之义，形成了素养的社会化定义。

素养，即素质与修养。是指通过长期的学习、训练和实践逐渐形成的知识、技能、能力、态度等方面的综合表现，是一个人在从事某项工作时应具备的素质与修养。素养的内涵包括下面几层意思：

①素养是素质与修养的综合，也就是素养既包括先天的条件——身心组织要素（素质），又包括后天的训练和实践形成的知识、技能、能力、态度、品德。以素质为基础，通过修习养成，是先天与后天的综合表现。

②素养是知识、技能、能力、态度、品德的综合结果。知识是知道是什么，技能是知道如何做什么，能力是能做成什么，态度是情绪状态（积极或消极），品德是行为准则、规范。素养是五大要素的综合，素养就是行为准则规范下的做事能力，因此素养就是能做好什么。

③素养是人在特定情境中综合运用知识、技能和态度解决问题的高级能力与人性能力。高级能力是面对复杂问题情境时做出明智而富有创造性的判断、决策和行动的能力；人性能力是建立在人性、情感、道德与责任基础上的能力。素养融合了知识技能、道德情感、社会责任，素养的本质是“道德创造性”。有素养的人不仅是有创造性的人，而且是对其行为负责的人。简而言之，素养是知识习得过程中内化于个体的内在的品格与能力，是忘记了所学一切后剩下的东西。

三、素质和素养的关系

素质和素养一般情况下，都用作名词，二者虽然有共同的词根“素”，但这两个词的语义和语用效果是不同的，“素质”重心在“质”，“素养”重心在“养”。素质侧重先天禀赋，素养则为后天习成。从本意上讲，平常所说的素质教育，实际上是指素养教育。

当下大谈“素质教育”，从语义上分析，应该是讲不通的，“素质”与生俱来，岂能教育而为之？但语用上又是能说得过去的，这是“素质”意义的引申和超越使用，即可以开发的身心潜能（身心组织要素、结构及其质量水平），这也是语言发展的一种常见现象。在不同的语境中素质的本义和引申义都在使用，教育活动中较多地使用引申义。素养和素质在语用选择和语用效果上有所不同，“素养”应是主谓式合成词，而“素质”应是偏正式合成词。素质引申义中的“质”指积淀和内化于人身心结构中的社会发展的物质文明和精神文明成果。因此，素质教育意在提高素质，促进个体的健康发展，最终达到一定的素养，这便是教育的精髓和实质。

“素质”为“素养”的提高提供前提和条件，“素养”则是“素质”提高的结果和体现。“素质”高，培养的潜力就大，成才的概率便高，“素养”也就随之而提升。在语用中，我们常用“素质教育”而不说“素养教育”，“素养”是“素质教育”实施的结果，是一种教育效果的折射和反映，实现“素质”到“素养”的转化，靠的是可行的教育手段和教育方法，二者互为因果关系。有时，人们往往误认为“素质”和“素养”是近义词，可以随意换用。其实不然。

四、素质教育

素质教育本义是以提高受教育者诸方面素质为目标的教育模式。学校教育活动中的素质教育指依据人的发展和社会发展的实际需要，以全面发展和提高全体学生的基本素质为根本目的，以尊重学生主体性和主动精神、注重开发人的智慧潜能、注重形成人的健全个性为根本特征的教育。素质教育重视人的思想道德品质、能力培养、个性发展、身体健康和心理健康教育，强调人的非智力因素的作用，即理想、信念、动机、意志、毅力、耐心、专注等心理品质。

中国学生发展核心素养解读

一、核心素养的内涵

核心即中心，主要部分。素养指由训练和实践而获得的技巧或能力。世界经济合作与发展组织（OECD）的研究认为，素养是个体在特定的情境下，能成功地满足情境的复杂要求与挑战，并能顺利地执行生活任务的内在先决条件，是知识、能力、态度之整合与情境间的互动体系。核心素养是最关键、最必要的共同素养，不是只适用于特定情境、特定学科或特定人群的特殊素养，而是适用于一切情境和所有人的普遍素养，这就是“核心”的含义。在个体终身发展过程中，每个人都需要许多素养来应对生活的各种情况，所有人都需要的共同素养可以分为核心素养以及由核心素养延伸出来的素养。其中，最关键、最必要、居于核心地位的素养被称为“核心素养”。OECD认为核心素养必须满足三个要件：①能够产生对社会和个体有价值的结果；②帮助个体在多样化情境中满足重要需求；③不仅对学科专家重要，而且对所有人都重要。核心素养是知识、能力、态度或价值观的融合，既包括问题解决、探究能力、批判性思维等“认知性素养”，又包括自我管理、组织能力、人际交往等“非认知性素养”，其获得是后天的、可教可学的，具有发展的连续性，也存在发展阶段的敏感性。核心素养具有根基性、支撑性、生成性、可持续发展性的特点。根基性是指素养中最根本的基础性素养，是必须具备的品格和关键能力，是为学生素养的进一步发展奠定基础的素养；支撑性是指必备品格、关键能力对人的发展具有支撑作用；生成性是指可以影响、带动、生成其他一些素养；可持续发展性是指核心素养可以不断地提高与发展。

二、中国学生发展核心素养的内涵

2016年9月，《中国学生发展核心素养》正式发布。中国学生发展核心素养，是以科学性、时代性和民族性为基本原则，以培养“全面发展的人”为核心，分为文化基础、自主发展、社会参与三个方面。综合表现为人文底蕴、科学精神、学会学习、健康生活、责任担当、实践创新六大素养，具体细化为国家认同等十八个基本要点。

学生发展核心素养指学生应具备的、能够适应终身发展和社会发展需要的必备品格和关键能力，是关于学生知识、技能、情感、态度、价值观等多方面要求的综合表现。学生发展核心素养的基本内涵包括以下内容：

（一）文化基础

文化是人存在的根和魂。文化基础，重在强调能习得人文、科学等各领域的知识和技能，掌握和运用人类优秀智慧成果，涵养内在精神，追求真善美的统一，发展成为有宽厚文化基础、有更高精神追求的人。

1. 人文底蕴。主要是学生在学习、理解、运用人文领域知识和技能等方面所形成的基本能力、情感态度和价值取向。具体包括人文积淀、人文情怀和审美情趣等基本要点。

（1）人文积淀：具有古今中外人文领域基本知识和成果的积累；能理解和掌握人文思想中所蕴含的认识方法和实践方法等。

（2）人文情怀：具有以人为本的意识，尊重、维护人的尊严和价值；能关切人的生存、发展和幸福等。

（3）审美情趣：具有艺术知识、技能与方法的积累；能理解和尊重文化艺术的多样性，具有发现、感知、欣赏、评价美的意识和基本能力；具有健康的审美价值取向；具有艺术表达和创意表现的兴趣和意识，能在生活中拓展和升华美等。

2. 科学精神。主要是学生在学习、理解、运用科学知识和技能等方面所形成的价值标准、思维方式和行为表现。具体包括理性思维、批判质疑、勇于探究等基本要点。

（1）理性思维：崇尚真知，能理解和掌握基本的科学原理和方法；尊重事实和证据，有实证意识和严谨的求知态度；逻辑清晰，能运用科学的思维方式认识事物、解决问题、指导行为等。

（2）批判质疑：具有问题意识；能独立思考、独立判断；思维缜密，能多角度、辩证地分析问题，做出选择和决定等。

（3）勇于探究：具有好奇心和想象力；能不畏困难，有坚持不懈的探索精神；能大胆尝试，积极寻求有效的问题解决方法等。

（二）自主发展

自主性是人作为主体的根本属性。自主发展，重在强调能有效管理自己的学习和生活，认识和发现自我价值，发掘自身潜力，有效应对复杂多变的环境，成就出彩人生，发展成为有明确人生方向、有生活品质的人。

3. 学会学习。主要是学生在学习意识形成、学习方式方法选择、学习进程评估调控等方面的综合表现。具体包括乐学善学、勤于反思、信息意识等基本要点。

（1）乐学善学：能正确认识和理解学习的价值，具有积极的学习态度和浓厚的学习兴趣；能养成良好的学习习惯，掌握适合自身的学习方法；能自主学习，具有终身学习的意识和能力等。

（2）勤于反思：具有对自己的学习状态进行审视的意识和习惯，善于总结经验；能够根据不同情境和自身实际，选择或调整学习策略和方法等。

（3）信息意识：能自觉、有效地获取、评估、鉴别、使用信息；具有数字化生存能力，主动适应“互联网+”等社会信息化发展趋势；具有网络伦理道德与信息安全意识等。

4.健康生活。主要是学生在认识自我、发展身心、规划人生等方面的综合表现。具体包括珍爱生命、健全人格、自我管理等基本要点。

（1）珍爱生命：理解生命意义和人生价值；具有安全意识与自我保护能力；掌握适合自身的运动方法和技能，养成健康文明的行为习惯和生活方式等。

（2）健全人格：具有积极的心理品质，自信自爱，坚韧乐观；有自制力，能调节和管理自己的情绪，具有抗挫折能力等。

（3）自我管理：能正确认识与评估自我；依据自身个性和潜质选择适合的发展方向；合理分配和使用时间与精力；具有达成目标的持续行动力等。

（三）社会参与

社会性是人的本质属性。社会参与，重在强调能处理好自我与社会的关系，养成现代公民所必须遵守和履行的道德准则和行为规范，增强社会责任感，提升创新精神和实践能力，促进个人价值实现，推动社会发展进步，发展成为有理想信念、敢于担当的人。

5.责任担当。主要是学生在处理与社会、国家、国际等关系方面所形成的情感态度、价值取向和行为方式。具体包括社会责任、国家认同、国际理解等基本要点。

（1）社会责任：自尊自律，文明礼貌，诚信友善，宽和待人；孝亲敬长，有感恩之心；热心公益和志愿服务，敬业奉献，具有团队意识和互助精神；能主动作为，履职尽责，对自我和他人负责；能明辨是非，具有规则与法治意识，积极履行公民义务，理性行使公民权利；崇尚自由平等，能维护社会公平正义；热爱并尊重自然，具有绿色生活方式和可持续发展理念及行动等。

（2）国家认同：具有国家意识，了解国情历史，认同国民身份，能自觉捍卫国家主权、尊严和利益；具有文化自信，尊重中华民族的优秀文明成果，能传播弘扬中华优秀传统文化和社会主义先进文化；了解中国共产党的历史和光荣传统，具有热爱党、拥护党的意识和行动；理解、接受并自觉践行社会主义核心价值观，具有中国特色社会主义共同理想，有为实现中华民族伟大复兴中国梦而不懈奋斗的信念和行动。

（3）国际理解：具有全球意识和开放的心态，了解人类文明进程和世界发展动态；能尊重世界多元文化的多样性和差异性，积极参与跨文化交流；关注人类面临的全球性挑战，理解人类命运共同体的内涵与价值等。

6.实践创新。主要是学生在日常活动、问题解决、适应挑战等方面所形成的实践能力、创新意识和行为表现。具体包括劳动意识、问题解决、技术应用等基本要点。

（1）劳动意识：尊重劳动，具有积极的劳动态度和良好的劳动习惯；具有动手操作能力，掌握一定的劳动技能；在主动参加的家务劳动、生产劳动、公益活动和社会实践中，具有改进和创新劳动方式、提高劳动效率的意识；具有通过诚实合法劳动创造成功生活的意识和行动等。

（2）问题解决：善于发现和提出问题，有解决问题的兴趣和热情；能依据特定情境和具体条件，选择制订合理的解决方案；具有在复杂环境中行动的能力等。

（3）技术运用：理解技术与人类文明的有机联系，具有学习掌握技术的兴趣和意愿；具有工程思维，能将创意和方案转化为有形物品或对已有物品进行改进与优化等。

三、中国学生发展核心素养的意义

中国学生发展核心素养把立德树人的根本教育任务具体化、细化和转化为三个方面、六大素养、十八个基本要点，能够使学校教育共同体的每个成员都清楚自己可以做什么或不可以做什么，能清楚地知道自己的努力对实现教育目的的价值和意义，为落实立德树人的根本教育任务提供了可教、可学、可评价的清晰图谱或菜单。核心素养较之“三维目标”在实践意义上具有更强的可操作性。核心素养是课程实施与教育评价的技术诉求。核心素养包含了人们成长和发展过程中最有价值的所有的能力、意志和精神等，充分体现以人为本的教育思想。核心素养是立德树人的逻辑必然。

教育是促进人的全面发展，使人成其为人，成就幸福人生的活动。中国学生发展核心素养明确了“21世纪应该培养学生什么样的品格与能力”，可以引领和促进教师的专业发展，指导教师在日常教学中更好地贯彻落实党的教育方针，改变当前存在的“学科本位”和“知识本位”现象。此外，通过学生发展核心素养的引领，可以帮助学生明确未来的发展方向，激励学生朝着这一目标不断努力。

学科核心素养与生物学学科核心素养

一、学科核心素养

（一）学科核心素养的内涵

学科核心素养指个体在面对复杂的、不确定的现实生活情境时，综合运用学科观念、方法、知识与技能解决实际问题所表现出来的必备品格与关键能力。它是学科育人价值的集中体现，是通过学科学习而习得的，具有发展的连续性和阶段性，兼具个人价值和社会价值。

（二）学生发展核心素养与学科核心素养的关系

由于学校课程的学科之间拥有共性、个性与多样性的特征。因此，学生发展核心素养与学科素养之间的关系是全局与局部、共性与特性、抽象与具象的关系。在“学生发展核心素养”牵引下，界定“学科核心素养”需要有三点认识：①独特性，即体现学科自身的本质特征，也就是学科的固有性。②层级化，即学科教学目标按其权重形成如下序列：兴趣、动机、态度；思考力、判断力、表达力；观察技能、实验技能等；知识及其背后的价值观。这种序列表明，学科教学的根本诉求是学科的素养或能力，而不是单纯知识点的堆积。③学科群，即语文、外语学科或文史哲学科，数学与理化生等学科，音体美或艺术、戏剧类学科，它们之间承担着相同或相似的学力诉求，如直觉思维与逻辑思维，自然体验与科学体验，动作的、图像的、语言的表达能力等，可以构成各自的学科群。

学科核心素养是各学科对中国学生发展核心素养总体蕴含的分解和落实，是学科教育在全面贯彻党的教育方针、落实立德树人根本任务、发展素质教育中的独特贡献，是学生发展核心素养在学科中的具体化，是学科育人价值的集中体现，是学生经过学科学习之后逐步形成的关键能力、必备品格与价值观念。学科核心素养既体现本学科能够落实的学生发展核心素养（部分或全部），也包括各学科独特的一些核心素养要求。高中学段共14门课程，14门课程服务于同一学生个体，每门课程从各自的学科属性和学科内容出发，通过各自学科核心素养的培养，共同促进学生整体核心素养的提升，促进学生的全面发展，落实立德树人的根本教育任务。例如，生物学学科核心素养就是学生通过生物学学习而逐步形成的正确价值观念、必备品格和关键能力，包括生命观念、科学思维、科学探究和社会责任四大要素。生物学学科核心素养是生物学课程学习对学生发展核心素养的贡献。

课程是学校教育的载体，基础教育通过分科课程教学，以不同领域的教育素材从不同侧面共同促进着学生知识与能力的提高和健全人格的养成。“核心素养”教育要落地生根，只有融入学科教学中，真真切切地抓好学科课程教学，从学科属性出发落实好学科核心素养的培养与提高，核心素养的培育才能是有本之木，有源之水，否则只能是凌虚蹈空。

二、生物学学科核心素养

生物学学科核心素养是生物学育人价值的集中体现，是学生通过生物学学习而逐步形成的正确价值观念、必备品格和关键能力，包括生命观念、科学思维、科学探究和社会责任。生物学学科核心素养既具有学科特性，又具有跨学科的性质，是学生发展核心素养的关键成分之一。

（一）生命观念

生命是源于自然随机事件且能在与环境互作中保留下来的具有新陈代谢和自我复制特征的物质形态，生命是结构与功能的统一体，无贵贱之分。生命观念是指对观察到的生命现象及相互关系或特性进行解释后的抽象，是经过实证后的想法或观点，是能够理解或解释生物学相关实践和现象的意识、观念和思想方法。学生应该在较好地理解生物学概念的基础上形成生命观念，如结构与功能观、进化与适应观、稳态与平衡观、物质与能量观等；能够用生命观念认识生物的多样性、统一性、独特性和复杂性，形成科学的自然观和世界观，并以此指导探究生命活动规律，解决实际问题。

生命观念是认识生命现象和研究生命现象的基本思想和方法，形成于认识生命现象和研究生命现象的过程中，反过来又指导着对生命现象的认识和研究，可以说生命观念是生物学的“世界观”。生命观念于生物学课程而言，是编织生物学教材内容的经线和纬线，隐含于教材体系构建、教学内容呈现方式等方面，是知识背后的“知识”，生命观念的形成以概念的学习为基础，需要反复的实证训练和深入抽象才能构建。

1.结构与功能观：生命系统存在着由细胞到生物圈的多个层次，都是结构有序的系统。结构与功能相适应。

2.进化与适应观：生命存在着精巧的适应性，适应是进化的结果。进化与适应是统一生物学的主题。进化与适应观是生物学独有的观念。

3.稳态与平衡观：生命是开放和自组织系统，时刻发生着与环境之间物质和能量的交换及其内部的物质和能量转换，但多数时候维持着相对的稳定状态。

4.物质与能量观：生命系统是物质的，物质的合成与分解总是伴随着能量的储存与释放。

生命观念是学习生物学的基本思想和方法，生物学的有效教学应将生命观念作为整合和编织生物学知识、构建学科知识体系的经线和纬线，贯穿于教学过程的宏观和微观，引导学生置身于学科知识体系中去领会和参悟，形成生命观念，发展生物学认知能力。

（二）科学思维

科学思维是指尊重事实和证据，崇尚严谨和务实的求知态度，运用科学的思维方法认识事物、解决实际问题的思维习惯和能力。学生应该在学习过程中逐步发展科学思维，如能够基于生物学事实和证据运用归纳与概括、演绎与推理、模型与建模、批判性思维与创造性思维等方法，探讨、阐释生命现象及规律，审视或论证生物学社会议题。

科学思维是一种有明确思维方向，有充分思维依据，能对事物或问题进行观察、比较、分析、综合、抽象与概括，基于证据和逻辑推理的思维方式，是合乎规律的价值选择和判断，是用事实、实证、逻辑、推理和论证进行思维的能力。科学思维是智力的灵魂，也是生物学核心素养“能力”因素的关键部分。

“高度理性、重视逻辑和实证”是生物学的学科特点，教学中应通过多种渠道、多种形式、多元思考来引导学生建立尊重实证、寻求论证逻辑的严谨性、发展理性的怀疑精神，是培养学生思维习惯和思维品质的基本途径。比如，在概念学习中，提供事实证据，呈现由事实到概念的逻辑过程，引导学生根据具体的事实进行分析、比较、归纳、总结等方式建立概念；在实验与研究性学习中，设置开放性的问题情境，引导学生运用证据和逻辑去质疑、辩论，体验“假说演绎法”“类比推理法”“模型构建法”等科学研究方法。

（三）科学探究

科学探究是指能够发现现实世界中的生物学问题，针对特定的生物学现象，进行观察、提问、实验设计、方案实施以及对结果的交流与讨论的能力。学生应在探究过程中，逐步增强对自然现象的好奇心和求知欲，掌握科学探究的基本思想和方法，提高实践能力；在探究中，乐于并善于团队合作，勇于创新。

科学探究是研究生命科学最基本的方法，也是生物学课程中的重要学习成果，更是未来公民在创新型社会中从事生产和生活应具备的能力。课程标准中对科学探究活动的目标追求，包括掌握探究思路方法，提升实践能力、合作能力、创新能力等关键能力，养成探究精神、科学态度、团队精神、创新精神等品格。

（四）社会责任

社会责任是指基于生物学的认识，参与个人与社会事务的讨论，做出理性解释和判断，解决生产生活问题的担当和能力。学生应能够以造福人类的态度和价值观，积极运用生物学的知识和方法，关注社会议题，参与并做出理性解释，辨别迷信和伪科学；结合本地资源开展科学实践，尝试解决现实生活问题；树立和践行“绿水青山就是金山银山”的理念，形成生态意识，参与环境保护实践；主动向他人宣传关爱生命的观念和知识，崇尚健康文明的生活方式，成为健康中国的促进者和实践者。

社会责任是一种“担当和能力”，既包括形成造福人类的态度和价值观，科学态度和生态文明观，关爱生命、健康文明生活观等态度和观念，又包括关注社会议题并参与讨论、做出解释，尝试解决现实生活问题的行动能力。同样，与生物学有关的社会责任主要涉及四个方面：①关注社会议题，参与讨论并做出理性解释，辨别迷信和伪科学；②形成生态意识，参与环境保护实践；③主动向他人宣传健康生活和关爱生命等相关知识；④结合本地资源开展科学实践，尝试解决现实生活问题。

生物学核心素养的四个要素是一个统一的整体。生命观念是生物学核心素养的基础和支柱；生命观念的形成过程中离不开科学思维和科学探究，科学思维始终贯穿于科学探究过程的各个环节。如果没有科学思维的支撑，科学探究将失去方向；而没有科学探究的过程，科学思维也将失去根据和实践价值，二者密不可分。在形成生命观念、进行科学思维和科学探究的过程中，最终形成一定的社会责任意识和义务。

生物学课程的基本学习形式是概念的学习，包括概念的形成和内化，概念既是思维和探究的结果，又是思维、探究、生命观念形成和社会认知的基础。生物学学习通过思维和探究形成概念，运用已有概念支撑着形成新概念的思维和探究过程，概念形成的思维和探究过程催生了生命科学的认知思想、认知方法（生命观念）和担当社会责任的能力。生物学学科核心素养的培育，既要以概念学习为基础，又要从概念学习中实现比记忆概念更多的教育价值。

三、培养学生生物学学科核心素养的建议

（一）生命性

生命科学要体现生命性。课堂要成为生命与生命对话、交流的地方，成为生命积极思考、动手实践、团结合作的地方，成为生命主动学习、提炼感悟的地方；作为生命体本身，学习者要联系自身实际、联系生产生活实际，活学、活用；大自然中到处都是鲜活的生物，所以生物学的学习不能局限于书本、课堂、实验室，要把课堂延伸到大自然中、延伸到现实生活中。

（二）实践性

生物学是实验科学，生物学的许多重大发现都来源于科学实验，且与现实生活紧密联系。因此，要特别重视活动的设计与实施。教师不仅要重视课本上应知应会的实验，还要不折不扣地完成书本上的一些探究活动和课题研究，重视校园外的社会调查实践和野外考察学习等，让学生积极主动地参与进来，在实践中加深对知识的理解、对技能的掌握、对学科思想的领悟。

（三）科学性

生物学学科作为自然科学的一大分支，要体现科学性。除了对科学知识的掌握之外，学生要学会科学的思维和方法，并通过对一些科学发现史、数学模型的建立、物理模型的建立等内容的学习，了解科学家是怎样思考问题、怎样研究问题、怎样分析现象得出结论的，从而学会理性思考、分析解决问题；还要积极体验科学探究的过程，在探究的过程中学会科学探究的一般方法，掌握科学探究的基本技能，体会科学探究的艰辛

历程，分享探究成功的喜悦；并且通过学习，领悟实事求是的科学态度和质疑创新的科学精神，从而涵养自身的科学情怀。

（四）融合性

1.要将知识、技能、情感融为一体，这是作为素养的特点之一，也是在复杂情境中利用学科知识解决问题的必然要求。

2.要将所学生物学知识与生产、生活实际结合起来。生物学与当代的许多重大问题都紧密相关，如人口、粮食、自然资源、环境污染、健康等问题，这些问题的解决都与生物学的发展有关。

3.要把个体与社会融合起来，充分认识到个体是社会的一分子，个体组成整体，个体影响整体，整体也会影响个体，要增强社会责任感，尽所能为社会多添一分力量。

4.要把生物学学科和其他学科，特别是理科学科融合起来。生物学学科的发展和进步离不开其他学科的发展和进步，尤其是数学、物理、化学、信息学及技术，理科的思维和方法也有诸多的共性。只有把相关的学科素养融合起来，才能汇成个体的核心素养。

5.教师要将校内资源和校外教育资源融合起来，汇成学生生物学学科素养养成的沃土，为学生开阔视野、强化应用、联系社会提供丰富的营养。

总之，核心素养是落实立德树人根本任务的目标体系，学科核心素养是学科课程育人的价值体现，是学科教学的核心任务，而学科核心素养的研究与实践是我们责无旁贷的责任和义务。

基于新课程标准的高中生物学教学认知

2018年1月，《普通高中课程方案和语文等学科课程标准（2017年版）》的颁布，标志着历时4年的课程标准修订工作已全部完成，昭示着凝练核心素养的新一轮课程改革的全面实施。深刻领会新课标的价值内涵，精准把握新课程标准的教育教学目标要求，是构建核心素养教育的高效课堂，有效达成教育教学目标的基本保证。在此，笔者就新课标背景下的高中生物学教学认知进行探讨交流。

一、基于新课标的高中生物学教学目标认知

《普通高中生物学课程标准（2017版）》规定了生物学学科的课程性质、课程目标、内容目标、实施建议，为学科教学的实施与评价提供了基本依据。为此，要有效实施新课标下的教学，必须精准把握新课标的教学目标要求。

（一）生物学学科的课程性质

《普通高中生物学课程标准（2017版）》就生物学的课程性质指出，生物学有着与其他自然科学相同的性质。它不仅是一个结论丰富的知识体系，也包括了人类认识自然现象和规律的一些特有的思维方式和探究过程。生物学的发展需要许多人的共同努力和不断探索。生物学的学科属性是生物学课程性质的重要决定因素。

生物学既有自然科学的本质属性，又有其特有的研究对象、内容、思维方式和探究过程。因此，生物学教育的本质是基于生物学学科属性的科学教育。

科学是运用逻辑工具去验证假说和猜想的合理性形成的知识体系，以及其包含的特有的思维方式、探究过程和丰富情感，这些构成了科学的基本内涵和科学育人的基本要素。因此，科学教育的核心是提升科学素养，生物学教育的核心就是提升生物学科学素养——学科核心素养。

（二）生物学的内容目标与课程目标

《普通高中生物学课程标准（2017版）》明确指出，学生通过本课程的学习，能够认识到生物学在促进科技发展、社会进步和提高人类生活质量等方面的重要贡献，养成具有开展生物学实践活动的意愿和社会责任感；树立生命观念，能够运用这些观念认识生命现象，探索生命规律；形成理性思维习惯，能够运用已有知识、证据和逻辑对生物

学议题进行思考或展开论证；掌握科学探究的思路和方法，形成合作精神和积极的科学态度，发展终身学习的能力，为继续学习和走向社会打下必要的基础。

简而言之，生物学的内容目标是以少而精的生物学基本内容，反映自然科学的本质和生物学的学科属性。生物学的课程目标是通过生物学课程的学习，培养和发展学生的生物学学科核心素养——生命观念、理性思维、科学探究、社会责任。

二、基于新课标的高中生物学教学策略认知

基于对《普通高中生物学课程标准（2017版）》的认知，高中生物学教学应关注以下几个方面：

（一）注重生命观念教育，促进学科认知能力的提升

生命观念是指人们通过对生物学知识深入研究和认识而抽象出来的对学科本质规律的理性认知，是对隐藏在知识背后的“知识”的升华与结晶。如结构与功能观、进化与适应观、稳态与平衡观、物质与能量观等。生命观念宛如编织生物学知识体系的经线和纬线，贯穿宏观和微观，纵横交错，浑然一体，是学科教学的灵魂。生命观念对学科发展和学科学习具有很强的影响力，不仅支配着教学实践活动，也会影响学生的学习方式、思维方式、知识储备和能力发展状况，而且在学生以后的学习、生活中具有普遍意义和广泛迁移价值。因此，在生物学课程教学中，教师要运用生命观念整合学科知识，构建学科知识体系，渗透学科思想和学科方法教育，引导学生从整体上去领悟学科研究视角，学习学科思维方法，树立生命观念。例如在整体上以“结构与功能观、物质与能量观”整合必修1的教材内容，以“进化与适应观”整合必修2的教材内容，以“稳态与平衡观”整合必修3的教材内容，在主题、章、节的教学中重点或交互渗透不同的生命观念，让学生在概念的形成和内化过程中参悟和领会生命观念，以培养和提升学生的学科认知能力。

（二）重视问题情境和实践体验，培养科学探究能力

科学探究是针对特定的现象，进行观察、提问、实验设计、方案实施、结果的交流与讨论的能力。科学探究能力只有在学生主动参与的探究活动中才能养成和提高。现行人教版高中生物学教材基于学生科学探究能力的培养，依据生物学科学课程的特点，在教材结构设计上，每个课题开始都设置了“问题探讨”专栏，正文尽可能多地穿插了知识体系形成的科学探究史、实验与探究，正文旁设计了“本节聚焦”“资料分析”“思考与讨论”“科学方法”“技能训练”“与生活的联系”“科学、技术、社会”等旁白专栏，为学生自主、探究、合作学习构建了典型的问题驱动模式，搭建了很好的探究性学习平台。因此，在生物学课程教学中，教师要依据课程标准深入研究教材的编写思想和结构体系，依据学生已有的知识和生活经验创设适切的问题情境，引导学生在亲历提出问题、获取信息、寻找证据、检验假设和发现规律的实践过程中，领悟和掌握科学探究的基本思路和方法，形成科学态度；在获取事实证据、进行批判性思维的自主探究与合作交流过程中，获取生物学知识，提升科学探究能力。

（三）重视科学方法教育，培养理性思维能力

理性思维是科学素养的灵魂。在生物学课程教学中，教师要重视科学方法教育，以培养和提升学生的理性思维能力。在实验与研究性学习教学中，教师要引导学生理解证据的作用，强调运用证据和逻辑去质疑、辩论；在生物学史教学中，教师要引导学生体验科学研究的基本方法和思维过程，要特别重视对学生进行“假说演绎法”“类比推理法”“模型构建法”等学科方法的训练；在阐述理论、观点、规律时，教师要提供事实证据，呈现由事实到观点、规律、理论的逻辑过程，引导学生根据具体的事实进行分析、比较、归纳、总结等方式建立概念。总之，教师要特别关注生物学“高度理性、重视逻辑和实证”的学科特点，引导学生建立尊重实证，寻求论证逻辑的严谨以及发展理性的怀疑精神，通过多种渠道、多种形式、多元思考，培养学生“客观的依据，理性的怀疑，多元的思考，平权的争议，实践的检验，宽容的激励”的理性思维品质。

（四）关注突出成就和社会热点，培养学生的社会责任意识

生物学与生产、生活和社会发展等息息相关，如健康知识、饮食常识、环保知识、遗传病的预防、吸烟的危害、转基因食品的安全问题等；生命科学的突出成就与人类的健康生活及国家的社会、经济利益密切相关，如诺贝尔生理学或医学奖对维护人类健康的意义、袁隆平杂交水稻对人类社会的贡献等。在生物学课程教学中，教师要鼓励学生运用所学的生物学知识去参与个人和社会事务的讨论，尝试解决生活中的生物学问题，激发学生热爱自然、热爱生命、热爱生物科学、关心和维护地球生态环境的责任意识，树立建设祖国和家乡的义务感和责任感。

课程标准是党的教育方针和国家教育目标的具体体现，是教材内容选择、教材编写、学科教学设计、教学实施与教学评价的基本依据。作为学科教师只有认真研读课程标准，深刻领会、精准把握课程标准的教育教学目标要求，才能教有依据、学有方法，构建符合课程标准的高效课堂，有效达成立德树人的根本教育任务。

（此文发表在华东师范大学《生物学教学》2018年第12期）

核心素养导向的高考评价体系认知

一、高考评价现状

《普通高中课程标准（2017年版）》提出的课程理念之一是“学业评价促发展”，进一步明确和强化了教育评价在课程实施中的价值和作用。高考作为高中阶段的终结性评价，对高中教育具有鉴定、诊断和监督功能；高考作为连接中学教育和高等教育的纽带，上对高等教育具有选拔、甄别人才的功能，下对高中教育具有激励、导向、调节和管理功能；高考作为一种评价过程，对高中教育还具有显性和隐性的教育功能，在“考试育德”“考试育人”功能的发挥上有着特殊重要的作用。在长期以来的教育实践中，高考主要通过统一的考试形式彰显其公平的价值追求，通过对优秀人才的选拔实现其追求效率的目的，然而，公平和效率作为一对矛盾体，意味着高考不能同时兼顾两者，片面追求公平或效率，都会导致高考本体功能的畸变和异化。主要表现在以下三个方面：

（一）高考选拔功能的异化倾向，滋生和助长了应试教育

高考的基本教育功能是促进学生积极向学，为高等学校选拔优秀人才。然而，高考发展至今有偏离其激励、选拔和评价等教育功能的倾向。首先，高考通过其固有模式制约教学内容、限定学习方法、固化思维模式，会使学校教学陷入一种应试教育的模式之中。高考以闭卷笔试为主要考试形式，通过主观题、客观题组配的方式考查学生对学科知识的掌握情况。学校会为了应付考试、提高升学率，针对高考的基本模式，从考试内容、考试方法和思维方式等方面对学生展开全面的应试训练。学生的记忆水平和解题技巧在反复的机械练习中不断得到强化，他们逐渐被训练成应试教育的机器，学校教学在高考“指挥棒”的作用下，异化成“考什么，教什么；怎么考，怎么教”的基本模式。学生在学校里学会的不是如何有效地领悟学科思想、掌握学科方法、发展科学思维、提升科研能力、养成社会责任，而是如何通过考试拥有最好的成绩。这不但会扭曲学生的学习动机，还会使高考异化成学生学习的最终目的，成为学生学习、命运的主宰者。其次，若我们长期处于一种“唯分数论”的考试文化氛围中，学生的考试成绩会被作为评价中小学教师教学水平和学校办学质量的标准之一，追求升学率成为学校教育的重要目标之一，因而使高考承担评价和选拔人才之外的功用。高考功能的异化会使学生的考试

成绩与教师的教育教学水平和学校的升学率紧密相连，因而学生的学习压力不仅来自高考，还有家长、教师和学校施加的与学习无关的外在压力。这些与学习无关的外在压力降低了学生对知识的渴求度，减弱了他们的学习兴趣，使学生将高考看作改变自己身份和地位，以及获取未来财富的手段。这种功利的价值取向，会使高考畸变成应试教育的助推器，致使学生的学业负担和升学压力难以减轻。

（二）高考社会功能的僭越贻误了教育公平的实现

高考通过刚性的制度机制，为社会底层精英向上流动提供了保障，疏散了其对社会资源分配机制所郁积的不满，从而具有改变社会结构和稳定社会秩序的功用，这是高考衍生功能的主要体现。然而，高考本质上是一项教育活动，即教育功能是其首要的功能，高考应该在其充分行使本体功能的基础上发挥衍生功能。在当今社会，高考保障社会公平的职能逐渐被强化，致使教育功能和社会功能两者之间失衡，则选拔人才的功用逐渐被削弱、淡化。具体而言，一方面高考设定了统一的考试标准，规定了统一的考试程序，但这在某种程度上既抑制了学生的创造性思维，抹杀了学生个性，也不利于学生的身心健康；另一方面，高考通过特殊的政策保障社会弱势群体的考试权益，如高考加分政策、少数民族高考倾斜政策和异地高考政策等。这一系列是基于弱势群体利益而实施的政策倾斜，而不是基于个人努力和能力分配高等教育资源的方式，会在某种程度上损害具有选拔性质的高考，并生成一种新的反向教育歧视——对个人能力和努力的无视。一味地追求社会公平不一定就能取得预期效果，反而有可能挫伤教育公平。

（三）高考竞争的日趋激烈，催生和强化了学生的片面发展与自私利己意识

高考最根本的教育功能是促进人的全面发展，使每个受教育者成为身心健康、有责任感和使命感的时代新人。然而在实践中高考教育目的的偏离和异化，导致考试变成学生学习生涯的主旋律，这不仅扭曲了学生正常的学习生活，限制了他们的全面发展，而且压抑了学生素质的提升和生命的活力。具体而言，一方面，高考限制了人的全面发展。在学校片面追求分数或升学率的情况下，教师会侧重发展学生的智能，强调学生的语言智能和数理逻辑智能，而忽视学生其他多元智能的发展，削弱了学生全面发展的机会，使学生不能充分而全面地发展自己的能力，限制了学生个性和创造性的发展。另一方面，高考在某种程度上造成了人与人之间关系的异化。高考是一种选拔性质的考试，是一场考生和考生之间激烈竞争的较量，优胜劣汰关乎他们的前途命运。因此，学生的意识中会程度不同地将除自己之外的考生当成竞争对手或“敌人”，使本应和谐友爱的同学情谊异化为对立关系，催生和强化了学生的自私利己意识。

高考功能的异化会导致中学教育无视科学教育规律、忽视学生全面发展，“只要学不死，就往死里学”，衍生了以抑制学生品德、人格、技能、体魄上的增长换取知识增长的无品质可言的应试教育乱象。因此，正确理解和深入领悟高考的思想内涵、价值与功能，明晰高考对基础教育的引导、激励、评价功能，坚持正确的高考教育方向，是推动素质教育全面实施的前提和保障。

二、评价与教育评价

（一）评价及其评价方式

评价是一种价值判断的活动，是对客体满足主体需要程度的判断。评价可分为诊断性评价、形成性评价、终结性评价。

诊断性评价是指对评价对象的现实状况及存在的问题、产生的原因所进行的价值判断。其主要目的是分析原因，以便对症下药采取相应的改进手段。

形成性评价是指对正在进行的教育活动做出的价值判断，也称过程性评价，其特点是通过及时揭示问题、及时反馈活动结果以促进工作的改进。形成性评价一般以反馈调控和改进完善为主要目的。

终结性评价是指对评价对象一定时期内的全面状况所进行的价值判断，也称总结性评价，终结性评价旨在对评价对象做出总结性的结论，甄别优劣，鉴定等级，为各级决策人员提供参考依据。

（二）教育评价及其功能

教育评价是指在一定教育价值观的指导下，依据确立的教育目标，通过使用一定的技术和方法，对所实施的各种教育活动、教育过程和教育结果进行科学判定的过程。教育评价是对教育活动满足社会与个体需要的程度做出判断的活动，是对教育活动现实的（已经取得的）或潜在的（还未取得，但可能取得的）价值做出判断，以期达到教育价值增值的过程。

教育评价的功能：教育评价具有鉴定、导向、激励、诊断、调节、监督、管理、教育八大功能。

1.教育评价的鉴定作用是指教育评价认定、判断评价对象合格与否、优劣程度、水平高低等实际价值的功效和能力。教育评价的鉴定功能，既能为领导决策提供参考依据，在教育发展中发挥积极的促进作用，也能使学生增加课业负担和心理负担，产生一定的消极影响。

2.教育评价的导向功能是指教育评价本身所具有的引导评价对象朝着理想目标前进的功效和能力。通过评价的导向作用，可以引导某项教育活动朝正确方向发展。

3.教育评价的激励功能是指合理有效运用教育评价，能够激发和维持评价对象的内在动力，调动被评价者的内部潜力，提高其工作的积极性和创造性，从而达到教育管理的目的。

4.教育评价的诊断功能是指教育评价对教育的成效、矛盾和问题作出判断的功效和能力。

5.教育评价的调节作用是指教育评价对评价对象的教育教学或学习等活动进行调节的功效和能力。通过评价了解自己的长短、功过，明确努力方向及改进措施，以实现自我调节。

6.教育评价的监督作用是指教育评价有对被评价对象起检查、督促的功效和能力。

以确定其是否达到目标，以及达到目标的程度，使其明确以后努力的方向和途径，督促被评价对象朝着评价目标前进。

7.教育评价的管理功能是指教育评价使评价对象顺利完成预定任务、达成预期目的的约束功效和能力。

8.教育评价的教育功能是指教育评价本身所具有的影响评价对象的思想、品质、思维的功效和能力。有利于评价对象及时看到成绩，受到激励和鼓舞，找到差距，及时改进和提高，有利于促进评价对象的自我认识、自我改进、自我提高、自我完善。

三、《中国高考评价体系》的基本内涵

2014年9月印发的《国务院关于深化考试招生制度改革的实施意见》明确提出“坚持育人为本，遵循教育规律的基本原则”，强调高考应该扭转应试教育的不正之风，以学生的健康成长和成才为出发点和落脚点，着力提升高考的育人功能和积极导向作用，助力推动中学素质教育。教育部考试中心组织专家历经3年时间，研制完成了高考评价体系，对高考评价体系进行了顶层设计，再经过3年时间的实践检验、修订完善，于2020年1月凝练和结晶着高考评价体系研制成果的《中国高考评价体系》和《中国高考评价体系说明》正式颁布。该《体系》从高考的核心功能、考查内容、考查要求三个方面回答了“为什么考、考什么、怎么考”的考试本源性问题，从而给出了“培养什么人、怎样培养人、为谁培养人”这一教育根本问题在高考领域的答案。

《中国高考评价体系》由“一核四层四翼”组成，其中，“一核”是高考的核心功能，即“立德树人、服务选才、引导教学”，回答“为什么考”的问题；“四层”为高考的考查内容，即“核心价值、学科素养、关键能力、必备知识”，回答“考什么”的问题；“四翼”为高考的考查要求，即“基础性、综合性、应用性、创新性”，回答“怎么考”的问题。“一核”是总体框架，“四层”与“四翼”是“一核”的有机组成部分。

（一）高考的核心功能——立德树人、服务选才、引导教学

1.立德树人是高考育人的重要使命

首先，高考的性质地位决定必须落实立德树人根本任务。立德树人是教育的根本任务，高考是教育的重要环节和组成部分，高考最根本的就是要全面贯彻党的教育方针，解决好“培养什么样的人、如何培养人以及为谁培养人”这个教育的根本问题，不断增强育人功能和积极导向作用。其次，高考的甄选功能决定必须突出立德树人的基本要求。高考肩负为高等学校选拔德才兼备、全面发展的新生的重任。高考必须突出对考生立德树人基本内容的考查。再次，高考的导向作用要求必须坚持立德树人的基本原则。高考是连接基础教育和高等教育的纽带，高考对基础教育发挥着重要的影响作用。高考必须坚持立德树人基本原则，把立德树人要求融入考试的各个环节，对促进素质教育的实施发挥引导作用。

2.服务选才是高考的基本功能

高考属于选拔性考试，目的是为不同类型的高校选拔出符合要求的新生，其选拔质

量直接影响着高等教育质量乃至国家创新人才的培养质量，从这个意义上说，高考不仅是为高校选拔人才，而且是为国选才。因此，服务选才是高考的基本功能和使命，也是高考存在的客观要求。

3.引导教学是基础教育对高考的现实需求

高考一方面要为高校选好人才，另一方面客观上还具有服务和引导基础教育教学的现实作用。因此，必须认识和处理好高考改革与基础教育改革的关系。坚持育人为本，将促进学生健康成长成才作为改革的出发点和落脚点，深入推进素质教育，充分发挥高考的育人功能和积极导向作用。

坚持立德树人“一堂课”、服务选材“一把尺”、引导教学“一面旗”的高考核心功能，是对党的教育方针的贯彻和落实，是实现全程育人、全方位育人的必然要求。

（二）高考的四层考查内容

1.必备知识

强调考查学生长期学习的知识储备中的基础性、通用性知识，是学生今后进入大学学习以及终身学习所必须掌握的。

2.关键能力

重点考查学生所学知识的运用能力，强调独立思考、分析问题和解决问题、交流与合作等学生适应未来不断变化发展社会的至关重要的能力。

3.学科素养

考查学生能够在不同情境下综合利用所学知识和技能处理复杂任务，具有扎实的学科观念和宽阔的学科视野，并体现出自身的实践能力、创新精神等内化的综合学科素养。

4.核心价值

考查和引导学生能够在知识积累、能力提升和素质养成的过程中，逐步形成正确的核心价值观，体现了高考所承载的“坚持立德树人，加强社会主义核心价值体系教育”和“增强学生社会责任感”的育人功能和政治使命。

（三）高考的四翼考查要求

1.基础性

主要体现在学生要具备适应大学学习或社会发展的基础知识、基本能力和基本素养，包括全面合理的知识结构、扎实灵活的能力要求和健康健全的人格素养。

2.综合性

主要体现在学生能够综合运用不同学科知识、思想方法，多角度观察、思考，发现、分析和解决问题。

3.应用性

主要体现在学生要能够善于观察现象、主动灵活地应用所学知识分析和解决实际问题，学以致用，具备较强的理论联系实际和实践的能力。

4.创新性

主要体现在学生要具有独立思考的能力，具备批判性和创新性的思维方式。

（四）高考评价体系关于高考的三个转变

1.教育功能

实现了高考由单纯的考试评价向立德树人重要载体和素质教育关键环节的转变。

2.评价理念

实现了高考由传统的“知识立意”“能力立意”评价向“价值引领、素养导向、能力为重、知识为基”综合评价的转变。

3.评价模式

实现了高考从主要基于“考查内容”的一维评价模式向“考查内容、考查要求、考查载体”三位一体评价模式的转变。

高考评价体系的科学构建，是发挥高考正向指挥棒作用、完善立德树人体制机制的重要举措。作为教育工作者，我们只有正确理解和深入领悟高考的思想内涵、价值与功能，才能坚持正确的高考教育方向，推动素质教育的全面实施。

树立育人载体教材观 落地核心素养教育目标

教材是课程资源的重要组成部分，是教与学活动的纽带。师生教与学活动的开展始终围绕教材进行。教师的教材观是衡量教师专业素养的一个重要尺度，影响着教师对教材的使用和教学活动的方向，制约着教师的教学品位和教学质量。只有树立育人载体的教材观，才能实现由教教材向用教材的转变，促进教育质量的全面提升。

一、“学科知识载体”的教材观

“学科知识载体”的教材观是指在“课程即知识”“课本即根本”的观念影响下，把教材视为学科知识的载体，把教材内容看作是学科知识体系的浓缩和再现，是定论、共认或某一领域公认的原理、法则、定理，是没有争议的绝对权威，不给教师和学生发挥的空间和讨论的余地。这种“绝对化”的教材观，要么把教材“神圣化”，课本成为课堂的根本，教材成为教学的主宰，教师的教成为不折不扣传递教材信息的过程，学生的学成为感知、理解、记诵教材的过程，教学从教材出发，最后又回归教材；要么把教材“边缘化”，特别是在高三复习教学中，各种断章取义、缺乏完整结构体系的教辅资料充斥于教学的各个环节，教与学活动成为全方位、多层次的教材解读过程，教与学应有的亲历和体验知识生成过程与知识应用过程的探究性活动，被教师的“一言堂”和学生的死记硬背所替代，导致教师的教封闭、僵化，导致学生的学死板、生硬，师生沦为课本的附庸、教材的奴仆，教学活动丧失了应有的品质，教学质量必然在低层次徘徊。

二、“育人载体”的教材观

“育人载体”的教材观是指在“课程是经验”的观念影响下，把教材看作是极其重要的育人载体，把教材的基本内涵界定为学科知识（概念、理论、思维）、教育目的（教育哲学）、学生认知特点（身心发展和学习规律）三个方面。即把教材看作是引导学生认知发展、生活学习、人格构建的一种范例，是引起学生认知、分析、理解事物并进行反思、批判和构建意义的中介。不仅强调教材所承载的学科知识，而且强调学科自身发展逻辑（学科思维）和学生的心理逻辑（学生的认知特点），更加强调获得知识与学会学习，形成正确价值观的统一。这种教材观把课程看作是经验，打破了课程与教材局限于学科知识的樊篱，强调教材是案例或范式，是学生发展的“文化中介”，是师生进行对话的“话题”。教学过程强调用教材而不是教教材，更加强调过程和方法而不仅仅是知识，教师是教学活动的引导者而不是知识的传话筒，教师钻研教材不仅要重视学科知识体系，还要重视学生的身心发展和学习规律，更要重视参透学科思想、掌握学科方法。教学过程要重视通过教材“话题”这一中介进行师生之间的互动交流，以促进学生在知识、能力、情感态度与价值观等多方面获得全面发展。

显然，不同的教材观对教材的理解不同，教学指导思想和教学策略差异很大。教师只有树立科学的教材观，才能正确理解和把握教材的基本内涵，确保教材的地位和作用，创造性地使用教材，充分发挥教材的育人功能，有效提高教育教学质量。

三、树立育人载体教材观　落地核心素养教育目标

（一）研读课程标准，准确把握教材的价值内涵

课程标准规定了国家对国民在某方面或某领域的基本素质要求，是教材编写、教学实践、考核评估和考试命题的依据，是国家管理和评价课程实施的基础。教材是完全依据课程标准来编写的，深入研究课程标准，是精准把握教材价值内涵的前提和关键。

课程标准有三大要素，即内容标准、成就标准（或叫表现标准）、机会标准。内容标准是按照人的生长规律、不同年龄段的智力发展及所要求的人才必须掌握的知识体系和学习规律来确定的。它告诉我们不同年龄段应该学哪些内容，学到什么深度。成就标准是在告诉我们不同学段的知识内容要学到什么程度，哪些是了解的，哪些是掌握的，哪些是可以灵活应用的。机会标准则告诉我们让每一位学生都能学到东西，让每一个学生都有学到一定知识、掌握一定技能的机会，要面向全体学生。概括地说，课程标准描述了一个社会或一种教育体系规定学生在不同年级、不同学科领域应该掌握的知识能力、达到的行为标准以及个人发展的高度，以使学生能丰富圆满地生活，能顺利地步入社会、包容社会、改造社会，从而成为国家需要的人才。明白了这些再根据各个学科的特点，研究国家对本学科不同阶段的学生在知识与技能、过程与方法、情感态度与价值观等方面的基本要求，以及所规定的各门课程的性质、目标、内容框架，提出的教学和评价建议等进行充分研究，才能高度诠释、准确把握教材的价值内涵，形成科学的教材观念。

（二）立足学科观念，深入理解教材的体系构建

学科观念是人们在学科知识的认知、学科思维的形成和学科方法的掌握过程中形成的反映学科知识本质、学科思维特点和学科学习规律，并对学科学习最具影响力的基本观念、思想和见解，是蕴含于知识背后的“知识”。学科观念是整合学科知识，编写学科教材的思想基础和脉络主线，教材内容的选择、组织和呈现方式无不渗透和体现着学科观念。教师只有深刻领会学科观念，才能悟透教材的编写思想、结构体系、呈现方式，才能理解教材内容的地位、作用及其相互间的逻辑联系，才能有效地设计和组织教学过程，创造性地使用教材，高效提升教学质量。

以高中生物学为例，教师只有立足于“结构与功能观、物质与能量观、遗传与进化观、稳态与平衡观”的视域去审视生物学教材，才能领悟“科学、技术、社会”互动融合的思想，正确理解高中生物学教材在结构体系上分为必修和选修两部分六大模块的意义及其内在联系，将生命观念作为整合和编织教材内容的经线和纬线，在大概念统摄下设计和组织教学，提升学生的认知能力；才能领悟高中生物学教材中体现的系统论、信息论、控制论思想，从生命系统的角度挖掘知识之间的内在联系，从哲学高度抽象和概括生物学事实、概念、原理的本质，引导学生主动探索知识的发生与发展；才能充分理解生物学以理性思维和科学实证为核心的学科特点，在教学思想上形成生物学学科以提升生物学科学素养为教学目标、以探究性学习为基本策略的课程理念，在教学行为上形成生物学学科以问题情境和探究活动为教学出发点的意识，培养学生的科学思维和科学探究能力；才能领悟学科内在逻辑与学生认识逻辑相统一的思想和探究性学习思想，从微观上理解章节内容、专栏版块等素材在知识学习与能力培养上的价值与作用，形成明确的教育教学目标，生成适切的教学策略，创造性地使用教材，打造高效课堂。总之，教师只有深刻领悟学科观念，才能参透教材的基本内涵，提升教材的驾驭能力，引导学生在科学的认知活动中学会学科思维方法，掌握学科知识，提升科学探究能力，使教学过程更加科学高效。

（三）正确使用教材，着力提升核心素养

正确使用教材是在科学诠释教材基本内涵与正确理解教材育人功能的基础上，依据教材提供的学科教育资源，实施体现学科性质和科学认知规律的教与学活动。具体而言，就是充分发挥教师的主导和学生的主体作用，引导学生利用已有的知识经验，在主动探索知识的发生与发展过程中通过理性思维、质疑和批判，自主构建、获取知识；通过“做中学”的知识迁移应用过程，加强对基本概念内涵的拓展和外延的延伸；通过对学科思想、学科方法的养成和习得，强化对知识内在逻辑联系的理解和把握，从而构建完整的学科知识体系。用好教材需要在正确理解和把握教材精神实质的基础上科学确立教材的地位，充分发挥教材培育学生自主学习能力的功能，强化科学课程的思想教育功能，发挥培育学生创新思维的功能，促进教师创造性教学的功能。然而，反观长期以来的高中生物学教学实践，存在着把教材“神圣化”和“边缘化”两种倾向，使教材的育人功能削弱或窄化，导致课堂教学乱象丛生。

教材“神圣化”有两种现象（倾向）：其一是教学内容的窄化。只讲授教材的基本概念、原理，将生物学“核心素养为宗旨”的课程理念置之脑后，将教材内容中“问题探讨”“资料分析”“技能训练”“思考与讨论”等专栏版块和科学发现史等科学教育素材置之一边，使生物学课程的科学教育功能大打折扣。其二是教学内容的圣化。一切以教材的内容、观点和表述为教和学的固定标准，为问题的解答标准，为思考的导向标准，把教材看作是学科知识的载体，是一种具有权威性的“事实性知识”，教材怎么讲，就怎么教、怎么学、怎么记、怎么背，不敢越雷池半步，思维被格式化，毫无个性化和批判性的思想，最终成了陶行知先生所批判的教死书、死教书、教书死，读死书、死读书、读书死。

教材边缘化也有两种表征（倾向）：其一是塞入、补充大量拓展性的资料、信息，貌似“蔚为大观”，这些内容可能是学生感兴趣的，密切联系学生生活和实际的、与课文内容紧密相关的。但是却冲淡了教材内容的逻辑体系，忽视了学科思维和认知规律，这一做法只会让学生觉得生物学知识庞杂、零散、琐碎，更为关键的是使学生的科学思维方法和自主构建学习能力难以提高和发展。其二是匆匆把教材内容教完、讲完，在学生还没有深度理解和领会的基础上，就大量地进行练习解题，实行题海战术，似乎学习教材内容只是为解题服务的。特别是在高三复习教学中，师生一本资料抱到底，使教材的价值和功能相对削弱。殊不知教辅资料中的内容多为教材内容粗线条的概括和剖析，缺乏严谨的推理和论证，而教材是依据知识的形成和学生的认知规律编写的最为科学的学习依据。“舍本求辅”势必造成所学知识系统性不强，学科核心素养培养缺失。

正是针对这些现象，《基础教育课程改革纲要（试行）》明确指出，教材改革应有利于引导学生利用已有的知识与经验，主动探索知识的发生与发展，同时也应有利于教师创造性地教学。改变课程过于注重知识传授的倾向，强调形成积极主动的学习态度，使获得基础知识与基本技能的过程同时成为学会学习和形成正确价值观的过程。

那么，教学中如何确保教材的地位和作用，高效发挥教材的育人功能呢？首先，要致力于正确、准确而有深度地解读教材，防止误读和浅读。既要鼓励对教材的个性化（批判性）解读，又要防止和克服偏离教材主旨和主流价值观的随意解读；要准确地、深度地挖掘教材的内涵，充分地学习、领悟、吸收和内化教材的智慧，防止和克服浅化教材的行为，避免只在教材表面上做文章，认识只停留在记忆和简单的理解层面，教材的功能和价值没有得到充分的释放。其次，要以教材为中心来组织课堂教学活动。没有教材或不依赖教材的课堂，教学就会失去内涵，失去方向，质量也就没有了依据，没有了根基。特别是就具体的课堂教学活动而言，一定要以教材为本，忠实地、全面地用好教材，做到不肢解教材、不脱离教材、不边缘化教材。把教材作为引导学生认知发展、生活学习、人格构建的范例，成为学生发展的“文化中介”和师生对话的“话题”，通过对“例子”的补充、延伸、拓展和超越、批判、质疑以引起学生认知、分析、理解事物并进行反思、批判和构建意义，通过师生对话进行交往，促使学生获得发展。

总之，只有正确理解和全面掌握教材的基本内涵，依据学科性质和特点，科学灵活地、创造性地使用教材，才能有效地提高教育教学质量，全面培育学生的核心素养。

（此文于2017年7月在“西北地区中学生物学教学研讨会”上荣获优秀论文二等奖）

研究课改背景　深化课程理念

——《普通高中生物学课程标准（2017年版）》学习心得

2018年1月，《普通高中课程方案和语文等学科课程标准（2017年版）》的颁布，标志着历时4年的课程标准修订工作已全部完成，昭示着凝练核心素养的新一轮课程改革的全面实施。为此，全国各地教育行政部门和高中学校掀起了新一轮《课程标准》的培训、学习活动。然而，纵观各地、各校的培训和学习现状，存在着仅仅局限于《课程标准》内容的研究和解读，缺乏对课改背景的深入研究和培训，导致受训者新课程理念肤浅、新课改动力不足、新课程意识淡薄，直接影响着新课程的有效实施。本文是笔者研读《普通高中生物学课程标准（2017年版）》的学习心得，是从课改背景的角度对新课程理念的一点浅显认识。

一、研究和解读课改背景是提升课程理念的前提和保证

课程理念是对“课程应然”的理性认识和所持有的信念，是课程实施的指导思想和理论依据，直接影响着教学实践的方向、品质和品位。课改背景是课程改革和课程实施的社会动因与思想基础，蕴含着社会发展对人才标准的要求。课改背景是学校教育共同体从根本上理解和接纳新课程、树立新课程理念、有效实施新课程的动力源泉。

学校教育共同体的每一位成员只有深入研究课改的社会背景和教育背景，才能正确理解和诠释教育目标体系的价值、功能和基本内涵，形成“以人为本”的素质教育理念，产生核心素养教育的内驱动力，增强对核心素养的接纳能力和实施核心素养教学的主动性，提升教学品质，落实立德树人的根本教育任务。因此，研究课改背景，转变教育观念，是真正使核心素养落地的前提。譬如，教师只有深入研究课改的社会背景，才能充分认识到信息时代化、知识爆炸化对“满腹经纶、学富五车”人才标准的挑战，从而形成“学会学习、终身学习”的教育理念；才能充分认识到经济全球化、挑战常态化对未来人才的需求，进而从学生终身发展和社会需要的角度去考虑必备品格和关键能力，充分理解培育学生核心素养的意义。教师只有深入研究课改的教育背景，才能对“双基”、三维目标、核心素养与落实立德树人的根本教育任务之内在关系做出科学的甄

别，从而产生实施核心素养教育的内驱动力，积极主动地研究核心素养的内涵以及实践路径，并且自觉地融核心素养教育于教学过程中，实现高品质的教育教学。

教育是为社会培养人的活动，是时代与社会的必然产物，它以时代与社会为条件而产生并存在，尽管它有自身的内在规律与元素，但是它必须在时代与社会的环境、条件与运动诸元素的共同作用之下，才有可能产生与当时社会相符合或者相适应的教育。当今社会，信息时代化、知识爆炸化、经济全球化、挑战常态化，“学富五车”“满腹经纶”的“学究型”人才已完全不能适应社会的要求，社会进步、经济发展、时代变迁呼唤着创新教育的到来，召唤着具有高度人文素养和科学素养人才的大量涌现。然而，就目前我国基础教育的现状而言，课改十多年来“三维目标”教育实践成效甚微，“双基”教育时代衍生和助长的“知识本位”的“应试教育”现象仍然惯性影响着基础教育，特别是高中教育。在某种程度上一些高中学校程度不同地存在着违背教育科学规律的“道德教育虚化、创新教育物化、个性教育奴化”的重智轻德、片面追求分数和升学率的伪教育现象，培养的学生社会责任意识、创新精神和实践能力较为薄弱，道德修养和人文素养相对较低，党的教育方针确立的学校育人的应然目标与基础教育的实然效果之间存在着很大差距，教育与学生的终身发展需要和社会对人才的需求之间存在诸多不适应，这些矛盾现象不断质疑和挑战着我国的基础教育改革和教育教学实践，暴露出我国基础教育课程改革确立的“三维目标”体系在定位和可操作性上的不足。一方面，“三维目标”缺乏对教育内在性、人本性、整体性和终极性的关注，突出“学科本位”而不是真正从人的角度来思考、定位教育，导致教育教学过程缺乏对学生精神生活的眷顾和对人格品性的培养；另一方面，“三维目标”缺乏对人的发展内涵特别是对关键的素质要求进行清晰地描述和科学的界定，导致教学实践中技能与能力目标的缺失、过程与方法目标的“游离”、情感态度价值观的“贴标签”现象。基于此，2012年党的十八大提出立德树人的根本教育任务，2014年教育部《关于全面深化课程改革 落实立德树人根本任务的意见》提出了“核心素养”目标体系，明确了学生应具备的适应终身发展和社会发展需要的必备品格和关键能力，突出强调个人修养、社会关爱、家国情怀，更加注重自主发展、合作参与、创新实践。2017年党的十九大进一步强调：全面贯彻党的教育方针，落实立德树人的根本任务，发展素质教育，培养德、智、体、美、劳全面发展的社会主义建设者和接班人。2018年教育部颁布了基于核心素养教育目标的新课程标准，将核心素养教育置于我国未来基础教育改革和教育教学实践的灵魂地位。

二、课程理念的演替变迁是基础教育回归本真的逻辑必然

恢复高考制度四十多年来，我国的基础教育课程目标体系经历了“双基”“三维目标”“核心素养”的演替变化，规范教育教学的纲领性文件经过了《教学大纲》《课程标准（实验稿）》《课程标准（修订稿）》的修订变化，这一系列变化反映了我国基础教育从教书走向育人的发展历程。那么，如何精准把握《课程标准》的基本内涵呢？

《教学大纲》关注点在于教学过程的应然上（应该怎样培养人），对教育者与学习者

的教与学活动进行了整齐划一的硬性规定，以“纲”为纲，全国大一统，统一教学内容，统一教学要求。

《课程标准》关注点在于人才标准与教学结果的评价上。从课程目标的应然（应该培养什么样的人）出发，最终落脚点在于受教育者的学习结果（实然）上，也就是通过课程学习之后，学生能够做什么。二者的差异造成两种完全不同的教育生态。为学校和教师创新教育提供了更大的空间和发挥余地，更符合培养全面发展的人的教育要求。

《教学大纲》背景下的“双基”教育体现着“知识本位”思想，双基的核心是重视基础知识和基本技能的学习和训练。双基教学重视课程内容的逻辑严谨性和基本技能的训练提高。从打好知识与技能基础的角度看，似乎没有什么偏失。但从育人的角度看，忽视了情感态度价值观教育，容易导致知识灌输、纯技术训练，更不利于创新教育和创新人才的培养。

《课程标准（实验）》背景下的“三维目标”实现了教育思想的超越性改变，由“知识本位”转变为“学科本位”，主张通过学科课程的学习促进学生知识与技能、过程与方法、情感态度与价值观的全面提高。使学习进入知识发生状态，即在过程中掌握方法，获取知识，形成能力，培养情感态度价值观，超越了传统教学重知识、重能力、忽略态度价值观的教育偏失。但是，课改十多年来的实践表明三维目标依然有不足之处：其一是三维目标教育突出“学科本位”，侧重于从学科性质的角度来思考和定位教育，即依据学科性质传授这些知识、培养学科能力，至于这些知识、能力之于人的未来发展、之于人的道德的认知等方面的价值功能较少考虑，缺乏对教育内在性（教育内容内在于人的状态与水平——素养）、人本性（以人为本）、整体性（五育并重、品格与能力并举，人与知识、技能交融）和终极性（人性能力教育）的关注；其二是缺乏对人的发展内涵特别是对关键的素质要求进行清晰地描述和科学的界定。三维目标中除知识目标外，能力目标和情感态度与价值观目标在教学与评价上的可操作性相对较弱，带来了教育教学过程中知识与技能目标的缺失、过程与方法目标的“游离”、情感态度价值观的“贴标签”现象，“知识本位”的“应试教育”现象没有得到彻底改变。《课程标准（实验）》确立的学科育人的应然目标与中学教育的实然效果之间还存在着很大差距。

《课程标准（修订稿）》背景下的“核心素养”教育是“素养本位”的人本教育理念，是对“三维目标”教育理念的传承、发展和深化，是对三维目标的纠偏和矫正。核心素养跳出“学科本位”的局限，它把学科教学定位于育人的基本途径，把三维目标提炼与整合为核心素养形成的基本要素，从基础教育的性质（奠基性教育）和育人的终极目标出发来考量和定位教育，明确提出基础教育的核心目标就是培养和发展学生应具备的能够适应终身发展和社会发展需要的必备品格和关键能力。同时，核心素养还针对三维目标在教学操作上相对较弱的缺陷，把教育目标具体化和细化为三个方面、六大素养、十八个基本要点的核心素养框架，使学校教育共同体的每个成员都能清楚自己可以做什么或不可以做什么，能清楚地知道自己的努力对实现教育目的的价值和意义，为落实立德树人的根本教育任务提供了可教可学可评价的清晰图谱或菜单。

三、核心素养是落实立德树人根本教育任务的基本诉求

党的十八大提出，全面贯彻党的教育方针，落实立德树人根本任务，加强社会主义核心价值观教育，培养德智体美全面发展的社会主义建设者和接班人。将立德树人作为教育的根本任务，体现了新时期贯彻党的教育方针、实施素质教育的时代要求，进一步明确了“育人”比“育才”更重要的人才培养理念。教育将不再以“分”为向导，以“考”为法宝，以片面追求教育的GDP为目标，而是基于“人”的哲学考量与追问，把培养一个个精神独立、人格完整、品德高尚、懂得担当，能够自食其力的合格公民作为己任。

核心素养主要是指学生应具备的、能够适应终身发展和社会发展需要的必备品格和关键能力。中国学生发展核心素养体系，以培养“人”为出发点和价值取向，即以培养“全面发展的人”、活生生的有知情意的人和发展创新的人为核心。基本内容分为文化基础、自主发展、社会参与三个方面，综合表现为人文底蕴、科学精神、学会学习、健康生活、责任担当、实践创新六大素养。培养和发展学生核心素养，根本出发点是全面贯彻党的教育方针，践行社会主义核心价值观，突出强调社会责任感、创新精神和实践能力，促进学生全面发展，使之成为中国特色社会主义事业的合格建设者和可靠接班人。

立德树人是教育的根本任务，核心素养是育人的目标体系，立德树人与核心素养具有内涵上的一致性、育人价值上的统一性，核心素养是落实立德树人根本教育任务的基本诉求，培养和发展学生的核心素养是落实立德树人根本教育任务的基本措施。

高中生物学教学中培养学生核心素养的策略

核心素养是学生应具备的适应终身发展和社会发展需要的必备品格和关键能力，是基础教育的根本培养目标。基础教育学校分科课程教学，就是从学科课程属性出发，通过学科核心素养的培育落地学生发展核心素养，落实全面育人目标。高中生物学核心素养是通过高中生物学课程的学习，引导学生逐步形成高中生物学学科中那些更为关注个人终身发展和社会发展的必备品格和关键能力，是生物学课程的核心任务。那么，高中生物学教学中如何有效的培养学生的核心素养呢?

一、加强对生物学核心素养的学习与研究

生物学学科核心素养是学生在生物学课程学习中逐渐发展起来的，在解决真实情境中的实际问题时所表现出来的价值观念、必备品格与关键能力，是学生知识、能力、情感态度价值观的综合体现。生物学核心素养由四个要素组成：生命观念、科学思维、科学探究、社会责任，这四个要素是一个统一的整体。生命观念是指对观察到的生命现象及相互关系或特性进行解释后的抽象，是人们经过实证后的观点，是能够理解或解释生物学相关事件和现象的意识、观念和思想方法，如结构与功能观、进化与适应观、稳态与平衡观、物质与能量观等。生命观念是生物学核心素养的基础和支柱，生命观念的形成过程离不开科学思维和科学探究。科学思维是尊重事实和证据，崇尚严谨和务实的求知态度，运用科学的思维方法认识事物、解决实际问题的思维习惯和能力。科学探究是指能够发现现实世界中的生物学问题，针对特定的生物学现象，进行观察、提问、实验设计、方案实施以及对接过程的交流与讨论的能力。科学思维始终贯穿于科学探究过程的各个环节，如果没有科学思维的支撑，科学探究将失去方向，而没有科学探究的过程，科学思维也将失去根本依据和实践价值，科学思维和科学探究相互依存，密不可分。基于对生物学的认识，参与个人与社会事务的讨论，做出理性解释和判断，解决生产生活问题的科学思维和科学探究的过程中，形成的担当和能力就是社会责任。

生物学学科核心素养是生物学学科育人价值的集中体现，具有动态发展性。在不同的教育阶段，生物学核心素养表现出不同的阶段性特征，既需要生物学知识的积累，也需要生物学方法与技能的积累与提高，以及生物学情感、态度与价值观的逐步升华。这

是一个长期培养与渗透的过程，是一个循序渐进、逐步升华的发展过程，需要在特定情景和需求中生成与发展，具有明显的发展性特征。这就要求生物学教师必须持续深入研究，达到对学生生物学核心素养的有效培养。

二、树立核心素养教育理念

教育理念是教育工作者在教育教学实践及教育思维活动中形成的对“教育应然”的理性认识和主观要求，是对教育教学的看法及所持有的信念。教师是教育教学的实施者、评价者，其具有的教育理念决定着工作方向，影响着教育教学活动的效果。高中生物学教师肩负着培养学生生物学核心素养的重担，他们的核心素养理念和专业水准是完成这一任务的关键。虽然高中生物学核心素养已经有了基本框架，具体内容还在进一步研究，但是生物学教师的核心素养教育理念应该先行。高中生物学教师应更早了解核心素养的基本内容、理念和意义，利用它来武装自己的教育理论知识，并运用于教育教学实际中。因此，树立核心素养教育理念是教师有效培养生物学核心素养的关键环节。

三、注重学科逻辑和核心素养培养的融合

高中生物学学科核心素养的培养应遵循高中生物学的学科逻辑，按照高中生物学课程的独特认知过程，符合高中学生身心发展规律，而进行整体规划和系统设计。高中生物学学科知识是培养学生核心素养的载体，教师只有融合高中生物学学科逻辑思维，才能有效培养学生的生物学核心素养。

教师要注重学科逻辑和核心素养培养的融合，应注意：①情景化。设计合理的问题情景是培养学科思维和核心素养的关键。在高中生物学教学中，灌输和死记硬背是不能建立学科逻辑思维的，而应在现实的生物学问题的情景中，提高思考和解决问题的能力，这是训练学科思维的重要途径。②综合性。培养学科逻辑思维，不是仅仅通过一两次训练就可以形成的，教师应在科学实验、探究性活动、概念教学等环节中经常性训练。学科逻辑思维的培养，既可以通过练习检测来提升，也可以在教学中给以显性化体现。③系统化。培养学生学科逻辑，教师既可以训练学生逻辑思维的技能，也可以训练其学科逻辑思维的具体方法；既可以锻炼学生应用逻辑思维技能，也可以设计证据不足、逻辑不清的错误例子来训练学生的逻辑思维，并让学生评价观点、分析证据和辨析逻辑。

四、进一步加强探究性教学

探究性教学能有效地加强学生的主体性地位和自主能力的提高，包括独立自主探究和合作探究。在学生发展核心素养体系中，自我发展领域由问题解决、问题创新与自我管理三部分组成。独立自主的探究教学是培养学生自我发展素养的重要方法，既能帮助学生养成独立研究的良好习惯，掌握高中生物学探究问题与解决问题的方法，又能培养高中生对生物学问题的探究意识和创新精神，实现学生的自我管理。合作探究教学是在

学生分工与合作的基础上，通过学生彼此交流与沟通，实现师生之间、学生之间智慧的碰撞与交流，是培养文化领域中语言沟通素养的重要途径。探究性教学既是高中生物学教学的本质，也是体现理科属性的重要途径，在新一轮课程改革的过程中还要进一步加强。

五、创设贴近真实生活的教学情景

情景教学是培养学生核心素养的重要途径，贴近生活的教学情景是学生核心素养的重要“桥梁”。贴近生活的教学情景能够激发学生的学习兴趣，培养学生正确的情感，也能更好地帮助学生理解知识概念，掌握生物学的技能与方法，提高学生解决问题的能力，从而促进学生生物学核心素养的形成。核心素养的形成离不开生活情景和社会实际，生物学核心素养的培养需要教师创设贴近真实的教学情景。

六、加强对核心素养的外显化评价

核心素养具有动态性、情景性、内隐性和终身性的特点，对其评价往往具有一定的困难。教师有必要对核心素养的转化进行可观察的外显化评价。可以通过态度问卷调查，进行形成性评价和表现性评价；也可以通过相应的测量工具制定相关的测量标准，开展可以观察的外显化评价。例如，个人环境保护意识的培养是学生核心素养社会参与领域中的社会责任、公民道德素养的内容。对学生个人环境保护意识素养的评价，如果仅仅通过几道试题，很难开展客观公正的评价。对学生环境保护意识素养的评价，教师可以通过问卷调查来了解学生的环保意识与态度，通过学生具体行动和生活行为来评价他们的环保意识程度，以及加大对学生核心素养的评价维度，对学生的核心素养进行客观外显化评价。

生物学核心素养是关注个人发展和社会发展的必备品格及关键能力，是生物学教学的核心任务。核心素养的形成需要经历一定的发展过程，也需要全体高中教师的共同努力。

聚焦核心素养 提升教学品质

——核心素养导向的高中生物学教学认知

培育核心素养是当前教育改革的必然趋势，是落实立德树人根本教育任务的基本诉求和逻辑必然，是基础教育阶段根本性的价值追求。聚焦核心素养是提升教学品质的基本前提，提升教学品质是确保核心素养目标实现的根本保证。

一、核心素养概念诞生的背景及其意义

教育是为社会培养人的活动，是时代与社会的必然产物，它以时代与社会为条件而产生并存在，尽管它有自身的内在规律与元素，但必须在时代和社会的环境、条件与运动诸元素的共同作用之下，才有可能产生与当时社会相符合或者相适应的教育。当今社会，信息时代化、知识爆炸化、经济全球化、挑战常态化，“学富五车”“满腹经纶”的“学究型”人才已完全不能适应社会的要求，社会进步、经济发展、时代变迁，呼唤着创新教育的到来，要求具备高度科学人文素养和文化素养的人才大量涌现。然而，就目前我国的基础教育现状而言，课改十多年来，“三维目标”教育实践成效甚微，“双基”教育时代衍生和助长的“知识本位”的“应试教育”现象，仍然惯性影响着基础教育，特别是高中教育。一些高中学校教育在某种程度上还存在着违背教育科学规律的“道德教育虚化、创新教育物化、个性教育奴化”的重智轻德、片面追求分数和升学率的伪教育现象，培养的学生社会责任意识、创新精神和实践能力较为薄弱，道德修养和人文素养相对较低。党的教育方针确立的学校育人的应然目标与中学教育的实然效果之间存在着很大差距，教育与社会对人才的需求和学生的终身发展需要之间存在很多不相适应，这些矛盾现象不断质疑和挑战着我国的基础教育改革和教育教学实践，暴露出我国基础教育课程改革确立的“三维目标”体系，在定位和可操作性上的不足，具体表现为：①三维目标缺乏对教育内在性、人本性、整体性和终极性的关注，突出“学科本位”而不是真正从人的角度来思考教育、定位教育，势必导致教育教学过程缺乏对学生精神生活的眷顾和对人格品性的教育；②三维目标缺乏对人的发展内涵，特别是关键的素质要求进行清晰地描述和科学的界定，必将导致教学实践中知识与技能目标的缺失、过程与方法目标的“游离”、情感态度价值观的“贴标签”现象。为此，2012年党的十八大首次

提出“把立德树人作为教育的根本教育任务”；2014年教育部《关于全面深化课程改革落实立德树人根本任务的意见》提出了“核心素养”这一概念，并将其置于我国未来基础教育改革的灵魂地位。同时《意见》还指出，“教育部将组织研究提出各学段学生发展核心素养体系，明确学生应具备的适应终身发展和社会发展需要的必备品格和关键能力”。2016年9月，历时3年的《中国学生发展核心素养》研究成果在北京正式发布。中国学生发展核心素养以培养“全面发展的人”为核心，分为文化基础、自主发展、社会参与三个方面，综合表现为人文底蕴、科学精神、学会学习、健康生活、责任担当、实践创新等六大素养，具体细化为国家认同等十八个基本要点。中国学生发展核心素养对于引领和促进教师专业发展，改变当前存在的“学科本位”和“知识本位”现象，为培养全面健康发展的人提供了可教、可学、可操作的质量标准和评价标准，对于帮助学生明确未来的发展方向，激励学生不懈努力提供了明确的目标指向。

二、“核心素养”的基本内涵及其价值

素养，即素质与教养。是指通过长期的学习和实践逐渐形成的知识、能力、态度等方面的综合表现，是人在特定情境中综合运用知识、技能和态度解决问题的高级能力与人性能力。高级能力是面对复杂问题情境时做出明智而富有创造性的判断、决策和行动的能力；人性能力是建立在人性、情感、道德与责任基础上的能力。素养融合了知识技能、道德情感、社会责任，素养的本质是“道德创造性”。有素养的人不仅是有创造性的人，而且是对其行为负责的人。

核心，即中心、主要部分，居于关键位置、起到制约作用。

核心素养，即学生应具备的能够适应终身发展和社会发展需要的必备品格和关键能力。核心素养不是只适用于特定情境、特定学科或特定人群的特殊素养，而是适用于一切情境和所有人的普遍素养，是每一名学生获得成功生活、适应个人终身发展和社会发展都需要的、不可或缺的最关键、最必要并居于核心地位的共同素养，是针对学生群体的最低素养标准要求。

教育是促进人的全面发展，使人成其为人，成就幸福人生的活动。幸福的人是具有高级能力与人性能力的人，是能适应社会发展需要并对个体和社会产生有价值的结果的人，教育的终极目标是提升人的素养，培养具有“道德创造性”的人。

基础教育将“核心素养”定位为根本目标的价值和意义在于：①基础教育作为奠基教育，不可能规划学生未来的职业方向，不可能预测学生未来面对的各种挑战，更不可能穷尽所有学生未来所必需的各种素养进行“私人订制”，只能面向全体学生，就学生未来发展所必需的共通的具有根基性（人的必备品格和关键能力，是做人的根本，为学生发展奠定基础）、支撑性（品格、能力对人的发展具有支撑作用）、生成性（可以影响、带动、生成其他一些素养）、可持续发展性（可以不断地提高与发展）的素养进行培养，以期使学生在未来的社会实践中生成所必需的其他素养（包括职业素养），从而适应社会发展和人的终身发展需要。核心素养更能体现以人为本的教育思想，核心素养

是教育目的的逻辑必然。②核心素养把教育方针中所确定的教育培养目标具体化和细化为三个方面、六大素养、十八个基本要点，能够使学校教育共同体的每个成员都清楚自己可以做什么或不可以做什么，能清楚地知道自己的努力对实现教育目的的价值和意义，为落实立德树人的根本教育任务，提供了可教可学可评价的清晰图谱或菜单。核心素养较之“三维目标”在实践意义上具有更强的可操作性，核心素养是课程实施与教育评价的技术诉求。

三、提升教学品质是落实核心素养的基本保证

核心素养把教育方针对学生德智体美全面发展的总体要求和社会主义核心价值观的有关内容具体化、细化，并转化为具体的品格和能力要求，深入回答了“培养什么人、怎样培养人”的问题。核心素养只有贯穿到各学段，融合到各学科，最终体现在学生身上，才能实现立德树人的根本教育任务。因此，学科核心素养是学生发展核心素养落地生根的着力点，课堂教学是培育学生核心素养的主阵地，提升教学品质是落实核心素养的基本保证。

“教学品质”是指教学的品位和质量，决定着学生的发展和成长。高品质的教学应该是，在理念上体现“以人为本”，在内涵上追求“核心素养”的培育，在形式上融合生活品质、创造品质与关系品质三位一体。

教学的品位是指课堂的幸福感和美学价值，即教（师）与学（生）共处的一种生命状态和精神境界，包括课堂氛围、师生关系（情态）、活动方式、情感体验、思维碰撞、对话交流等。有品位的教学是充满幸福感的，它将教学建立于教师和学生的合作探究与创造之中，在教师与学生的质疑批判、交流讨论的对话中获得发展，追求平等和民主的关系品质。教学过程是自由而融洽、互动而轻松、优雅而有效的，能够让教师享受工作的幸福，让学生享受学习的快乐。有品位的教学是有内涵的，它能够“漂”洗掉学科中的杂质，掏出引人入胜的知识，显现出浓浓的学科味，从而让师生享受科学之美；它能够站在学生的角度，将学科知识转化为课程知识，最终“进化”为学生的主体知识；它能够让教学成为“行为艺术”，以最主要的问题拉动最丰富的感悟空间，以最接近学生的起点走向最远的终点，以最轻松的方式让学生获得最有分量的收获；它能够将“人格”和“课格”融合起来，显现出独特的思想之美，激发师生美好的体验，获得持续生长与发展并实现人生价值，享受尊严与快乐并难以忘怀，实现良知和审美的融合，体现教师和学生生活质量的提升和人格尊严的捍卫。

教学的质量是指教学的内在价值追求，是以人为本对学生核心素养的培育与提升。学科及其教学是为学生素养服务的，为素养而教（用学科教人），而不是为学科而教（学科本位），更不是追求高分数的教学。高分数不是教学的直接目的、根本目的，是教学的“副产品”（当然，教学过程质高品优了，培养的学生不仅学习成绩优异，而且还会有良好的学习态度、浓厚的学习兴趣、健康的思想品质、健全的身心素质）。高质量的教学是以培育学生的素养为核心，是以发展学生的创新精神和实践能力为主要方向的

教学，它不仅包括知识技能、思想方法和科学思维的教学，还包括精神与文化层次的教学，即促进学生心智、个性观念与精神等和谐协调地发展。高质量的教学一定是创造性的教学。无论对教师还是学生，教学都是他们的精神创造，是他们自己思想的体现和表达，是他们自身个性的舒展与生长。教学中分门别类、各色各样的知识只是教师和学生思想创造的资源与载体。高质量的教学将教学过程建立在学科意义之上，通过挖掘学科内在的规律和逻辑，让学生进入到学科的知识世界，在知识的认知过程中形成学科所提供的独特的认识世界的思想、方法、视角和界域，能够感受到学科内涵带来的美学意味；高质量的教学一定是生活化的教学。无论对教师还是学生，有意义的教学一定是让他们能够得到体验并激发起美好体验的教学。高质量的教学将教学过程建立在快乐的问题情境之中，把教学内容变成实实在在的生活，让学生在分析和解决问题的活动体验中完善理性思维结构，提升智力水平，形成价值观念，感受科学活动带来的乐趣。高质量的教学融创造品质与生活品质为一体，是学生品格形成与能力提升的基本保证。

有品质的教学，教师的“教”才有质量和境界，学生的“学”才有收获和品位。提升教学品质是落实核心素养的基本保证。

四、核心素养导向的高中生物学教学认知

1.高中生物学学科属性及其学科核心素养

生物学课程是学校课程的重要组成部分，也是科学领域的重要学科课程之一。生物学课程的育人功能就是培养和提升学生的生物学核心素养。生物学核心素养是学生后天习得的终身受益成果，是公民基本素养的重要组成之一，是学生在解决真实情境中的生物学问题时所表现出来的必备品格和关键能力，是通过生物学课程教化和自我积累而获得的生物学知识、能力、意识以及情感态度价值观的有机构成和综合反映，其所表现出来的，是能够从生物和生物学的角度发现问题、思考问题及解决问题的富有个性的心理品质。主要包括生命观念、理性思维、科学探究和社会责任等。

生命观念是指对观察到的生命现象及相互关系或特性进行解释后的抽象，是经过实证后的想法或观点，是能够理解或解释相关事件和现象的品格与能力（例如，核武器与基因突变、变异的有害性；祁连山生态环境保护等）。最基本的生命观念就是对生命本质的理解和认知，即生命是源于自然随机事件且能在与环境互作中保留下来的具有新陈代谢和自我复制特征的物质形态，生命是结构与功能的统一体，无贵贱之分。这一观念既统整了生物学科学体系——遗传变异与自然选择、新陈代谢、繁殖、物质组成与生命结构，又蕴含着对待生命的情感态度。最核心的生命观念是进化与适应观，进化与适应观宛如编织生物学知识体系的经线和纬线，贯穿宏观和微观，纵横交错，浑然一体。生命观念是对学科发展和学科学习最具有影响力的一些观点、思想和见解，它不仅支配着教学实践活动，也会影响学生的学习方式、思维方式、知识储备和能力发展状况，而且在学生以后的学习、生活中具有普遍意义和广泛迁移价值。学生应该在较好地理解生物学概念的基础上形成生命观念，如结构与功能观、进化与适应观、稳态与平衡观、物质

与能量观等，形成科学的自然观和世界观，指导探究生命活动规律，解决实际问题。

理性思维是尊重事实和证据，崇尚严谨和务实的求知态度，运用科学的思维方法认识事物、解决实际问题的思维习惯和能力，是一种有明确思维方向，有充分思维依据，能对事物或问题进行观察、比较、分析、综合、抽象与概括，把握事物本质和规律的能动活动。科学的本质是以逻辑工具去论证假说和设想的合理性，理性思维是建立在证据和逻辑推理基础上的思维方式。理性思维是科学的灵魂，是智力的精髓。学生应该在学习过程中逐步发展理性思维，如能够基于生物学事实和证据运用归纳与概括、演绎与推理、模型与建模、批判性思维等方法，探讨、阐释生命现象及规律，审视或论证生物学社会议题。

科学探究是指能够发现现实世界中的生物学问题，针对特定的生物学现象，进行观察、提问、实验设计、方案实施以及结果的交流与讨论的能力。科学探究能力的提升依赖于科学探究活动，科学探究活动是科学知识体系形成的基本途径，也是培育科学素养的基本渠道，无论“三维目标”课程理念中的“倡导探究性学习”，还是“核心素养”目标课程理念中的“教学过程重实践”，本质上都在强调科学探究对于提升学生生物学科学素养的重要性。高中生物学课程只有以科学探究为基本教学策略，才能有效培养学生的创新意识与动手实践能力、科学思想与科学方法、科学态度与科学情感、团队合作精神与科学思维习惯。因此，教师要高度关注教学过程中的实践经历，充分重视科学探究在生物学课程中的价值和作用，把生物学课程教出科学的味道来，以全面提升学生的生物学科学素养。

社会责任是指基于生物学的认识，参与个人与社会事务的讨论，做出理性解释和判断，尝试解决生产生活中的生物学问题的担当和能力。教育的终极目标是培养具有“道德创造性”的人，社会责任是学生社会价值的体现。生物学与生活、生产和社会发展等息息相关，教师要鼓励学生大胆参与个人与社会事务的讨论，用自己所学的生物学知识去解释和判断事物，培养学生尝试解决生活中的生物学问题，乐于传播生物学知识和健康的生活方式，激发学生关心国家的社会经济和生态利益，树立建设祖国和家乡的义务感和责任感，培养学生热爱自然、热爱生命、热爱生物科学、关心和维护地球生态环境的责任意识。

综上所述，生物学课程的育人功能在于提升学生的生物学学科核心素养，就是要让学生通过生物学课程的学习，既要获得基础的生物学知识，又要认识到生物学在促进科技发展、社会进步和提高人类生活质量等方面的重要贡献，养成具有开展生物学实践活动的意愿和社会责任感；领悟学科思想，树立生命观念，能够运用这些观念认识生命现象，探索生命规律；形成理性思维的习惯，提高认知能力，能够运用已有的知识、证据和逻辑对生物学议题进行思考或展开论证；掌握科学探究的思路和方法，形成合作精神和积极的科学态度，善于从实践的层面探讨或尝试解决现实生活中的生物学问题；学会学习，发展终身学习能力，为继续学习和走向社会打下必要的基础。

2.核心素养导向的高中生物学教学策略

教学策略的选择与应用应该从教育目标、课程属性、课程标准、课程内容、教学评价五个维度去推敲思辨。教学实践中大部分教师更多的是从课程内容和教学评价（主要是高考）两个维度去判断、选择，要么本末倒置，要么捉襟见肘、以偏概全，势必使教育方向走偏，使教育结果失真。事实上，教育目标是教育的根本宗旨，课程属性是课程的内在规律，课程标准是学科育人的基本思想，教材是课程育人的载体和内容，教学评价是依据育人目标对教学实然结果的评判。据此，我们可以对高中生物学教学策略做出如下判断：教育的根本任务是立德树人，是促进人的全面发展，具体到学校的教育目标就是提升核心素养，分解到生物学课程的基本任务就是提升学生的生物学学科核心素养；生物学课程的属性决定了其核心素养的基本内涵就是“生命观念、理性思维、科学探究、社会责任”；课程标准明确了“学科素养为核心，教学过程重实践”的育人目标和教学指导思想；教材是学科育人的重要载体，就高中生物学教材结构与内容而言，以发展学生生物学核心素养为宗旨，以科学探究为抓手，根据生物学的大概念来构建课程体系和内容框架；评价是对教学过程的诊断和把控，旨在激励和促进教学实践。《中国学生发展核心素养》框架最突出的贡献是将“三维目标”中最具人的本性、最具育人功能的“能力、情感态度与价值观”指标具体化和细化，使评价成为可能，使评价导向和激励教学的功能得以实现。目前，高中教育的评价体系中，被学校教育共同体都能认可的、最具权威性的是高考。“服务选拔、导向教学”是高考命题一贯坚持的原则。就近几年高考全国卷和2017年参加第一轮高考制度改革试点考试的上海、浙江高考试题而言，命题的焦点直指核心素养。以生物学试题为例，理性思维和科学探究是贯穿试题的红线，生物科技和社会生活是基本的试题背景材料，生物学核心素养是总体考查目标。

综上五个方面的分析，“核心素养”教育的高教学策略首选科学探究，之于教师就是探究性教学，之于学生就是探究性学习。为此，《2017年普通高中生物学课程标准（修订稿）》明确指出，高中教育阶段的生物学课程是科学领域的重要学科课程之一，其精要是展示生物学的基本内容，反映自然科学的本质。它既要让学生获得基础的生物学知识，又要让学生领悟生物学家在研究过程中所持有的观点以及解决问题的思路和方法。生物学课程期待学生主动地参与学习过程，在亲历提出问题、获取信息、寻找证据、检验假设和发现规律等过程中，习得生物学知识，养成理性思维的习惯，形成积极的科学态度，发展终身学习的能力。

基于“核心素养”的高中生物探究性教学策略应关注以下几个方面：

（1）注重学科思想教育，促进学科认知能力

生物学学科思想是指人们通过对生物学知识深入的研究和认识而抽象出来的对生命本质的认识，是教材显性知识的升华与结晶，是隐藏在显性知识背后的“知识”。学科思想是在逻辑思维基础上对学科本质规律的理性认知，反过来又促进着理性认知水平的提高。高中生物学课程本身就是与学生的抽象逻辑思维的发展相关联并加深对生命活动本质规律的理性认知，高中生物学教材结构设计和教材知识体系的构建无不蕴含着丰富

的学科思想。教师在深入研究的基础上挖掘潜藏在教材内容中的学科思想，运用学科思想整合学科知识，构建学科知识体系，实施学科教学，有利于引导学生从整体上去领悟学科研究视角和学科学习方法，也有利于培养学生的逻辑思维能力；教师将学科思想渗透于学科教学中，有利于学生将琐碎庞杂的生物学知识整合于学科知识体系，使学生对生物学学科的学习过程成为在逻辑思维和原有知识基础上的不断构建过程，有利于促进学生参悟、领会、形成学科思想，从而提升学科认知水平和学科认知能力。例如，教师可以运用生物学概念思想构建基础教育阶段生物学课程体系（生物学是研究生命现象和生命活动本质规律的科学，与学生的具体形象思维发展水平相关联，初中阶段对生命现象感性认知；与学生的抽象逻辑思维相关联，高中阶段对生命活动本质规律认知）；运用最基本的生命观念构建高中生物学课程体系（生命是源于自然随机事件且能在与环境互作中保留下来的具有新陈代谢和自我复制特征的物质形态，生命是结构与功能的统一体，无贵贱之分。这一观念既统整了生物学科学体系——遗传变异与自然选择，新陈代谢，繁殖，物质组成与生命结构；又蕴含着对待生命的情感态度）；运用科学与社会、规律及应用思想构建必修与选修课程体系（养猪的目的在于吃肉，科学研究的目的在于应用，必修研究生命活动的规律，选修在于应用现代科技专题与生物科学技术）；运用结构与功能观、物质与能量观整合构建必修1《分子与细胞》的知识体系；运用进化与适应观整合构建必修2《遗传与进化》的知识体系；运用稳态与平衡观整合构建必修3《稳态与环境》的知识体系。在单元和章节教学中运用学科思想整合具体知识内容更有利于学生形成完整的知识体系，润物细无声地参悟和领会学科思想，提升学习能力。例如，运用由现象到本质的认知思想构建遗传两大主题（遗传规律的发现和遗传的物质基础）和两大遗传定律的学习。学科思想、学科知识、学科能力是学科教学的三大体系，学科思想是学科教学的灵魂，教学中首先要重视对学科思想的教育，以提升学生的理性认知能力。

（2）重视问题情境教学，培养科学探究能力

科学探究能力是针对特定的现象，进行观察、提问、实验设计、方案实施以及结果的交流与讨论的能力，还包括团队合作精神和创新意识。科学探究能力是生物学学科核心素养的基本要素，此能力只有在学生主动参与的科学探究活动中才能养成和提高。为此，新课程高中生物学教科书的必修模块在教材结构设计上，每节都以“问题探讨”专栏开始；每节的核心内容都以文体形式组成“本节聚焦”专栏；配合自主、探究、合作学习需要设计了“资料分析（或资料搜集和分析）”和“思考与讨论”专栏；涉及科学史内容时，基本上都是遵循“发现—新问题—再研究—再发现”的过程，以问题递进的呈现方式来描述，而且其后必有进一步的问题留待学生讨论，构建了典型的问题驱动模式；对于“实验”和“探究”内容，一般都有背景资料、思路提示、甚或参考案例，便于学生自主学习。此外，为了拓展学生的学习空间，促进学生的自主发展，还设置了“科学方法”“技能训练”“与生活的联系”“科学、技术、社会”“与生物学有关的职业”“科学史话”“科学前沿”“相关信息”“知识链接”“想象空间”“学科交叉”“网站登录”

等旁栏。不难看出，所有这些设计都是为适合用于引导学生自主、探究、合作学习搭建的平台。因此，重视问题情境，以问题（任务）驱动，引导学生在亲历提出问题、获取信息、寻找证据、检验假设和发现规律的过程中建立概念、理解概念及其相互关系的理解，形成科学探究能力，就成了生物学课堂教学策略的基本要义。2016年，我们备课组确立了“问题驱动下的高中生物学教学实践研究”专题，实施一年多来，对培养学生的科学探究能力起到了很好的作用。

（3）重视实验教学，着力科学思维培养

生物学学科是一门以实验为基础的自然科学，大量的学科知识是通过实验获得的，科学的实验探究是对生命世界认识的最有效的方法。实验教学也是《普通高中生物学课程标准》要求完成的重要内容。就目前高中生物学教学规定考查的20多个实验而言，实验操作过程相对简单，用较少的时间训练就可完成，重要的是如何通过实验教学激发学生的兴趣，促进学生对实验原理和实验方法的理解，培养学生的创新意识和思维能力。为此，实验教学要关注以下几个方面：①重视实验原理，引导和激发学生进行积极思维。实验原理是实验所遵循的科学道理，既是实验设计的思想和依据，也是实验评价的标准和实验结论的归宿。无论验证性实验中材料用具的选择、方法步骤的安排，还是探究性实验中问题的生成、假设的提出、变量的控制、观测指标的确定、结果的分析，都是以实验原理为思想基础和理论依据的，实验原理是贯穿实验始终的主线和灵魂。因此，以实验原理为实验教学的切入点，重视实验原理的指导、引领和驱动作用，有利于激发学生进行积极思维，保证实验教学的质量。②实验过程中，学生往往只注重实验现象的观察和实验任务的完成，很少思考实验设计的真正意图，从而弱化实验教学的功能。因此，在实验教学时，教师要通过适时适切地设问来调动学生的思维，指导学生在认真观察的基础上积极思考，将感性的认识发展为抽象的思维，进而有效地提高思维的深刻性。③在实验教学中，教师可通过引导学生创新实验材料、方法，培养学生思维的灵活性。例如，教学中教师可将预设的实验材料或实验方法提供给学生，让学生对照已完成的课本实验自己设计新的实验方案并实施，然后与教材中的实验进行比较，并且通过讨论寻找最佳的实验方案。这样，同一实验采用不同的材料、方法所产生的方案就会多种多样，学生在寻找最佳方案的过程中找到多种解决问题的途径，从而提高思维的灵活性。④生物学学科中的实验有验证类、调查类、探究类实验等，其中探究类实验是研究和发现生物学规律的重要方法。在实验教学中，教师可引导学生将验证类实验改变为探究类实验，让学生去设计实验步骤，分析、讨论实验结果与结论，从而促进学生创造性思维的培养。⑤在实验教学中，教师要重视实验小组之间的交流、讨论，培养学生的批判性思维和团队合作精神。

（4）重视研究性学习，强化实践体验

“纸上得来终觉浅，绝知此事要躬行。”课外研究性学习是课堂教学的拓展，是学生亲历、体验科学探究活动的重要渠道。生物学学科与生产、生活实际密切相关，教学中教师组织学生成立课外研究性学习小组，小组成员共同讨论确定课外研究性课题，制定研究新方案，实施研究方案，撰写研究报告，使学生置身于具体的科学实践活动过程中，亲自探究、实践，在获取事实证据、进行批判性思维的过程中独立思考、自主探究、合作交流、领悟科学研究方法、获取生物学知识，对于培养学生的科学意识、科学态度、科学精神、科学方法、科学研究能力、科学情感和社会责任意识等具有课堂教学不可替代的价值和作用。自2011年至今，我校组织学生进行“天水湖对天水市城区气候等环境影响的调查研究”“天水市第一中学校园及周边环境垃圾食品的调查研究”“天水市第一中学住校生及部分城区学生家庭牙膏使用浪费情况调查研究”等课外研究性学习活动，对于学生科学探究能力的提升起到了很好的效果，上述课题研究也分别获得甘肃省青少年科技创新大赛二、三等奖。

（5）重视科学方法教育，养成科学态度和科学精神

生物学作为自然科学，反映自然科学的本质及自然科学特有的思维方式和研究方法。在生物学课程教学中，应重视科学思维方式和科学研究方法的渗透。在科学实验、探究活动中，引导学生理解证据的作用，强调运用证据和逻辑去质疑、辩论；在科学史教学中，引导学生体验科学的基本方法和科学的思维过程，理解科学知识的开放性（例如，孟德尔遗传因子发现教学中关于“假说演绎法”、萨顿假说中关于“类比推理法”、种群数量变化中关于“数学模型构建”等学科方法的训练）；在阐述理论、观点、规律时，提供事实证据，呈现由事实到观点、规律、理论的逻辑过程（例如，细胞核功能、基因概念等理论知识的学习，教材在资料分析专栏都给出了充分的事实材料，教师要引导学生根据这些材料，经过分析、比较、归纳、总结等方式建立概念）。从培育科学精神的角度来看，中学生物学课程要特别关注科学精神的六大要素（客观的依据、理性的怀疑、多元的思考、平权的争议、实践的检验、宽容的激励），重视引导学生建立尊重实证，寻求论证逻辑的严谨以及发展理性的怀疑精神，形成多元思考、平等讨论的意识和宽容的品质。

（6）关注突出成就和社会热点，培养学生的社会责任意识

生物学与生活、生产和社会发展等息息相关，如健康知识、饮食常识、环保知识、传染病的传播与预防、遗传病的预防、吸烟的危害、转基因食品的安全问题、对转基因食品的正确认识等。生命科学的突出成就往往与人类的健康生活及国家的社会、经济利益密切相关，如诺贝尔生理学或医学奖对维护人类健康的意义、袁隆平杂交水稻对人类社会的贡献等。教学中教师应鼓励学生运用所学的生物学知识去参与个人和社会事务的讨论，尝试解决生活中的生物学问题，这能够激发学生热爱自然、热爱生命、热爱生物科学、关心和维护地球生态环境的责任意识，树立建设祖国和家乡的义务感和责任感。例如，2007年本人在课堂上不经意讲述了关于“一个基因可以振兴一个民族”“三九胃泰带来胶东半岛的经济繁荣”的事例，影响到班上一位学生高考填报志愿时毫不犹豫地选择了北京大学生物学专业。此外，教师还要潜移默化的影响和培养学生的社会责任意识，例如对艾滋病传播及预防等知识的宣传。

核心素养是落实立德树人根本教育任务的目标体系，核心素养要通过学科课程教学

去培育，实施基于核心素养的教育教学，教师要在充分理解核心素养和学科核心素养本质内涵的基础上，转变教育观念，形成“全面育人”的教育理念，不断提升自身的专业素养，提升教育教学品质，将核心素养的目标要求融入教育教学的每一个环节，才能有效促进学生的全面发展，实现培养德智体美全面发展的社会主义事业的建设者和接班人的总体目标。

写到这里，突然想起电视连续剧《少林问道》中的一段对白：“少林的精髓不在于武、不在于医，而在于禅、在于心，直指人心，才能立地成佛。”那么教育的精髓又是什么呢？本人的理解是：教育的精髓不是教、不是学，不是知识，也不是分数，而是人、是教学，以人为本，以知识为载体，教会学生自主学习，教会学生自主发展，方为成功的教育。

总之，教育要有思想，教学要有方法。思想源于对教育本真功能的思考，方法来自对学科根本属性的参悟。教育教学不能有固定模式，教无定法、教要得法，要百花齐放，百家争鸣。教育教学的创新是科学教育永恒的主题，固定的教育模式只会使教育过程僵化，甚至带来教育对象畸形、片面的发展，只有顺应自然、遵从规律，用科学思想和科学方法去实施科学教育，才是科学之道。探索学科之道，我们永远在路上！

基于学科核心素养的高中生物学探究性教学策略

一、高中生物学学科核心素养的基本内涵

学科核心素养是指学生经过学科课程学习之后逐步形成的适应自身发展、学科未来发展和社会发展需要的正确价值观念、必备品格、关键能力，是学科育人价值的集中体现，是各学科对中国学生发展核心素养总体蕴含的分解、落实和具体化，是学科教育在全面贯彻党的教育方针、落实立德树人根本任务中的独特贡献。

高中生物学学科核心素养是指学生在生物学课程学习过程中逐渐发展起来的，在解决真实情境中的实际问题时所表现出来的价值观念、必备品格与关键能力，是学生知识、能力、情感态度价值观的综合体现。生物学学科核心素养主要包括生命观念、科学思维、科学探究和社会责任。

高中生物学课程是科学领域的重要学科课程之一，是义务教育阶段生物学课程的延续和拓展，其精要是展示生物学的基本内容，反映自然科学的本质，也是生物学学科课程的本质属性及生物学学科核心素养的目标要求。生物学课程的学习既要让学生在亲历体验提出问题、获取信息、寻找证据、检验假设、发现规律的探究性学习过程中获得基础的生物学知识，又要让学生领悟生物学家在研究过程中所持有的观点以及解决问题的思路和方法，养成科学思维的习惯，形成积极的科学态度，发展终身学习及创新实践的能力。因此，适切的生物学课程教学措施是促进学生形成健全的科学认知模式，掌握高效率的学习方法，落地学科核心素养目标的重要保障。

二、基于学科核心素养的高中生物学探究性教学策略

（一）构建探究性学习课堂

科学是运用逻辑工具去验证假说和猜想的合理性形成的知识体系，及其所特有的思维和探究过程。科学教育不仅要重视知识体系，更要重视知识体系形成的科学思维和科学探究过程，以促进科学素养灵魂（科学思维能力和科学探究能力）的提升。这就决定了科学教育最为优选的策略应该是探究性教学。表现在：首先，教师要确定课堂教学目标，要对学生的学习欲望、学习动机、学习方法、学生已有知识储备、教学内容与学生

生活经验的关联等方面进行综合评估，根据评估掌握的第一手材料做出分析，创设与学生已有知识和生活经验适切的、能够引发学生层层递进探究的问题情境，判断并预设学生探究活动过程，优化课堂组织架构。其次，教师要关注学生探究活动过程，既要利用多元智能理论引导所有学生都要参与到探究性学习过程中，又要关注学生探究性学习的品质和质量，要以具体问题为导向，引导学生带着问题阅读教材，独立思考，自主探究，合作交流，在"问题的解决→知识的生成→新问题的派生→新问题的解决→知识的内化、升华"的探究性学习过程中，习得生物学知识，养成科学思维的习惯，形成积极的科学态度，发展科学探究能力。最后，高中生物学核心素养的提升很大程度上来源于学生认知思维的健全和自主学习能力的形成，以问题探究为导向，通过小组合作方法有利于学生自主交流、合作解决问题。当学生通过自己思考无法得到问题答案时，学生的学习自主性将被有效调动起来，这时及时穿插生生互动、师生互动的合作学习环节可以取得良好的教学效果，不仅能强化学生的生物学认知模式，更有助于学生掌握生物学知识学习的方法和技巧，促进学生形成正确的科学思维意识。

（二）确立探究性学习引导目标

学生为主体，教师为主导。探究性学习要充分发挥学生的主观能动性，要引导学生积极参与，主动探究，自主构建。但是，有效的探究性教学一定是在教师科学引导下进行的，一定要发挥好教师引导者的作用，而不是教师放手不管的学生的无序探究。为此，教师要精心设计引导目标，建立有利于学生进阶学习的、清晰的层级性引导目标体系。对于学生而言，教学目标是导向，是指明学习方向的灯塔，若缺少学习目标的指引，学生是难以回归到学习本质目的上的。课堂教学引导目标主要是兴趣元素、学生认知元素的综合，是完全建立在学生认知基础上的教学模式。一方面，课堂教学目标要突出学生的个体意愿，体现学生的个体意志，这能够全面激发学生生物学学习的自主性和主观能动性，结合个性化教学理念将课堂兴趣元素融入课堂组织框架中，健全学生的认知模式。另一方面，教师要以服务者和引导者的角色出现在课堂教学中，将个性化元素和兴趣元素融入课堂，建立学生与学习目标的联系机制，让学生在相互联系的教学环节中高效率的学习并养成科学思维的习惯。

（三）创设探究性学习引导机制

学习引导是现代个体教育实施的最佳途径，基于个体学习路径的选择进行思想方法引导，对提高学习者的整体素质、优化其思想认知有着积极的意义。高中生物学教学中实施探究性教学策略，引导学生进行探究性学习，高效提升学生的生物学学科核心素养，教师要根据学生的认知状态、价值差异，建立良好的探究性学习引导机制。教师的教学实践中应全面体现出学生的主体地位，将学生作为课堂教学主体进行引导。因为学生思想意识及个性化认知很大程度上来源于个体意识的形成与发展，这就决定了教师要构建多层次的教学引导机制来强化学生的个体素质建设，以小组合作、探讨交流、自主研究等多种组织模式优化学生的学习认知，促进学生形成学习自信，在亲历体验提出问题、获取信息、寻找证据、检验假设、发现规律等过程中形成积极的科学态度。

综上所述，构建探究性学习课堂，确立探究性学习目标，创设探究性学习引导机制是有效实施探究性教学，引导学生通过自主探究解决问题，促进学生生物学学科核心素养提升的基本策略。

基于核心素养的高中生物学情境教学策略

《普通高中生物学课程标准（2017年版）》明确指出：“生物学学科核心素养是学生在生物学课程学习过程中逐渐发展起来的，在解决真实情境中的实际问题时所表现出来的价值观念、必备品格及关键能力。”在高中生物学教学中实施情境教学可以给予学生更好的课堂体验，能提高学生的参与感，培养学生的科学思维能力、科学探究能力、创新实践能力，促进学生生物学学科核心素养的全面发展。

一、生物学学科核心素养与情境教学

生物学是自然科学中的一门基础学科，是研究生命现象和生命活动规律的科学。生物学是人们运用逻辑工具（思维方式、探究活动）去验证对生命现象（假说）解释的合理性形成的知识体系。生物学知识体系、思维方式、探究活动构成了生物学的基本内涵。生物学的课程属性和生物学的科学内涵决定了生物学课程的价值要义，就是培养和发展学生的生物学学科核心素养，也决定了生物学的教学策略应优选问题驱动下的探究性情境教学。也就是通过生物学科学史的再现或生物学问题情境的创设，让学生亲历提出问题、获取信息、寻找证据、检验假设、发现规律的生物学探究历程，体验认知过程，学习认知方法，感悟生命观念，构建概念体系，养成思维习惯，形成科学态度，提升认知能力，发展终身学习及创新实践能力。此外，生物学课程还有一个重要任务，就是要引导学生基于生物学的认识，关注社会议题、参与社会议题的讨论并做出理性解释，结合本地资源开展科学实践，尝试解决现实生活问题，进而形成社会责任意识，提升社会责任担当能力。

情境教学通过问题情境的创设，将知识镶嵌在真实的问题情境中，以其形真、情深、意远、理寓其中的鲜明特点，以其生活化的情境问题和层次性的任务驱动，激发学生的学习热情，提升学生的学习兴趣，激活学生的积极思维，唤醒学生的认知结构，启发学生的参与意识和探究欲望；情境教学将学科知识、学科理论从抽象转化为具体，能够使学生对较为抽象的问题进行直观的感知和认识，更为扎实地理解、构建和掌握教学内容；情境教学将学生对抽象的概念、原理和规律的学习转化为学生对真实问题的分析和解决，能够促进学生能力的发展、情感的形成、品格的完善。余文森教授在《核心素养导向的课堂教学》一书中认为，情境化策略是核心素养导向的教学基本策略之一，情境是“汤”，知识是“盐”，盐只有溶于汤才好入口，知识只有融入情境才好理解和消化。知识的情境化是知识活化并转化为素养的必经途径，而知识的过度符号化和抽象化必然导致知识的惰性化和僵化，从而丧失知识的活力和价值。我们的课堂要将知识在情境中生成和显现，“任何知识要具有生命力，都必须作为一个‘过程’存在于一定的生活场景、问题情境或思想语境之中”。情境教学为培养学生的生命观念、科学思维、科学探究和社会责任提供了基础性的保障。

二、高中生物学情境教学中问题情境的创设

高中生物学情境教学中创设问题情境就是构建与学生的生活、经验、情感、生命相衔接的课程知识内容，就是把抽象的理论知识镶嵌在特定的场景，以利于学生的主动探究和自主构建。问题情境要根据教学内容和教学目标的需要创设：一是根据教学内容的需要创设问题情境，这是最根本也是最基础的问题情境创设形式。这种问题情境创设形式常用于概念学习中，依据学生已有的知识创设问题情境，使学生激活前概念，为探究性学习和新概念的构建准备条件；依据新授内容，结合学生已有知识和生活经验创设问题情境，激发学生的探究欲望与学习动机，使学生在积极的探究活动中形成新概念；依据学生对新概念的接受和理解创设问题情境，引导学生利用新概念解决具体问题，达到对新概念的内化。以概念学习为载体，发展科学思维能力和科学探究能力，有效达成提升核心素养的教学目标。二是根据实验或实践要求创设问题情境。基于学生核心素养的培养，人教版高中生物学教材设置了“实验”“思考与讨论”“技能训练”“研究性学习”等许多旁栏内容，生物学本质上是实验科学，生物学注重学生通过亲自体验和动手操作来提升掌握和运用生物学知识的能力。因此，根据实验或实践要求创设问题情境，是培养和发展学生实践能力与创新精神的基本诉求。三是根据生活实际创设问题情境，联系生活实际进行问题情境创设。学生对所学知识有较强的亲切感，随着问题的解决使学生产生成就感，激发学习热情，提升学习自信，形成浓厚的学习兴趣，促进学生对生物学的有效学习。

三、高中生物学情境教学中问题情境的应用

高中生物学情境教学中问题情境的应用效果取决于问题情境的质量，包括适切性、层级性、可探究性、关联性等。教师创设的问题情境一定要与学生已有的知识经验和认知能力水平相适宜；问题情境要有层层递进的逻辑梯度，要能够不断驱动学生的探究学习；问题情境不可以一目了然，过于浅显，也不能过于深奥，要保证学生能够自主探究或者在教师的引导下探究；问题情境的探究结果要与学习内容（结论）保持高度的关联，无论是正相关联还是负相关联（佐证或者反正）。教学过程中，教师要依托教材内容，围绕核心素养目标，因地制宜创设各种问题情境，或将多种教学情境整合，使其和谐统一的为教学服务，促进学生的发展。一是以培养学生的学习兴趣为目的创设趣味性

问题情境。趣味性问题情境要有趣味，既要符合学生的心理特征、认知水平、兴趣特点，又要符合教学内容情境与教学目标要求，通过提升学生的学习兴趣促进教学质量的提升。二是以培养学生创新思维能力为目的创设求异问题情境。创新能力是学生必须具备的关键能力中最为珍贵的一种能力，高中阶段是培养学生创新能力和创新意识的基础阶段，培养创新能力应创设开放式问题情境，通过学生的思维和探究提出不同的观点，进行辩论和思考，实现提升学生创新思维能力的目的。三是以培养辩证思维为目的创设矛盾问题情境。通过创设矛盾问题情境，使学生认识到事物的两面性、问题的主要矛盾与次要矛盾，以马克思主义唯物论的观点学习生物科学，帮助学生辩证、客观地看待生命现象和生命活动规律，促进学生认知能力的提升。四是以培养学生自主学习能力为目的创设递进式问题情境。以驱动学生在层层递进的分析问题、解决问题的探究活动过程中实现自主学习能力的提升。五是以增强直观体验为目的创设视听情境。高中学生的抽象逻辑思维有一定的发展，但创设直观具体情境可以激发学生的兴趣，对学生理解知识或科学史有一定的促进作用，对学生的学习疲倦感也有一定的缓解作用，可以促使学生主动地参与到教学中去，自愿领悟知识，从而发展自己，更主动地提高核心素养。在高中生物学教学中，可以把抽象性知识或过程、在实验室无法操作的一些生物实验以及科学史等相关教学内容运用多媒体技术（如电子白板、视频、虚拟实验平台等）或结构模型得以解决，将视听结合或视动结合，从而还原科学史实，揭示分子结构变化，呈现实验操作过程，以促进学生对抽象理论的感性认知，提升教学效率。六是以提升探究能力为目的创设实验问题情境。教师可以将学生在学习、生活、课外阅读等过程中遇到的感兴趣的素材或者与教材上所呈现的实验挂钩的关注点或问题收集、储存、加工，将其作为展开实验教学的情境导入实验中，以激发学生的探索心理，让学生的理论知识与生活实际联系起来。学生通过观察教师所给予的情境提出问题或者以问题解决的情境展开探究性实验，能激发学生的好奇心和求知欲。教师也可将验证性实验转化成容易构建情境的探究性实验，让学生在面对验证性实验时，使其对教材所提供的实验材料或实验操作是否存在可以进行改良的情境展开探究，让学生从中体验到科学探究的一般过程，从而提高并发展其探究能力。

四、高中生物学情境教学中问题情境创设的教学建议

适切的问题情境是探究性教学的前提和基础，是培养学生生物学学科核心素养的基本保证。但是，在具体的教学实施过程中，教师应不断改善和创新问题情境创设的内容，一是要充分调查研究，掌握学生的学习基础和学习能力，创设符合学生接受能力的问题情境；二是要尊重和依托教材，以教材为基础进行问题情境创设；三是要建立问题情境创设教学的反馈与评价机制，对于问题情境创设教学的效果和质量进行及时、客观的评价，为进一步提升问题情境创设认知水平，有效促进学生的探究性学习，不断为提升学生的核心素养提供教学支持和保障。

基于核心素养的高中生物学复习课教学策略

复习课是对新授课所学知识的温故知新，是对原认知结构的转换重组。具体来说，就是通过对学习材料（知识）进行深入细致的分析、加工，理解其内在的深层意义，并与头脑中已有知识联系起来，赋予已有知识新的信息和意义，进而将新学知识和认知方法同化到原有的认知结构中，形成新的更完善的认知结构。复习课的基本程序是：体验新知→建立联想→思考加工→精制成果→巩固反馈。复习课的主要作用是：显性层面，促进学生对所学知识的理解和记忆，帮助学生拓展已有知识的深度和广度，形成系统化、情景化的知识结构，达到长时记忆、易于提取、灵活应用的目的；隐性层面，促进学生生命观念和社会责任意识的养成，促进科学思维能力和科学探究能力的提升。

复习课的教学背景是：复习课具有重复性，学生对复习的内容已经有所了解，没有新鲜感；复习课具有系统性，要对以往学过的所有知识点进行二次梳理，其中包含的信息量要远大于新授课。因此，教师要创新教学方法，培养学生的学习兴趣，帮助学生根据相近相关知识点之间的前后联系和衔接关系，进行有序的分类、整理与概括，建立系统性的知识结构，以提升复习效果。

一、重视概念教学，深化生命观念培养

生命观念是指对观察到的生命现象及相互关系或特性进行解释后的抽象，是经过实证后的想法或观点，是能够理解或解释相关事件和现象的品格和能力。学生应该在较好地理解生物学概念的基础上形成生命观念，如结构与功能观，进化与适应观，稳态与平衡观等。生命观念是知识背后的“知识”，是教材构架、教材内容组织、核心概念呈现的思想方法体系。课堂教学中，学生生命观念的建立主要以概念性知识的教学为基础。

生物学知识包括概念性知识、事实性知识、方法性知识三大部分。概念性知识是人们运用逻辑工具验证对生命现象的解释和猜想的合理性形成的知识体系，是对生命活动规律的高度抽象和概括，需要一定的知识基础或探究活动过程才能理解、形成和内化。在复习课教学中，教师要运用方法性知识整合事实性知识，去佐证和构建概念性知识，也就是通过创设问题情境将高度概括的核心概念镶嵌于具体的场景中，将抽象的理论转化为具体的问题情境，引发学生的感知或探究，学生才能加深对概念的理解，参悟并构

建生命观念，提升认知能力。如“互利共生”这个概念，列举豆科植物和根瘤菌的实例，豆科植物为根瘤菌提供有机养料，根瘤菌将空气中的氮转变为含氮的养料，供给植物利用。通过实例，学生很容易理解互利共生的内涵，互利共生是生物长期进化与适应环境的结果，进而理解生物的进化与适应的观点。

复习课教学要帮助学生构建知识体系，学生在理解重要概念的基础上，借助概念图，这有助于建立概念之间的联系，构建知识框架。例如，通过概念图呈现人体内环境淋巴、血浆和组织液之间的关系，以及细胞内液和细胞外液之间的联系，理解细胞与内环境之间是相互影响、相互作用的，内环境中各成分的相对稳定对人体生命活动具有重要意义。在此基础上，形成稳态与平衡的生命观念。

构建主义学习理论提倡在教师指导下以学生为中心的学习，追求教与学的合作化，并强调创设真实情境，把创设情境看作是“意义构建”的必要前提。研究表明，当学习和现实生活密切结合时，学习才是活的，才具有生命力。复习课中重视概念教学，绝对不应该是概念内涵、外延的归纳、总结，也不是相近相关概念的分析、比较，而应该是问题解决过程中的意义构建，原有认知结构的转换重组，生命观念的领悟与深化。只有如此，才能实现复习课真正意义上的温故与知新。

二、再现科学史，培养科学思维

科学思维是指尊重事实和证据、崇尚严谨和务实的求知态度，运用科学的思维方法认识事物、解决实际问题的思维习惯和能力。生物学是一门实验科学，生物学知识体系（概念、原理、规律等）是生物科学家在无数次的科学探究活动基础上形成的，蕴含着科学家质疑批判的科学态度、清晰严谨的思维方法、寻求实证的探究能力。在复习课教学中引入生物科学史不仅有利于学生对知识的同化，促进学生对知识深层次的理解，更有利于培养学生的科学思维，提升学生的思维品质。例如，《遗传因子的发现》一章，孟德尔以“假说演绎法”为主线，选用豌豆为实验材料，通过“观察现象→提出问题→分析问题→做出假说→演绎推理→设计实验→实施实验→验证假说→分析结果→得出结论”的实验研究，得出了遗传学上的重大发现——分离定律，为遗传学的发展做出了杰出的贡献而名垂千史，成为遗传学的奠基人。这段科学史是培养学生科学思维和科学研究方法的重要素材，学生在了解孟德尔的豌豆杂交实验、理解分离定律的过程中，进行了科学思维方法的训练和科学研究方法的学习。同时，孟德尔历时 8 年辛勤耕耘，尊重事实和证据，潜心探索的科学精神也能给学生较好的启迪。

三、创设实验情景，提升科学探究能力

生物学是一门以实验为基础的科学，在复习课教学中，引导学生根据熟悉的生活现象，创设真实的实验情景，亲历和体验设计实验、实施实验、验证假说、分析结果、得出结论的探究活动过程，不仅有利于学生学习科学探究方法，更有利于培养和提升学生的观察、创新能力和科学探究能力。例如，在《降低化学反应活化能的酶》一节，新授

课时学生已经学习了酶的作用和本质，以及酶具有高效性、专一性和作用条件比较温和等特性。在复习课教学中，如果按照教材重复上述内容难免有些单调和乏味。如果教师根据学生已有的知识基础，引导学生创设真实的实验情景，让学生亲历和体验探究活动过程，就能很好地对学生进行科学探究能力的训练。以“探讨加酶洗衣粉的洗涤效果”为例，教师可以拿来不同的洗衣粉，如普通洗衣粉、加入蛋白酶的洗衣粉、加入脂肪酶的洗衣粉等，创设生活情境：“某同学在吃早餐时不小心将豆浆洒在衣服上，用哪种洗衣粉洗涤效果较好？如何设计实验验证你的猜想？”由于学生已经了解酶具有催化作用，且具有专一性，很容易猜测加入蛋白酶的洗衣粉洗涤效果更好。教师还可以设计问题，引导学生设计实验，如“运用什么洗涤材料？如何设计对照实验？怎样有效控制无关变量？”等，让学生在实验情景中提高科学探究能力。

四、参与社会议题讨论，培养社会责任意识

学校教育是社会行为，必然与社会的发展进程紧密联系在一起。社会是动态发展的，教育也是一个动态变化的过程。教学一旦能触及学生的情绪和意志领域，触及学生的精神需要，就能发挥高度有效的作用。社会热点是高考生物学的重要命题点，学生对此有着积极的关注度。因此，在复习课教学中，教师要引导学生展开与生物学相关的社会性议题的讨论，让学生做出理性解释与判断。如干细胞研究、转基因食品的安全性问题、基因治疗、试管婴儿、艾滋病防控、新冠肺炎疫苗的研制，以及违背社会伦理道德的广受争议的社会性议题等。学生在参与讨论、理性判断的过程中不仅加深了对相关生物学知识的理解，而且能够增强运用所学知识解决现实问题的意识与能力，唤醒参与讨论社会事务的责任感。

回归学科本真 聚焦课程育人

——2016年高考全国卷Ⅰ、Ⅱ、Ⅲ生物学试题的感悟与启示

“立德树人一堂课，服务选拔一把尺，导向教学一面旗”作为高考的价值追求和命题指导思想，在近年来的高考试题中得到了很好的体现。仔细研究2016年全国高考生物学试题，给我们深刻的感悟是：“核心素养”目标实现了高考与教学的融通、融合与并轨；给学科教学最大的启示是：回归学科本真，聚焦课程育人。

2016年全国高考生物学试题共有十套（全国卷Ⅰ、Ⅱ、Ⅲ，北京，上海，天津，江苏，浙江，四川，海南），对比研究发现，尽管十套试题在结构、内容、难度方面有所差异，但是本质上都以考查考生的生物学科学素养为总体目标。命题的共性特点都是遵循“以知识为载体，以能力立意为核心”的指导思想，通过学科内知识的联系与融合，理论与实际的联系，学科思想与学科方法的渗透，将科学思维和问题探究贯穿于每套试卷的始终，力求在生物学科学和技术的基础知识、科学探究的方法、获取和处理信息的能力、理解能力、实验能力、综合应用能力等方面对考生的表现进行测量。一句话，命题在总体上更加追求理性思维与实证，更加彰显科学课程倡导探究性学习的理念。为此，高中生物学教学，无论是新授课还是复习课只有回归学科本真，教出科学的味道，才能有效实现提升生物学科学素养的教育教学目标。在此，笔者以2016年高考全国卷生物学Ⅰ、Ⅱ、Ⅲ为例，就高考生物学试题的特点及对高中生物学教学的启示谈一点粗浅的认识。

需要说明的是，从高考试题的角度反思教育教学策略，视角上似乎有些单一或单薄，似乎存在高考指挥棒褒贬之争议的嫌疑。事实上，高考是以教育目标、学科性质、课程标准、教材内容、教学目标为依据的教育教学评价机制，历次基础教育课程改革都要依据教育目标对高考这一评价体系进行改革和修正，每年的高考都要根据上一年高考中教育教学的诊断反馈对考试大纲进行补充和完善，高考作为相对成熟和比较科学的教育教学评价体系，对高中教育教学的激励和导向功能甚至远远大于其选拔功能，它从源头上指导着基础教育的发展方向。所以，正确理解高考“指挥棒”的导向功能，深入参悟和领会高考命题的指导思想，从学科课程的本质内涵出发反思教育教学活动过程，是构建科学教学策略最直接有效的途径。

一、2016年高考全国卷生物学Ⅰ、Ⅱ、Ⅲ的特点

（一）贴近教材，注重基础知识的延伸与融合

教材是教师执教的依据、学生学习的依据、高考命题的依据。2016年高考全国卷生物学不仅在基本概念、原理和规律的考查上紧扣教材，而且问题情境创设的素材基本上都来源于教材或是对教材的简单延伸，如卷Ⅱ第4题高等植物叶绿体中的色素、第5题样方法调查种群密度、第29题酶的化学本质和特性等。题目的素材内容不局限于教材正文，也包含旁栏中的内容，如卷Ⅱ第30题第（1）问中有关于多巴胺和一氧化氮的考查；三套试卷关于选修内容的考查基本上都是对教材内容的理解性记忆或者是对教材知识的迁移深化。贴近教材的命题特点，一方面利用考生熟悉的材料设置问题情境，有利于对考生构建学习能力的考查；另一方面将全国不同地域或文化背景的考生置于相同教学背景条件（类似于科学实验中无关变量的控制）下考量，利于教育测量的科学、准确，同时也体现了国家级考试的公平、公正。

生物学的基本概念、原理和规律是生物学理论的基础。掌握这些知识为考生今后的生活和学习奠定了基础，更为考生在储备知识的过程中逐渐形成更高级的能力提供了可能。2016年高考生物全国卷不仅以相对少的试题实现了对生物学基础知识的最大覆盖，而且注重反映学科的知识结构体系，体现学科内各部分内容的联系和融合，增强学科内各章节知识的拓展、延伸和综合，如卷Ⅰ第29题将ATP或dATP分子结构知识与DNA分子结构知识进行跨章节联系与综合；第30（3）题在生理学实验中考查了遗传学问题；第40（2）题选修结合考查了实验设计与分析等。在重点考查考生对所学生物学基础知识、基本技能和基本方法的掌握情况，同时兼顾了细节知识的考查，凸显了考试内容的全面性和基础性，体现了科学素养，知识是基础、是载体、是先导的课程理念。

（二）关注科学本质，突出能力考查的全面性和层次性

2016年高考全国卷生物学最突出的特点是：关注科学课程本质，注重科学探究和理性思维，突出能力考查的全面性和层次性。

试题强化探究，突出能力考查的全面性。3套试卷最基本的命题风格，整体上都是基于“科学研究”“贴近生活”的问题情境和“能力立意”的思维梯度创设，体现了“问题情境—建立模型—解释、应用与拓展”的探究性学习模式理念，增强了试题的开放性和探究性，将考生置身于一个真实的“科学研究任务”中，展示习得的生物学基础知识，展现获取信息、发现问题、分析问题和解决问题的思路与方法。既考查了考生对生物学基础知识的理解和掌握水平，又考查了考生的探究思维能力和综合应用能力。选择题要么通过知识间的相互交叉和渗透构建理论问题情境，如卷Ⅰ第1、4题；要么结合生产生活实际或者生物学科学技术的发展成果设置现实问题情境，如卷Ⅰ第2、3、5、6题，考查考生的理解能力、信息获取能力、实验探究能力。非选择题则基本上都是一个事件的“全景”分析概括，很少出现一句话中的“空儿”的填空形式考查，而且设问巧妙、灵活，有新意，明显增加了开放性和探究性试题的比例，如卷Ⅰ第29题（3）……

则其中含有32P的噬菌体所占比例为2/n，原因是______；第30题（3）……根据这一结果能够得到的初步结论是______；第32题（2）“请用同学甲得到的子代果蝇为材料设计两个不同的实验，这两个实验都能独立证明同学乙的结论”等。几乎每一道大题中都有一两个开放性很强的小题，需要考生灵活运用所学知识，在准确获取题目信息、进行独立思考分析的基础上，运用科学的语言和逻辑进行准确表述，考生可以摆脱教材和固有解题思路的束缚，创造性地思考、分析和作答，有利于考查考生的逻辑思维与创新意识，有利于思维更宽阔、更有利于创新性的考生脱颖而出，给真正的创新人才留出了充分的发挥空间，有利于创新人才的选拔。

试题注重理性思维，突出能力考查的层次性。3套试卷中无论选择题还是非选择题自始至终在贯穿和强化学生的理性思维意识。18道选择题没有一道纯记忆性内容的考查，而是注重对核心概念内涵的延伸和外延的拓展，如卷Ⅱ第1题对细胞分化的考查，卷Ⅲ第1题对细胞膜的考查；关注相近、相关概念之间的联系与区别，如卷Ⅲ第2题对不同生物技术的考查；重视核心概念在生产生活实际中的应用，如卷Ⅰ、Ⅱ、Ⅲ的第6题对遗传规律的考查；重视运用学科思想和学科方法对学科内知识的整合，如卷Ⅰ第5题明确提出“自然与人和谐统一”的学科思想，考查生态系统的结构和功能，等等。非选择题则结合一些科学研究成果，引入新情境、新背景，把真科学、真研究凝练为考生看得懂、理得清、学得会的内容，巧妙地用科学逻辑呈现出来，为不同考生搭建起充分展示理性思维的舞台。如卷Ⅰ第2题中的“离子泵”和第4题D项中的“神经细胞兴奋后恢复为静息状态消耗ATP”都是教材中没有出现的内容，要求考生运用所学知识通过理性思维去分析作答。整个试卷展现为一张理性思维“图谱”，要求考生在分析、判断、推理的基础上去甄别和选择，对考生的学科思维能力和思维品质进行了淋漓尽致的展示，对考生的不同能力层次和不同能力层次的考生进行了全面的考查。

总之，试题注重理性思维，关注学科本质，强化问题探究，在考查考生对基础知识理解、掌握和应用的同时，有效地考查了考生的理解能力、获取信息能力、实验能力和综合应用能力，体现了科学素养能力是核心的课程理念，这是2016年高考生物学试卷最大的亮点。

（三）体现学科特色，实验考查更加注重推导和论证

生物学是一门以实验为基础的学科，生物学的基本概念、原理和规律大多数是通过实验推导和论证的。实验既是生物学课程重要的主干知识又是学习生物科学知识的重要方式，是历年来高考的重头戏。2016年高考全国卷生物学试题不仅继续加大了实验考查的力度，而且更加体现生物学属于科学课程的性质，更加注重推导和论证的探究思维过程，更加凸显对实证、质疑、批判和推理等高级思维能力的考查。如卷Ⅰ第3、30、32题将科学研究的一般规律和方法蕴含其中，向考生传达科学思维的精髓，要求考生在分析理解实验目的、实验原理、实验变量的基础上，运用实验设计的思想和方法去质疑、批判、推理、论证并得出正确结论，特别是第30题第（3）问将生理学实验与遗传学问题大跨度融合，第32题“要求设计两个不同的实验都能独立证明同学乙的结论”，需要

考生在明确问题、获取信息、提出假设、寻找证据、检验假设和揭示本质规律的过程中，展示习得的生物学基础知识，展现严谨理性的思维品质，全面考查了考生的实验探究能力涉及的不同层面，特别是实验研究的逻辑推理能力和科学思维能力。又如卷Ⅱ第2、4、5、6、29、31、32题均为实验性考查，试题将对高中生物学基础知识的考查与实验考查巧妙地结合，将实验原理、实验设计思想、实验研究方法有机融合，着力于创设开放式的探究活动情景，而且在考查形式上既有结合表格和图像的数据分析，又有学科方法的综合运用，使学生的解题作答过程处于一个科学思维的探究活动中，很好地考查了考生获取信息、处理信息以及综合解决问题的能力。卷Ⅲ第2题综合多种生物技术进行科学研究方法的考查；第4、6、29题着重对实验现象和实验结果进行分析、解释，而且第29题的探究实验同时设置两个变量，增加了探究性实验的开放性和思维梯度，体现了对考生探究学习过程和探究思维能力水平的考查。

总之，2016年全国卷生物学试题从科学研究的思路出发，充分发挥实验试题的载体功能，将实验思维贯穿于每一套试卷，既重视基础知识的考查，又重视学科方法的运用与实验思想的融合，通过实验与探究的过程，全面考查了考生的实验探究能力与科学思维品质。

二、2016年高考全国卷生物学试题对教学的启示

深入研究高考生物学试题的精神实质，给我们最大的启示，就是要求生物学教学要回归生物学课程的本真，要充分体现探究与实证的生物学学科本色，以问题驱动下的探究性教学为基本策略，把生物学课程教出浓浓的科学味道，通过高品质的学科教学，引领学生参悟和提升生命科学素养，落地学生发展素养。

（一）科学用好教材，充分发挥教材的育人功能

教材是课程的重要依托和负载，是教学活动的“依靠”和“凭借”。教材的基本功能包括四个方面：培育学生自主学习能力的功能，强化科学课程的思想教育功能，发挥培育学生创新思维的功能，促进教师创造性教学的功能。教师只有正确而有深度地解读教材，全面而准确地把握教材的价值内涵，科学确立教材的地位，灵活用好教材，才能充分发挥教材的育人功能。

科学把握教材，合理用好教材，就是要充分释放教材功能，引导学生认知发展、生活学习、人格构建的价值和功能。教师始终要以教材为中心来组织教学活动，通过深入挖掘教材内容的历史维度、逻辑维度、创新维度，构建能够引领学生亲历和体验知识的探究生成过程和创新应用过程的课堂活动，引导学生在主动探究、自主构建、深度思维、进阶学习的过程中，感悟学科观念，学会学习方法，发展科学思维，习得学科知识，提升学习能力，形成正确的情感态度价值观。为此，教师要坚持以教材为本，忠实地、全面地教好教材的内容，做到不肢解教材、不脱离教材、不边缘化教材，把教材内容教好，把教材任务落实好，把教材问题解决好。切忌把教材“神圣化”，只教教材内容，过于注重知识传授，教材怎么讲、教师怎么教、学生怎么学，窄化教材育人功能的

现象。更要杜绝把教材“边缘化”，重教辅轻教材，无视教材结构体系，无故塞入大量资料、信息，断章取义，误读、浅读教材，削弱教材育人功能的倾向。

（二）坚持探究性学习理念，促进能力的全面发展

探究性学习是指学生在学科领域内或现实生活情境中选取某个问题作为突破点，通过质疑、发现问题，调查研究，分析研讨，解决问题，表达与交流等探究学习活动，获得知识，激发情趣，掌握程序与方法。探究性学习因其类似于科学知识形成的研究活动过程，有利于学生在教师创设的问题情境中，自主地去探索、发现和体验，主动构建知识体系。同时，学生要学会对信息进行收集、分析和判断，自主获取知识和应用知识，有利于发现问题、提出问题、归结与分析问题、解决问题等能力的培养，有利于提高学生的创新精神和实践能力；学生要充分发挥学生的主体性，提升动手能力、团队协作能力，从而增强思考力和创造力，培养创新精神和实践能力，使其成为生物学学科首选的学习策略。《普通高中生物学课程标准》把“倡导探究性学习”作为课程的基本理念之一，为此，教师要始终树立探究意识，把问题驱动下的探究性学习作为优选的教学策略。首先，教师要切实抓好课堂的探究性活动，要根据所教内容，创设类似科学研究的情境或途径，让学生在教师引导下，根据所学内容主动探究，用类似科学研究的方式，主动地去探索、发现和体验，对学生进行科学态度和科学精神的培养，特别是发现问题、提出问题、归结与分析问题、解决问题能力的培养。其次，要引导学生结合日常生活、当地的生产实践和环保工作，开展研究性学习。生物科学与日常生活、农业、工业、健康、环境保护密切相关，为开展研究性学习提供了丰富的课程资源。

（三）注重实验原理，提升实验教学品质

生物学是一门以实验为基础的自然科学，生物科学的形成和发展都离不开实验。实验是高中生物学教学内容的重要组成部分，是达成课程目标的基本途径和方法。实验对激发学习兴趣、理解科学知识、体验过程与方法、培养能力、养成科学态度与价值观有十分重要的教育教学功能。然而，长期以来受知识本位教学观的影响，实验的开展多以教师的演示或学生的验证为主，侧重于现象本身的观察和描述，使实验教学自主性、实践性、探究性的特点得不到体现，学生的创新精神和探究能力得不到充分培养，实验的科学教育功能被弱化。

实验课的性质和实验课的教学目标决定了实验课的基本教学策略，就是要把实验教出科研的味道，让学生在亲历和体验科学研究活动的过程中，领悟科学的本质，掌握科学探究的方法，实现知识的学习、能力的培养、情感态度与价值观的养成。而科学研究是人类认识客观世界、探寻客观真理的过程。它以既有的发现和知识为基础，以符合逻辑的推理方式提出假说，以客观的观察和实验手段证明假说，从而使假说上升为科学发现。这就意味着科研活动的本质是逻辑思辨下的实验探究，科研活动的逻辑起点是以原有知识为基础，以问题驱动为核心，以实验探究为手段。高中生物学实验是中学生最基本的科学实践活动，实验设计、实验实施、实验分析、试验评价的逻辑起点都是实验原理。为此，实验教学中只有紧扣实验原理这根主线，指导学生在深刻理解实验原理的基

础上，重视实验原理在实验过程中的指导、引领和驱动作用，重视实验过程中的理性思辨和自主探究，引导学生在“做中学”的探究思辨过程中将生物学实验做出科研的味道，凸显科学研究活动的本质，才能有效养成和培养学生的生物学科学素养，高效提高实验教学质量，达成实验教学目标。

实验原理是指实验所遵循的科学道理。生物学实验原理包括生物学基础知识和基本理论，既是实验设计的思想基础和理论依据，也是实验评价的基本标准和实验结论的最终归宿。无论验证性实验中材料用具的选择、方法步骤的安排，还是探究性实验中问题的生成、假设的提出、变量的控制、观测指标的确定、实验结果的分析，都是以实验原理为主导思想和基本依据的，实验原理是贯穿实验始终的主线和灵魂。因此，在教学过程中，要增强实验教学的思想性，提升实验教学的目标性，有效提高实验教学质量，必须重视实验原理对实验过程的驱动作用。然而，目前在高中生物学实验教学中，许多教师忽略或淡化了实验原理对实验教学的能动作用，使验证性实验成为学生按照教材实验步骤的简单操作，探究性实验成为学生按照一定范式的模仿性描述。实验教学失去了应有的思想性和科学教育价值，削弱了实验教学中培养学生的创新意识，也削弱了发展学生探究性思维和科学研究能力的价值功能，生物学课堂实验教学在低水平徘徊，成为制约高中生物学教学质量的瓶颈。为此，在高中实验教学中，无论是以检验已知事实、概念或原理的真实性为主的验证性实验，还是以引导学生通过探究获得新知和接受科学方法训练的探究性实验，都必须重视实验原理对实验学习的驱动作用。

依纲据本　科学备考

——2016年高考生物学备考策略

一、多层次立体研究，明确备考思想，规划备考措施

课程标准、考试大纲是高考命题的纲领性文件，是高考命题的思想依据；教材是高考命题的内容依据；历年高考试题是高考命题思想、考查内容、考查目标要求的具体体现，也是高考备考的范式引领；考后分析是对教学过程的反馈和诊断。对这几方面的研究是形成正确的备高指导思想和科学备考策略的前提和基础。

（一）研究课程标准，树立先进的课程理念

课程标准是规定某一学科的课程性质、课程理念、课程目标、课程实施建议的教学指导性文件。简言之，课程标准是对学校培养什么人的标准要求，是对学生在经过一段时间的学习后应该知道什么和能做什么的规定。课程标准是教材编写的依据，是教学指导思想（课程理念）、教学目标、教学方法措施的依据，也是高考命题的依据。

1.核心素养的课程理念

课程是指学校学生所应学习的学科总和及其进程与安排，是对教育目标、教学内容、教学活动方式的规划和设计，是教学计划、教学大纲和教材全部内容及其实施过程的总和。狭义的课程是指某一门学科。课程居于教育的核心地位，是实现教育目的的重要途径，是组织教育教学活动的最主要的依据，是集中体现和反映教育思想和教育观念的载体，教育的目标、价值主要通过课程来实施和体现。

（1）课程的功能

课程的本质是培养人，课程的本体功能是对个人的价值和作用，是课程本质的体现。因此，课程的功能是通过经验的传递和知识的传授，使学生知道怎样求真、求善、求美，学会做人、学会求知、学会生活、学会劳动、学会健体、学会审美，身心得到全面和谐的发展，成为自由之人，幸福之人。

（2）新课程的理念

一是以学生的全面发展为本，一切为了学生的发展；二是学校教育要关注每一位学生，关注学生的情绪生活和情感体验，关注学生的道德生活和人格养成；三是学校的一

切教育教学活动，都要把目标锁定在能够有利于学生终身发展之上，有利于学生在学校获得今后走向社会所需要的基本生存能力——自主学习的能力、与人合作的能力、信息收集与处理能力、学会办事的能力、独立生存的能力，以保证我们的下一代能够在未来社会生存与发展。

（3）新课程追求的教学特色

①生活性。让课堂教学充满生活气息，学习成为一种生活需要（课堂是师生共享的生活）。②发展性。让课堂教学以人的发展为本，学习成为一种发展需要（基础教育培养适应未来社会的人）。③生命性。让课堂教学充满生命气息，学习成为一种生命需要(生命是教育的基石)。

（4）新课程倡导的教学观

一是教学是课程创生与开发的过程；二是教学是师生交往、积极互动、共同发展的过程；三是教学不仅要注重所要达到的目的或所需获得的结果（结论），更要注重多样性、丰富性为前提的教学过程，即学生一系列质疑、判断、比较、选择以及相应的分析、综合、概括等认知活动的过程。

（5）推进教育现代化的八大课程理念

更加注重以德为先；更加注重全面发展；更加注重面向人人；更加注重终身学习；更加注重因材施教；更加注重知行合一；更加注重融合发展；更加注重共建共享。

2.《普通高中生物学课程标准》对生物学课程的规定

（1）课程性质

生物学是自然科学中的一门基础学科，生物学有着与其他自然科学相同的性质。

（2）生物学课程理念

核心素养为宗旨——对生物学课程目标的规定，就是体现生物学课程的学科特点和育人价值，发展学生的生物学学科核心素养，落地学生发展核心素养。

内容聚焦大概念——对课程设计和实施的规定，一是追求“少而精”的原则，精简容量，突出重点，确保学生有相对充裕的时间主动学习，深刻理解和应用重要的生物学概念；二是教学设计和教学实施都要从大概念出发，注重挖掘概念体系的历史维度、逻辑维度、创新维度，按照概念形成与概念内化的概念学习逻辑，引导学生主动探究、自主建构、深度学习，发展学生的生物学学科核心素养。

教学过程重实践——对教与学策略的规定，关注学生学习过程中的实践经历，强调主动参与，通过探究性学习发展生物学学科核心素养。

学业评价促发展——对课程实施结果评价的规定，强调创建多元评价体系，重视以评价促进学生的学习与发展。

（3）生物学课程目标

通过生物学学习形成正确的价值观念、必备品格和关键能力，包括生命观念、科学思维、科学探究和社会责任。

根据课程标准规定，高中生物学教学和备考的目标就是发展学生的生物学学科核心素养，落地学生发展核心素养。

课程标准是“根”、是“源”，只有认真研究课程标准，深刻领会课程理念，准确把握课程目标，科学理解课程内容、教材编写思想、内容呈现方式，才能正本清源，树立先进的课程理念，指导教学过程的正确方向，规约教育教学的正确行为，运用科学的思想和方法，组织和实施教学过程，让课程标准规定的“教学应然”成为课程标准要求的“育人实然”。不研究课程标准的教学自然是无源之水、无本之木，教学过程必然是无序无章，盲目混乱。

（二）研究教材，科学施教

教材是课程资源的重要组成部分，是课程内容的初加工和初创造产物，是课程育人的依据和载体，是教与学活动的纽带，是师生进行对话的“话题”。对教材的研究，要从立德树人的根本教育任务、中国学生发展核心素养、学科核心素养、课程价值等多个维度，立体审视教材的价值功能。首先，要研读课程标准，明确教材的编写思想、教材体系架构、教材内容的选择和呈现方式、教材实施建议，从整体上构建教材的使用思想和使用方法；其次，要从课程理念和课程目标的角度分析教材的谋篇构局，分析教材内容的价值作用，提炼教学思想；再次，要以大概念引领，分析教材内容的逻辑体系，挖掘教材内容的历史维度、逻辑维度、创新维度，构建科学的知识体系。

核心素养导向的教学将教材作为引起学生认知、分析、理解事物并进行反思、批判和构建意义的“文化中介”，引导学生认知发展、生活学习、人格构建的一种范例，要求教学过程中“用教材”而不是“讲教材”。教学和备考复习中要杜绝和摒弃教材使用上的几种错误倾向：一是只重视教材正文内容的倾向。新课标高中生物学教材围绕提升核心素养目标，在教材正文内容之外设置了许多旁白栏目，如“问题探讨”“本节聚焦”“资料分析”“相关信息”“思考与讨论”“科学前沿”“技能训练”等，这种素材体系构架体现了核心素养背景下“教材”向“学材”的转变，旨在促进学生的探究性学习。遗憾的是，教和学活动都将这些精彩的教育素材置之一边，只关注教材正文内容的学习。二是备考复习中一本复习资料抱到底的倾向。教材内容具有严密的逻辑体系，是学生构建学习极为重要的载体。各种复习资料仅仅是对教材内容的解读或断章取义的概括，不利于学生学科核心素养的培育。三是忽视渗透在显性知识背后的生命观念教育的倾向，使教学失去了灵魂。四是备考复习中放任自流的回归教材倾向。学生受已有知识前摄抑制的影响，难以找到自己知识上的盲点，不能起到查漏补缺的效果。五是重概念轻过程的倾向。生物学科学概念是生物学科学探究活动形成的知识体系，生物学科学教育的价值体现是在科学探究活动过程中对学生科学思维、科学探究、生命观念的培养。许多教师在备考复习中把科学概念形成的发现史和问题情境置之一边，只对概念大讲特讲，造成学生的死记硬背，导致教学无序低效。

（三）研究考试大纲，加强备考针对性

《考试大纲》是高考命题的规范性文件，是高考命题和备考复习的依据，在高考中具有极大的“权威性”。考试大纲规定了各学科高考的考试目标、内容范围、能力要求和题型示例。认真研究和准确把握考纲的考核目标及要求，才能有针对性、高效率备考。

考纲的研究主要有以下几个方面：一是研究考核目标与要求，要对考纲关于“理解能力、实验与探究能力、获取信息能力、综合应用能力”在不同层次的具体要求有准确的理解和把握。二是研究考试范围与要求。要对考纲规定的考试范围中知识内容及其Ⅰ、Ⅱ级要求，实验内容及其要求做详尽分析，形成考查内容清单，做到心中有数，并在备考复习中按其要求逐一落实。三是研究考纲的修订变化及其修订思想，进而把握命题的变化趋势。四是考纲研究不能只停留于对考纲字面意思的理解，要与《考试说明》中的题型示例和近三年来的考题进行对比研究，真正参悟和领会考纲的内涵和不同层次的具体要求。下面是对2016年高考生物学大纲解读：

1.考试大纲关于学科核心素养考查的规定

生物学学科考试大纲总则中明确指出：生物学学科的命题要体现生物学课程属于科学课程的性质。要重视对考生生物学学科核心素养的考查，在生物学科学和技术的基础知识、科学探究的方法、获取信息和处理信息的能力、思维能力、分析和解决实际问题的能力等方面对考生的表现进行测量；要重视理论联系实际，关注科学技术、社会经济和生态环境的协调发展。生物学学科核心素养反映着一个学生通过生物学课程的学习对生物学科学领域中核心的基础内容的掌握和应用水平，以及在已有基础上不断提高自身科学素养的能力。

生物学学科核心素养是生物学教学的核心内涵和价值追求，理所当然也就是高考考查的总体目标。纵观多年来高考生物学试题，尽管不同的年份会有些许题目所考查的“细节”稍显意外，但试卷从总体上追求“理性思维与实证”，考查生物学学科核心素养的主旨始终未变。无论新授课还是复习课，只有把培养和提高学生的生物学学科核心素养贯穿始终，把生物学课程教出“科学”的味道，让学生在亲历提出问题、获取信息、寻找证据、检验假设、发现规律等过程中，习得生物学知识，养成理性思维习惯，形成积极的科学态度，发展终身学习的能力，才是真正意义上的有效教学。

2.考试大纲关于能力考查的界定

关键能力是高考测量的核心内容。生物学学科考试大纲提出了四大能力的考查要求。

（1）理解能力

理解能力是生物学高考规定考查的最基本能力，它既是高考的直接考查目标，也是高考所要求考查的其他能力，如综合运用能力、实验能力以及获取信息能力的基础。考纲关于理解能力的表述为：

①能理解所学知识的要点，把握知识间的内在联系，形成知识的网络结构。（知识的理解：梳理清晰，理解到位）

②能用文字、图表以及数学方式等多种表达形式准确地描述生物学方面的内容。（知识的表达：图文转换、图图转换能力）

③能运用所学知识与观点，通过比较、分析与综合等方法对某些生物学问题进行解释、推理，做出合理的判断或得出正确的结论。（知识的运用：是前两个层次的能力提升）

【解读】理解能力是生物学学科核心素养最根本的要素。考纲对理解能力的表述是按照由低至高三个层次进行说明的。一是对生物学知识本身的要求。既能把握所学知识的要点，对生物学的重要概念、原理和规律，不仅要知道它们的含义，而且要知道它们的前因后果、适用条件和范围，以及相关知识之间的联系和区别；又能把握知识之间的内在联系，形成知识的网络结构，构建概念图。二是对知识再现方式的要求。能用多种形式（文字、图表、图解等）阐述生物学知识（包括事实、概念、原理、规律等）。三是运用知识解决问题的要求（运用所学知识对生物学问题进行分析、解释、推理、判断、得出正确的结论）。对知识的理解还表现在能运用生命观念解释相关的生物学问题，如结构与功能观、物质与能量观、遗传与进化观、稳态与平衡观。

提升理解能力的基本措施是：强化基础知识，加强概念教学。理解的基本方法是多思，具体就是面对生物学现象、概念、原理、实验，从不同角度提出疑问，多方面进行思考。

（2）实验与探究能力

“重视对考生生理学学科核心素养的考查”是考纲的命题要求之一。实验与探究能力是生物学学科核心素养的重要组成部分。考纲将实验与探究能力的考查要求界定为四个方面：

①能独立完成“生物学知识内容表”所列的生物学实验，包括理解实验目的、原理、方法和操作步骤，掌握相关的操作技能，并能将这些实验涉及的方法和技能进行综合运用。（教材实验：学生获得实验分析能力、实验设计能力以及科学实验思想的基本途径）

②具备验证简单生物学事实的能力，并能对实验现象和结果进行解释、分析和处理。（验证实验能力：基本实验技能）

③具有对一些生物学问题进行初步探究的能力，包括运用观察、实验与调查、假说演绎、建立模型与系统分析等科学研究方法。（探究实验能力：高级实验技能）

④能对一些简单的实验方案做出恰当的评价和修订。（实验评价能力：实验能力的最高层次要求）

【解读】实验与探究能力是生物学学科核心素养的要素之一。《考试大纲》从四个不同层次做出了全面的要求：一是对教材实验的考查要求。包括对教材实验的理解、掌握实验技能、实验技能的综合运用三个方面。意味着仅仅是记住基础实验是远远不够的，要能够对基础实验涉及的方法与技能进行迁移与综合运用。二是验证实验的要求。对简单的生物学事实进行验证、对实验现象和结果进行解释、分析和处理。生物学是一门实验性的科学，生物学的知识往往都是与相关的实验相结合的。依据实验的原理、操作及相关知识，分析预期实验的结果并得出结论；依据实验的结果分析其原因或得出结论等，是本条能力要求的两种基本表现形式。三是对生物学问题进行初步探究的能力。包括确认变量、做出假设和预期、设计可行的研究方案、处理和解释数据、做出合理的判断，这是实验与探究能力中的较高要求。倡导探究性学习是新课程的基本理念，是当前教学改革的趋势和要求，也是对高考命题要求中对考查考生生物学学科核心素养的具体落实。本条要求将探究能力考查的更具体化了，从表述中我们可以看到，实际上包含了探究的各个方面。本条目的要求中，包含了丰富的内容，除字面直接表达的要求外，笔者以为还隐含着一些要求，如根据所给材料提出所要研究的课题，设计表格用于记录实验的数据，运用包括数学模型在内的各种方法处理实验的数据等等。四是对实验评价能力的考查。这是最高能力层次的要求。评价的内容主要是实验方案，一般从实验对照设置、实验步骤的设计、仪器的使用、实验试剂的选取和使用、实验材料选择和使用等的科学性方面进行评价。

（3）获取信息和处理信息的能力

①能从课外材料中获取相关的生物学信息，并能运用这些信息，结合所学知识解决相关的生物学问题。（转换信息能力：根据解决问题的需求，转换信息形成方案，解决问题）

②关注对科学、技术和社会发展有重大影响和意义的生物学新进展，以及生物学科学发展史上的重要事件。（获取信息能力：能正确甄别、排除干扰信息，准确获取关键有用信息）

【解读】能够有效获取信息，对信息进行加工并以恰当的方式进行表达，是信息社会对人才的基本要求，也是科学素养的重要构成部分。高考对获取信息能力的考查提出了较高的要求，考纲从获取信息、处理信息和表达信息等方面进行了界定。考纲列举的获取信息能力包括两个方面：一是获取信息解决生物学问题的能力；二是关注社会热点信息的能力。前者要求从试题给出的文字、图表中捕获与解决问题相关的有效信息，后者则要求在社会生活中善于用学科的眼光搜寻有用的重大信息。两个要求将理论与实践相链接，引导学生提高获取信息能力。获取信息能力的考查广泛存在于高考生物学的各类试题中，是高考考查的重点和热点。

（4）综合运用能力

理论联系实际，综合运用所学知识解决自然界和社会生活中的一些生物学问题。

【解读】综合运用能力是对生物学学科核心素养的总体要求，其包括范围最广。前三项能力要求更多强调运用生物学知识解决生物学问题，本项能力则要求解决自然界和社会生活中的生物学问题，其解决问题的难度更大、要求更高。近年高考生物学试题中学生得分较低的题大多是考查综合运用能力。

总之，能力要求是《考试大纲》的核心内容，是对考生核心素养考查的具体落实，必须将四项能力要求的实质和精髓贯穿于整个复习的每一个单元和板块。通常一道题目考查的能力不止一种，但侧重点不同。

3.大纲关于考试内容的范围与要求。

大纲中考试内容以知识内容表的形式呈现。知识内容要求掌握的程度分为Ⅰ级和Ⅱ级；实验内容要求掌握的程度则用文字说明。Ⅰ级和Ⅱ级的含义分别是：

Ⅰ：对所列知识点要知道其含义，能够在试题所给予的相对简单的情境中识别和使用它们。

Ⅱ：理解所列知识和其他相关知识之间的联系和区别，并能在较复杂的情境中综合运用其进行分析、判断、推理和评价。

【解读】从考试级别来看，必考模块涉及的知识内容包括Ⅱ级考点50个，Ⅰ级考点20个。从考纲所列的考点内容看，细胞的代谢（光合作用、呼吸作用）、细胞的分化、衰老和凋亡、遗传的分子基础、遗传的基本规律、植物的激素调节、人体的神经—体液—免疫调节网络、生态系统的基本功能等相关知识仍然是高频考点。选修模块中选一模块以实验内容呈现，选三模块则包括1个实验内容、6个Ⅱ级知识考点、9个Ⅰ级知识考点。这说明选修模块侧重对所列知识点要知道其含义，能够在试题所给予的相对简单的情境中识别和使用它们。同时要注意，必修及选修模块共涉及实验内容26个，这充分体现了对于实验与探究能力的考查，这与生物学的学科特点密不可分。

“题型示例”列举的9道例题与“考试的能力要求”紧密配合，充分体现了对于学生理解能力、实验与探究能力、获取信息能力、综合运用能力的考查，也说明这四大能力是高考生物学不变的主旨。

（四）研究考题特点，参悟命题思想，掌握考查方式

高考考题是高考命题思想的具体表现形式，是高考改革变化的风向标，是最重要、最直接、最有效的高考信息。研究考题有助于真实地诠释命题思想、精准地探寻命题规律，正确地把握高考方向，从而进行有目的、有针对性地进行备考复习教学，以提高备考复习的适切性及备考复习的效率。

核心素养导向的高考命题思想，是以“双基”为载体，以“一核”为宗旨，以“四层”“四翼”为基本要求，考查考生核心素养发展水平。试题保障基础性，强化选择性和时代性；关注学科知识与技能的结构化，重视理论联系实际；强化问题情境，强调学科思维方式和探究能力的渗透。下面是对2015年高考全国卷生物学（卷Ⅰ、Ⅱ、Ⅲ）试题特点的整体分析：

1.试卷风格成熟稳定，力求难度适中

生物学试题选择题和非选择题的部分，分别按照“分子与细胞”“稳态与环境”和“遗传与进化”的模块顺序排列，这与试题的整体难度系数梯度相关。一般的，选择题的题干叙述简洁，选项涉及内容综合适度；非选择题总是要创设具体的实验或调查的研究情境，通过3道左右的小题设问——6空。另外，选修模块选的非选择题，由于考查范围相对有限，设问的角度和内容稍显平实。总体而言，理科综合全国卷中生物学试题风格基本保持稳定。

2.突出重要概念，注重对实验探究能力的考查

仔细分析高考全国卷生物学试题，一如既往地突出对课标中重要概念的考查。如必修1模块中的“蛋白质、核酸的结构和功能……影响光合作用速率的环境因素”，必修2模块中的“基因的分离定律和自由组合定律”及“孟德尔遗传实验的科学方法”，必修3模块中的“神经、体液调节在维持稳态中的作用”和选修模块中的“微生物的分离和培养”等等。特别是，如果在试卷的表述文字中查找“实验”“研究”和“结果”等字样，我们可以直观地感受到生物学学科的试题能够“体现生物学课程属于科学课程的性质”，具有“重视对考生科学素养的考查”的特点。以全国卷Ⅰ为例，全卷12道试题的题干表述中可以找到“实验”一词有9处之多，加上“研究”（2处）、“结果”（5处）等表述，作为试题题干情境的题目达7道，具有明显“实证”特征的问题情境涵盖试题分值的3／4。其实，即便没有这样明确字眼的题目，也脱离不开实验和调查的研究过程。比如，T2噬菌体的遗传物质是什么？不同植物组织对生长素的敏感程度有无差异？某种遗传病的发病率是否具有性别差异？等等。

3.体现理性思维的推理题目不断出新

生物学学科的试题中有一定数量的问题指向“事实性知识”，但广大师生在高中生物学的学习和备考中更需要关注的是具有“理性思维”特征的设问。换言之，我们确实需要在学习的过程中习得和梳理事实性的知识，但更主要的是在这个过程中形成理性思维习惯。实际上，高考试卷中占分比例较高、区分度较大的题目往往是考查“理性思维”题目。指向“事实性知识”的试题设问，表述多为“……是________”“……为________”“……属于________”等。具有典型的“理性思维”特征的设问，表述多为“……合理的解释是________”“……判断的依据为________”“……其原因是________”“为什么?”等。后者旨在要求考生获取信息，能运用所学知识与观点，通过比较、分析与综合等方法对某些生物学问题进行解释、推理，做出合理的判断或得出正确的结论。还有一些基于经典例证的题目，让考生指出“……叙述正确（错误）的是________”“……应该是________”，可谓介于上述两种题型中间的“轻度”理性思维。

卷Ⅰ、卷Ⅱ、卷Ⅲ的必考非选择题，突出体现了理综试卷生物试题对“理性思维”能力的考查。每个题目都在新颖的问题情境下设问，层层递进，暗含逻辑。

2015年高考全国卷生物学（卷Ⅰ、Ⅱ、Ⅲ）试题整体特点是：贴近教材，注重基础知识的延伸与融合；关注科学本质，注重科学探究和理性思维，突出能力考查的全面性和层次性；体现学科特色，实验考查更加注重推导和论证。比较完美地体现了对学生生物学学科核心素养的考查。

（五）研究命题规律，突破高频考点

通过对近五年高考全国卷生物学试题考查内容的研究发现，生物学高频考点的分布规律表现在以下几个方面：

高频考点一　细胞的分子组成及结构

本考点在高考生物学中所占比重不大，考查题型多为选择题，题目涉及的知识点比

较简单，基本上是对本部分基础知识的考查。主要考查内容有：①组成细胞各部分的元素和化合物；②细胞膜的三大主要功能，如跨膜运输方式、信息传递等；③细胞膜的选择透过性和流动性特点等；④原核细胞的结构组成。复习时以细胞结构为核心，掌握教材上相应的基础知识即可。

高频考点二　细胞的代谢

本考点是历年高考的重点内容，考查题型既有选择题又有非选择题，经常以给出新信息，联系学过的知识的方式进行考查，信息给出的形式多种多样，有曲线图、柱状图、资料等，并且联系生活实际的问题较多。主要考查的内容有：①物质跨膜运输的方式及影响因素，酶的作用特点，影响酶活性的条件等；②种子的形成及萌发过程中各物质的变化等；③植物光合作用和呼吸作用的关系，影响光合作用和呼吸作用的因素，光合作用和呼吸作用中的物质变化等。复习时要联系生活实际，特别是植物光合作用的时间和呼吸作用的时间，一天的光照时间、黑暗时间对植物光合作用和呼吸作用的影响。复习时明确本部分的基础知识是关键，分清实际光合速率、净光合速率、呼吸速率以及CO_2吸收量之间的关系，明确叶绿体和线粒体的结构与功能。

高频考点三　细胞的生命历程

本考点在历年的高考中考查的概率较低，考查形式多数以选择题为主，往往和其他有关的知识综合考查，如细胞分裂与DNA的复制、遗传规律与减数分裂、细胞分裂中的变异问题等。主要考查的内容有：①细胞分裂过程中染色体、DNA、染色单体等的变化规律或有关数量的变化；②细胞生命历程中的衰老、癌变等。复习时重点把细胞分裂过程图中的有关染色体、染色单体、DNA的变化规律掌握即可。

高频考点四　遗传的分子基础

该考点知识在历年的考题中占的比重较小，考查形式多以选择题为主，考题难度不大，可能会给出新的信息联系学过的基础知识分析考查。主要考查的内容有：①蛋白质合成的场所、过程及用到的有关物质；②遗传信息的表达；③“中心法则”与遗传信息的表达。复习时以“中心法则”为核心全面掌握与此有关的基础知识即可。

高频考点五　遗传的基本规律

该考点是高考的重点和难点，考查形式多为非选择题，可以说是每年必考的知识点，有一定的难度，是压轴题。该考点主要考查的内容有：①往往给出有关的信息，考查对两大遗传规律的理解、应用能力及有关的概率计算等，如基因频率的计算、遗传系谱图中的有关计算；②遗传规律与变异、与育种等联系实际的有关知识考查；③基因与性状的关系；④与遗传有关的实验设计与分析等。复习时要明确遗传规律的基础知识，特别是遗传规律特殊比例的计算、伴性遗传与常染色体遗传对后代性状的影响。

高频考点六　生命活动的调节

该考点是高考的重点考查内容，考查形式既有选择题又有非选择题。考查的主要内容有：①生长素的运输及相关实验、生长素的生理作用、探究生长素促进生长的浓度等，如2015年第2题、2012年第5题；②高等动物生命活动的调节，包括人体内环境的构成和稳态、神经调节、血糖调节、水盐平衡调节等，如2015年第3题、2015年第30题等。复习时要更多关注生长素的探究发现的设计实验思想和动物生命活动调节的机理。

高频考点七　种群、群落与生态系统

该考点是高考必考的内容之一，考查形式既有选择题也有非选择题，往往结合实例进行综合考查。主要考查的内容有：①种群的概念、特征，包括种群的出生率与死亡率、年龄组成、性别比例及调查种群密度的方法，如2015年第31题、2013年第5题、2012年第6题，近几年的考题中，种群密度的调查方法考查频率较高；②群落的结构和演替，包括群落的丰富度、群落的种间关系、群落的空间结构和群落的演替，如2015年第4题、2014年第30题、2013年第32题，其中群落的演替考查频率比较高；③食物链、食物网，能量流动的特点，生态系统的稳定性，如2015年第4题、2015年第31题、2013年第32题，其中生态系统的稳定性考查频率较高。复习时加强对种群的特征、群落的演替、生态系统的能量流动和生态系统的稳定性的关注。

高频考点八　实验与探究

生物实验是高考必考的内容之一，以选择题或非选择题的形式进行考查。主要考查的内容有：①教材实验的选材、试剂的作用等，例如，2014年第4题与第29题、2013年第29题、2011年第6题；②结合其他考点的内容综合考查实验探究能力，包括实验步骤的设计、实验结果的分析与预测等，例如，2015年第29题、2012年第32题。

（六）研究考情状况，优化教学过程

高考除具有选拔功能外，还具有对高中教学的检测、诊断、反馈、指导等功能。2015年，我作为甘肃省高考生物学教学质量监控教师，全程参与了高考生物学的阅卷监控工作，对甘肃省28万考生的试卷随机提取了147284份进行了考试质量分析。

1.相关参数及说明

（1）难度：指试题的难易程度。选择题的难度（P）是答对该题的人数（R）占考生人数（N）的百分比，即P=R/N，其中R为答对该题的人数，N为全体考生人数。P值越大，难度越小。非选择题的难度：P=X/W，其中P为难度，X为考生在某一题目上的平均得分，W为该题目的满分；整个试题的难度：P=X/W，其中P为难度，X为样本平均得分，W为试卷总分。

高考试题难度以适中为宜，单个试题的难度以0.3～0.7之间为好，整卷以0.5～0.6之间为最佳。容易题：难度值≥0.7，0.4 < 中档题 < 0.7，难题≤0.4。

（2）区分度：指试题对不同考生知识、能力水平的鉴别程度。如果一个题目的测试结果使水平高的考生得高分，水平低的考生得低分，它的区分能力就强。区分度（D）的取值范围介于-1.00至+1.00之间。通常D为正值，称为积极区分；D为负值，称为消极区分；D值为0，称为无区分作用。具有积极区分作用的试题，其D值越大，区分的效果越好。试题的区分度在0.4以上表明区分度很好，0.3～0.39表明区分度较好，0.2～0.29表明区分度不太好，0.19以下表明区分度不好应淘汰。

高考试题的区分度一般要求在0.3以上，表示高分组的学生比低分组的学生能多得

30%的分数。一般认为，区分度的数值达到了0.3，便可以接受；低于0.3的题目，区分能力就差了。

（3）标准差：是各数据偏离平均数的距离的平均数，反映一个数据集的离散程度。用来描述个体和集体平均分的差异系数。如果等于零，说明和平均水平一致；大于零，说明在平均水平之上。数值越大，说明比平均值多的越多；小于零说明在平均水平之下，负的越多，说明比平均值差的越多。

（4）效度：指考试的准确性，反映的是考试内容与考试大纲的吻合程度，效度高的试卷，能够准确地测出学生掌握和运用所学知识的真实程度。

（5）信度：考试结果的可信程度，信度高的题很少受外部因素的影响，对任何学生进行多次测定都会产生比较稳定的前后一致的结果。信度系数的最大值为1，表示测验的可靠性高；最小值为0，表示测验的信度低。当信度系数大于或等于0.70时，测验可用于团体间的比较；当信度系数大于或等于0.85时，测验可用于个体之间的比较。

难度与区分度是评价试题质量的重要指标。难度为0.5时，考生成绩的离散程度可能最佳；区分度在0.3以上才是好题。因此，高考命题的设计难度通常为0.50～0.55。

2015年甘肃省高考生物学试卷质量分析报告（难度、区分度数据分析）（样本量：147284/280000）

表1　2015年高考理综全国卷（Ⅱ）生物学试题选择题难度统计表

题号	满分	平均分	标准差	难度	区分度
1	6	5.57	1.55	0.93	0.29
2	6	2.56	2.97	0.43	0.23
3	6	5.32	1.90	0.89	0.38
4	6	5.79	1.10	0.97	0.28
5	6	5.13	2.11	0.86	0.34
6	6	2.93	3.00	0.49	0.17

从表中数据看：平均难度值为0.76，说明选择题相对简单，体现了重视基础知识考查的思想；区分度平均值为0.28，作为选拔性考试，区分度相对较低，区分不太明显，但从课程理念的层面考虑，高中生物学教学要面向全体学生，提高全体学生的生物学学科核心素养，所以选择题以考查基础知识为主，难度值较高，区分度较低，尽管不利于选拔，但有利于指导高中生物学教学面向全体学生，重视基础知识教学，培养学生良好的生物学学科核心素养。选拔不是高考的唯一功能，指导高中生物学教学全面实施素质教育也是其中的一个重要功能。

表2 2015年高考理综全国卷(Ⅱ)生物学试题非选择题难度统计表

题号	满分	平均分	标准差	难度	区分度	考生数
29(实验题)	12	7.99	2.14	0.67	0.45	147284
30(调节题)	9	3.66	2.04	0.41	0.55	147284
31(生态题)	8	4.71	2.38	0.59	0.60	147284
32(遗传题)	10	4.93	3.03	0.49	0.56	147284
39(选考题)	15	6.64	3.20	0.44	1.00	54180
40(选考题)	15	7.91	3.31	0.53	1.00	93104

从表中数据可以看出：非选择题平均难度值为0.52，区分度平均值为0.69，表明非选择题难度适中（高考难度值在0.5～0.6之间为最佳），区分度非常高（前面述及区分度在0.4以上就很好）。表明试卷把选拔功能主要放在了非选择题上，这也符合高考命题“知识载体，能力核心”的指导思想，因为非选择题更加有利于考查考生的理解能力、实验与探究能力、获取信息的能力及综合运用能力。从课程理念的层面考虑科学素养，知识是基础，能力是核心。试卷把36分的选择题的考查重心放在基础知识上，把54分的非选择题的考查重心放在综合能力上，在有效实现高考选拔功能的同时，给我们的高中生物学教学以正确的导向，就是狠抓基础，提升能力。

根据数据分析，考生的卷面失分因素可以归为以下几点：

（1）基础知识和基本技能不扎实，生物学的一些核心概念和相关的原理理解、掌握及运用不够精确。

（2）获取信息与处理信息的能力欠缺，无法依据题干筛选有效信息去建立与主干知识的联系，因而出现答题困难或者答非所问的现象。

（3）主干知识体系不完善，综合应用能力差。一些学科内综合性较强的题目，考生往往无从下手。

（4）实验与探究能力缺乏，对生物学实验的原理、方法和操作步骤等的理解和掌握，存在记忆盲区或缺少实践。以探究实验为载体的题目，往往不能科学分析实验结果得出正确结论而导致失分。

（5）表达能力有待进一步提高，近年来试卷中描述性答案有逐渐增加的趋势，而考生的语言组织能力差，表述往往缺乏逻辑性和条理性，或不能使用专业术语准确作答。另外，书写往往不够规范，特别是一些核心概念有错别字出现。

二、2016年高考生物学备考复习策略建议

通过考纲解读、命题趋势预测、高考试题分析，可以看出，高考的核心目标就是要“以知识为载体、以能力立意为核心”考查考生的生物学学科核心素养，而学生物学学科核心素养的养成和提高在于科学的教学活动过程中，科学的教学过程就是用科学的方

法去教科学课程，使学生在科学的生物学活动情境中构建生物学知识，形成生命观念，提升科学思维能力和科学探究能力。通过教学现状和考试质量分析，可以看出，盲目的讲授灌输和题海战术严重制约着教与学的质量。为此，就2016年高考生物学备考复习策略，提出如下建议：

（一）制定科学的备考方略

1.多维度研究，确立明晰的备考思想。

2.精心策划，制定合理的备考计划。

3.一轮：精加工策略，夯实知识基础。

4.二轮：组织策略，完善知识体系。

5.三轮：元认知策略，强化综合应用。

（二）依纲据本，夯基提能，扎实推进

1.依纲据本，精细加工，夯实基础

“依纲”就是依据备考复习的纲领性文件——《课程标准》《考试大纲》《考试说明》的要求，针对性复习；“据本”就是依据课本，“以本为本”——以课本为知识构建、能力提升的根本；“万变不离其宗”——学生学习的发生、发展，知识的生成、应用、创新都要以课本为核心。备考过程中，教师要对大纲中规定的必考内容——72个考点掌握程度的要求（Ⅰ级、Ⅱ级）和19个实验的要求、选修1的6个实验或选修3的15个考点和1个实验及其要求、大纲中关于四大能力的内涵要求都要认真研究，做到心中有数。还要在二轮复习时让学生制作考点复习知识自检表，在每个专题复习时要求学生对照“知识自检表”中的知识点，对于Ⅰ级要求的内容，应能熟练地反映出其中的内容、重点，对于Ⅱ级要求的内容，还要做到迅速反映知识背后的原理，并且与一轮复习时建立的模型试题联系起来，与纠错本中易错的题型联系起来，与教材中概念的形成过程联系起来，从多个层面对知识点的内涵、外延进行综合性的复习巩固。

特别强调的是，依纲据本并非是只就考纲的规定学习教材内容、考纲规定的属于课本中的核心概念的形成需要事实性知识的佐证，核心概念的内化需要问题情境中的应用，所以“依纲”的另一层含义是以考纲规定的核心概念为“纲”并非规定内容的“目”，“纲举目张”、逻辑关联、构建概念。同样，“据本”的另一层含义是，要充分关注教材内容的逻辑体系，构建结构完整的概念体系。这就要求教师要深入挖掘教材内容的历史维度、逻辑维度、创新维度，引领学生通过概念的学习发展和培养四大能力；引领学生通过多种形式的针对性训练和提升四大能力。夯实基础，包括知识基础和能力基础。目标是升华为核心素养。

2.学生学在“新颖”的情景中，教师教出“科学”的味道

高三复习课的教学尤其要强调摒弃“基于教辅的教学”，而应该成为“基于科学探究的教学”。只有真正确定高考生物学考查的“能力要求”立意，追求在新问题情境下“运用”知识而非“复述”知识，才能够真正理解试题的取向，才能够在教学中对内容和题目进行取舍，才能以问题情境中的探究构建概念并形成知识体系，才能在探究过程

中发展学生的能力，实现真正意义上的有效教学。为此，教师既要通过联系科学、技术、社会和环境的问题创设情景，又要具有避免盲目扩展事实性知识的高度警觉。

生物学教师不仅从观念上要认同“生物学”是科学，要形成“生物学是运用逻辑工具去验证关于生命现象的假说和猜想的合理性形成的知识体系及其所包含的特有的思维方式和探究过程”的意识，而且要在实践层面上影响学习者。教师的所有教学活动都要体现出科学的气息，课堂要有浓浓的科学“味道”。在生物学的课堂上，要期待学生主动地参与学习过程，在亲历提出问题、获取信息、寻找证据、检验假设、发现规律等过程中，习得生物学知识，养成理性思维习惯，形成积极的科学态度，发展终身学习的能力。

生物学教师还要树立“科学素养”，科学是格物致知的一种路径，其基本特点是以实证为判别尺度、以逻辑作辩论的武器、以怀疑作审视的出发点的意识。教学中要尽可能地创设动手实验和观察的学习过程，在关键问题的思考和讨论中务必放慢节奏，容得学生寻求实证、体验思辨、质疑批判。

3.抓好“四会”，夯实“四基”，掌握“四度”

（1）“四会”是“会读书”“会理解”“会分析”“会画图”。“会读书”：精读各个知识点，包括文字部分、插图、小资料、实验等；“会理解”：对一个概念的理解，不仅要掌握它的内涵，还要注意它的外延；“会分析”：要由表及里、由浅入深，找出由感性到理性的认知规律；“会画图”：是抽象、概括基础上的模型构建，是概念的内化、升华过程，是深度思维基础上学习进阶的最高层次，即通过分析、推理、验证，得出知识的本质特点，然后用不同的图像反映出来，再根据画出的图像来综合分析有关问题。

（2）“四基”是“基础知识”“基本技能”“基本方法”“基本习惯”。“基础知识”：生物学的主干知识，要求学生掌握清晰、理解透彻；“基本技能”：实验方法和基本技巧，如对照原则实施、装片制作、显微镜使用等；“基本方法”：思维的基本方法、试题的思考方法，解题的一般性思路，如遗传系谱图的分析、细胞分裂图像的识别、曲线图的分析等等；“基本习惯”：指生物学学习和解题的思维习惯、去伪存真获取信息的习惯、理性思维和尊重实证的习惯、尊重逻辑规范表述的习惯等，这是学习品质的基本要素。

（3）“四度”是“进度”“强度”“准度”“尺度”。“进度”：复习的进度要适当地调整，多留时间用来训练和进行考前的基础再强化；“强度”：训练的强度要合适，不宜过强，要有较充分的时间去自主补缺，知识整理；“准度”：熟练掌握结论性语句和专业名词，杜绝答题表述不规范、不准确的现象；“尺度”：以课本为蓝本，以大纲的要求为基准，把握好知识的尺度，不宜就知识做过多的拓展和加深。

4.强化主干内涵，重视概念原理的理解

高考试题年年变，而解题所依据的基础知识却是相对不变的，所以扎实的生物学基础知识是考生取胜高考必须具备的。基础知识不牢固，能力则无立足之处；平时淡化基础，往往一到考试，“只可意会，不可言传，无从下笔，逻辑混乱”。能力以知识为载体，“死”读书固然不可取，但读“死”书却不可少；没有利刀，哪里能砍柴。如果不记“死”基础知识，一到考试，似曾相识，却说不出、写不出，即使像挤牙膏似的挤出来一点，也会因语言表达不够规范、专业术语不够恰当，使得分率不理想。在最后备考阶段，一些教师一本教辅资料抱到底，一些考生纯粹为了做题而做题，结果容易出现考试答题脱离教材，或者是结论性的语言理解不到位，概念性的知识记忆不准确，甚至在高考期间出现“头脑空白”的感觉。所以在二轮复习阶段，一定要以“本”为本，以不变应万变。从近几年高考试卷看，细胞、代谢、遗传变异、生命活动的调节、生物与环境是必考点，化合物、生殖发育、进化、免疫、人与生物圈是高频考点，复习中要抓住主干，突出重点。做到“加深理解—迁移综合—联系实际—综合运用”，从而做到基础题、中档题全做对，力争解决更多的难题。

5.深化生命观念教育，促进能力提升

一轮复习的重心是夯实基础知识，二轮复习的重心是促进能力提升。能力提升的重心在逻辑推理和知识应用的过程中。因此，二轮复习时教师要关注知识之间的逻辑联系，注重运用生命观念整合教材内容，将生命观念作为编织知识的经线和纬线，以专题形式构建纵横交错的知识网络，引导学生通过分析、比较、判断、推理，厘清知识间的区别和联系；通过创设适切的问题情境，引导学生对知识的应用；通过变式训练引导学生，对所学知识举一反三、融会贯通；通过构建知识网络，引导学生完善知识结构；通过知识网络连接处的提问和发散思维，加强学生对知识间本质联系的理解。这样，一方面有利于学生对基础知识、基本概念、基本原理有深刻、准确的理解和良好知识结构的形成；另一方面有利于逻辑思维能力的训练与思考及分析习惯的养成。

6.联系实践，关注生产、生活和社会热点

高考试题以能力测试为主导，较全面地考查考生对基础知识、基本技能的掌握程度和综合运用所学知识、分析解决实际问题的能力。理论联系实际，关注科学技术、社会经济和生态环境的协调发展，科学地设置新的问题情境作为知识的载体，均是高考试题“能力立意”的主要体现形式。分析近几年高考试题，具有材料背景的新情境问题已逐渐演变为主流题型，且处于更加突出的地位。如以生产、生活等实践活动为情境，以社会热点、焦点问题为情境，以科技新进展、诺贝尔奖为情境，以教材实验、结论或课后习题为情境，以研究性学习为情境等。复习教学中教师要有意识地挖掘科学教育素材，创设新的问题情境，引导学生不断提高对科技文献的阅读理解能力和信息提取能力，使学生解题时不要被题目中材料信息的外表所迷惑，或被新颖生涩的科技文献材料所吓倒。事实上，许多新情境只不过是作为命题的切入点，其知识落点仍在教材中，而且通常是试题材料越新、越高深（如基因工程、诺贝尔奖等），涉及的知识方法反而越简单。教材中的很多知识都与我们的实际生活、生产实践相联系，教学时应做到理论与实践相结合。如青少年生长发育与蛋白质的知识、血糖与糖尿病、细胞呼吸与农业生产、果蔬和粮食种子的储存等。

7.重视实验的方法与技术

实验是高考考查能力的重要途径，是高考命题的主要趋向之一，所以备考中应充分重视实验的复习，尤其是实验设计题，应作为复习的重中之重。要重视教材中的科学发现过程、实验设计思路，以培养科学的实验方法；强化课本中的经典探究实验，为实验设计打好基础；学会对实验数据进行处理等。高考题中实验题的比重逐年增加，笔试中探究实验的考查重点主要是设计实验能力的考查，要求学生具备做出假设、设计对照、设计实验步骤的能力，最关键的是能分析和预期实验的结果，并能够加以处理和判断等。

8.演练高考真题，感悟考题“影子”

高考试题设计坚持“稳中求改、稳中求变”的原则，高考命题人员一定会研读近年来的高考真题，并从中获得启示，同时高考不回避已考查过的内容，往往会更换角度重新命题，以考查考生思维的广度，体现命题的连续性。每年的高考题出来以后，总是能从当年的试题中看到近几年试题的影子，但又不是以前试题的简单翻版。引导学生通过演练近几年的高考真题，可亲身感触高考真题的命题思路、设问方式，从中感悟解题技巧，从而在看到新高考试题后没有陌生的恐惧感。

9.总结反思，规范答题

复习时大量做题是必需的，但做题之后进行总结和反思更为重要。利用错题本，梳理盲点、疑点、易混点，并通过总结，形成适合自己的审题步骤、基本题型的识别标志、解题方法甚至是固有的答题模板。

此外，学生答题不规范是失分的重要原因之一。因此，备考复习时要养成课本不离手的习惯，对自己迷惑的知识点或答题时的失误，及时翻阅课本，弄清该知识点的内涵、外延及与相近相关知识点的区别与联系，争取用课本上的生物学语言准确表达自己的观点，提高运用生物学术语的准确性，克服答非所问和答而不全现象，尽可能减少“规范性失分”。

教无定法，教要得法。如何正确处理好教与学的关系，科学备考，促进学生知识和能力的全面提升，是我们每一位教师长期的系统工程。但愿经过我们的不懈努力，使教学这门遗憾的艺术尽可能减少遗憾，使全体学生在新课程理念的引导下能够最有效的全面发展和提高，从而取得骄人的成绩！

应用中考查理解　探究中检验思维

——2018年高考全国卷Ⅱ理综生物学试题特点评析

2018年高考全国卷Ⅱ理综生物学试题发挥生物学学科和高考评价的育人功能，在试题设计上立足学科视域，倡导学以致用，将生态文明、健康生活、生产实际、科技前沿与生物学学科知识自然融合，创新性地构建了集基础知识与综合应用为一体的探究性问题情境，引导学生在知识的综合应用中展示对核心概念的理解，在解决问题的科学探究中凸显理性思维，充分体现了考查学生生物学学科核心素养的目标要求。

一、整套试题“立足学科视域，倡导学以致用”，有效考查了学生的生物学学科核心素养

2018年高考全国卷Ⅱ理综生物学试题立足于“课程属性的科学性，课程内容的生命性，课程目标的素养性”的视角和界域，注重联系实际，倡导学以致用、知行合一，以知识的综合应用和科学探究活动为载体，以基于生命的科学认知能力、综合应用能力、创新实践能力为主要考查内容，以传递生态文明观念和健康生活观念为主线，将高中生物学核心概念与生产、生活实际紧密关联，构建了学生在学科视域下思考和解决问题的良好平台，很好地考查了学生对核心基础知识的掌握程度和学生的理解能力、实验与探究能力、信息获取能力、综合应用能力的发展水平，充分体现了考查学生生物学学科核心素养的总体目标。主要表现在以下三个方面：①整套试题没有一处是对生物学大概念或重要概念的诵默考查，基本上都是对核心概念及其次位概念在生产生活中的具体应用，实现了对学生高阶思维和深度学习的考查。如6道选择题24个选项分别为24个知识点与生命现象、生产生活实际的关联与应用，引导学生在应用中思考，在思考中应用，关注了学生的学科认知能力和对核心概念的建立与理解，体现了对生物学学科核心素养中“生命观念”和“理性思维”的考查；②整套试题重视思维梯度的构建和问题情境的创设，在加强学科主干知识考查的基础上，注重考查独立思考、逻辑推理与信息加工等关键能力，引导学生学会自主探究，增强探究学习意识，提升探究学习能力，体现了对生物学学科核心素养中“科学探究”的考查。如第3题以人体体液调节等问题为情境，

要求考生结合所学知识，根据所给现象描述进行判断与推理，考查逻辑推理与信息加工能力；第31题要求考生能够在不同情境下综合利用所学知识和技能处理复杂任务，具有扎实的学科观念和宽阔的学科视野；第32题第（3）小题考查非等位基因之间的相互作用，注重考查学生分析问题、解决问题的能力以及语言文字表达能力。③整套试题注重与生活的联系，关注人体健康。如第1题和第5题考查了免疫的相关知识，第3题考查了血糖调节和激素调节的特点，第6题考查了细胞癌变。这就要求学生既要关注生命现象，又要关注日常生活，在现实生活的背景中学习生物学，体现了对生物学学科核心素养中“社会责任”的考查。

二、选择题注重综合性和应用性，着重考查学生对生物学学科必备知识的深入理解和灵活运用

选择题精心组织考查内容，重视学科内知识间的综合。如第4题“种子风干后与风干前特点比较”，此题多角度地考查了必修1第2章水的知识、第5章细胞呼吸影响因素的知识、第6章细胞衰老的知识；第5题关于病毒的叙述，涉及必修2第3章遗传的知识、必修3第2章免疫调节的知识、初中生物学传染病预防的知识；第6题综合考查了细胞癌变的原因及其特点，命题不仅仅局限于原癌基因与抑癌基因的突变，而是用生活化的描述（染色体可能受到损伤、遗传物质可能受到损伤）拓展延伸到染色体结构变异、DNA结构的改变，增加了思维梯度和试题难度。注重综合性是对生物学学科核心素养中“理性思维”的体现，有利于引导学生对学科必备知识的深度理解，达到举一反三、融会贯通，夯实学科必备知识基础，促进学科核心素养的养成与提升。

选择题精选命题素材，重视知识的应用。6道选择题中除第4题以生物学现象命题外，其他5道选择题都是以极其简单的文字表述展现一个生物学重要概念，每道题的每个选项都是每个重要概念的不同次位概念与生命现象、生命活动规律、日常生活的关联和应用，如第1题从蛋白质在免疫、运动、运输、结构组成4个方面的应用来考查蛋白质的功能；第2题从巨噬细胞摄入病原体、固醇类激素进入靶细胞、神肌细胞受到刺激时的钠离子内流、护肤品中的甘油进入皮肤4个方面的应用来考查跨膜运输；第3题创设了4个方面的生活情境，“运动时，肾上腺素……”“饥饿时，胰高血糖素……”“进食后，胰岛素……”“青春期，性激素……”，考查了人体内激素的调节。重视知识的应用是对生物学学科核心素养中“科学探究”考查的体现，能够加强学生学习生物学的触摸感与获得感，促进学生的自主探究、高阶思维和深度学习，有利于引导学生深入理解和掌握学科必备知识，促进理解能力、信息获取能力、综合应用能力的有效提升。

三、非选择题注重探究性和创新性，着重考查学生的科学思维和科学探究

4道非选择题（必考题）和2道二选一非选择题（选考题）在试题设计上突出了探究性和创新性，着重加强了对考生“科学思维”和“科学探究”的考查。如第29题垂体切除实验，以激素调节为背景呈现相对完整的探究性实验流程，要求考生在分析和理解

实验原理与实验变量的基础上补充关键实验步骤，考查了考生的实验与探究能力及其相关问题情境下多种激素的作用，此题是生物学学科核心素养中“科学探究”考查的体现，这有利于引导高中生物学教学重视情景设计，加强对生物学主干知识的拓展和延伸，培养学生在特殊情景下运用知识解决问题的能力；第30题考查光合作用，不是简单的考查光合作用的过程和影响因素，而是考查从图表中获取信息来解决实际问题，突出了生物学与生产生活实际的密切联系，着重考查了考生分析、解决问题的能力；第31题以顶级肉食性动物对低营养级动物的影响为素材，在简短的生态现象描述及抽象概括的基础上，引入了“恐惧生态学”概念，创设了新颖的生态学问题情境，要求考生能够敏锐地捕捉题干中的关键信息术语“捕食和驱赶”，在全新的问题情境下综合利用所学知识与技能来处理复杂任务，让其具有扎实的学科观念和宽阔的学科视野，此题体现了对生物学学科素养中“科学思维”的考查，突出了对考生获取信息能力、分析和解决问题能力以及科学语言表达能力的考查，有利于区分考生的综合能力水平，有助于高校梯度选才，有利于引导高中生物学教学重视目前学生语言表达与文字书写能力整体薄弱的状况，以及加强对考生语言表达能力的培养；第32题以家禽遗传育种为素材，寓科学探究于生产实践，由易到难层层递进创设探究性问题情境，特别是在第（3）小题增加了非等位基因之间相互作用的内容，提升了试题的难度和区分度。本题旨在通过考查考生对遗传基本规律的理解以及在农业生产实践中的具体应用，深度考查考生以生物学视角分析和解决实际问题的能力及学科综合素养水平，体现了对生物学学科素养中“科学思维”和“科学探究”的综合考查，有利于引导高中生物学教学重视学生的科学探究和综合应用能力的培养；第37题以最基本的生物技术“消毒和灭菌”为切入点考查了选修1的基础知识，但是仍然不忘布设与日常生活相关联的问题情境，如“玻璃和金属材质的干热灭菌”“牛奶的消毒”“密闭空间的消毒”“自来水的消毒”“高压蒸汽锅灭菌”，引导学生在应用中理解，在理解的基础上应用；第38题以基因工程为素材背景，通过巧妙地问题设计，综合考查了选修3基因工程、细胞工程、胚胎工程的部分内容，引导学生对现代生物科技形成全方位的立体认知。

2018年高考全国卷Ⅱ理综生物学试题立足学科视域，以生物学学科必备知识为载体，以理解能力、实验与探究能力、信息获取能力、综合应用能力为核心，倡导学以致用，突出考查了学生在学科视域下分析和解决实际问题的能力，充分体现了高考命题“基础性、综合性、应用性、创新性”的四翼考查要求，实现了考查“必备知识、关键能力、学科素养、核心价值”的四层目标要求，落实了“立德树人、服务选拔、导向教学”的高考宗旨。

理性 逻辑 实证

——2019年高考全国卷生物学试题的特点及启示

2019年高考全国卷生物学（卷Ⅰ、Ⅱ、Ⅲ）试题围绕必备知识和关键能力，突出应用性和创新性，关注生命观和劳动观，倡导学以致用和开拓创新，凸显学科特色，注重对学生生物学学科核心素养的考查。试题力求在生物科学和技术的基础知识、科学探究的方法、获取新知识和处理信息的能力、科学思维能力、分析和解决实际问题的能力等方面对学生的表现进行测量。突出了科学教育追求“高度理性、重视逻辑、尊重实证”的主旨。

一、试题整体特点

（一）立足基础，突出主线知识

试题的选择题和非选择题部分都是按照“分子与细胞”“稳态与环境”和“遗传与进化”的模块顺序排列，这与试题的整体难度系数梯度具有相关性。试题内容继续延续以下主线知识：必修1重点考查细胞的结构和功能、光合作用和呼吸作用的过程及影响因素；必修2考查内容主要落在遗传的基本规律，重点考查自有组合和伴性遗传；必修3考查动物生命活动调节和生态系统；选修模块还是注重微生物培养和基因工程两块主要内容。突出主线知识的考查已经成为近年高考全国卷生物学试题的主要风格。主线知识的延续和基础知识的立足，是落实理性思维考查的具体体现。运用已经掌握的知识和方法，对相关信息进行分析、推断和运用已经成为主线知识背后蕴含的主要能力要求，符合高考对理性思维的考查要求。

试题在风格上，选择题的题干叙述简洁，内容上具有很大的应用性、开放性和综合性，选择题基本上都是在应用中考查理解，一道选择题的4个选项可以是风马牛不相及的4个生活情境，呈现出极大的开放度，但仍是对同一概念的综合考查。非选择题总是要创设具体的实验或调查的研究情境，通过3道左右的小题设问，第5、6空往往是开放性考查，要求写出探究实验方案及预期，分析结果及结论，或者要求推断结果、结论的原因。另外，选修模块所考的非选择题，由于考查范围相对有限，设问的角度和内容稍显平实。非选择题的突出特点是在探究中检验思维。总体而言，2019年高考全国卷生物学（卷Ⅰ、Ⅱ、Ⅲ）试题风格基本保持稳定，试卷从整体上追求“高度理性、重视逻辑、尊重实证”的主旨始终未变。

（二）注重实验和探究，突出科学思维考查

科学思维是智力的灵魂、是生物学学科核心素养的重要方面，对科学思维的考查依然是2019年生物学试题的一个显著特征。2019年高考生物学试题蕴含着丰富的科学思维过程，比如选择题第6题曲线图，选择题和非选择题设置大量情景题、原因阐述类试题，比如29题、30题、32题和选修题都涉及了对学生逻辑思维和语言组织的考查；实验设计类试题，比如29题。整套生物学试题涉及考纲所要求的四大能力要求，对科学思维的考查贯穿整套试题。科学思维的考查已经成为这几年高考试题命题的趋势，这种趋势也在逐年深化。“语义题”和“实验设计题”的设置已经成为近几年高考生物学试题对科学思维考查的重要载体，无论是材料形式和设问角度方面都体现了对学生科学思维进行的多维度考查。选择题对科学思维的考查也是2019年生物学试题的一个突出特点，其中有5个选择题涉及情景试题，需要学生根据相关信息进行分析和判断。

（三）注重情景，体现知识的综合运用

情景化试题已经成为科学思维与科学探究考查的重要载体。生物学是非常贴近实际生活的实验性学科，学生能够对已经掌握的生物学知识进行综合应用，也是考纲对高考生物学试题设置的具体要求。2019年的生物学试题都运用了大量的材料，力求在试题表现形式上的新颖性。笔者仔细分析了近几年高考全国卷生物学（卷Ⅰ、Ⅱ、Ⅲ）试题中的情景化试题，将情景化试题归纳总结为“变化型”“信息型”“实验型”及“材料型”四类。2019年也设置了大量的情景试题，选择题中有5道都将试题进行情景化设置，非选择题的题干都有相关的情景资料，情景有的是全新的实验素材，比如选择题第6题；有的采用生物学的相关资料，比如32题遗传题；还有一些直接利用教材素材，如选择题第2题。

二、试题对备考的启示

“导向教学”是高考的核心功能之一，研究高考生物学试题可以引导高中生物学教学的发展，让备考复习抓住生物学的本质，进一步落实核心素养培养目标，有效提升备考复习质量。基于2019年高考全国卷生物学试题的分析，对高中生物学备考笔者有以下几点思考：

1.坚持探究性教学，引领学生主动探究、深度思考、自主构建，让学生的生物学学习过程真正转变为在实证基础上的科学思维与科学探究过程，让学生在浓郁的科学氛围中“做科学”，习得牢固的生物学知识，养成良好的生物学素养。

2.高度理性、重视逻辑、尊重实证是科学的固有属性，也是生物学学科核心素养的精髓，理所应当是重点和主线。

3.培养科学思维与科学探究的重要载体是情景化的试题和蕴含逻辑思考的设问，试题情景化的素材可以深度挖掘教材内容的历史维度、逻辑维度、创新维度，可以综合关联生命现象和生产生活实际，从而通过适切且具有思维梯度的问题情景引导学生的科学思维与科学探究，促进学生生物学核心素养的全面提升。

4. 围绕重点概念进行教材知识的深入挖掘，涉及教材旁栏“思考题”“思维拓展”“技能训练”“楷体字部分”“前言部分”，甚至是“选学部分”。

5. 加强语义题的训练，是学生科学思维呈现的一种方式，包括思维过程、思维的逻辑性以及最后语言文字的组织，都能体现出学生的能力和素养。

聚焦核心素养　有序高效备考

——2020年高考生物学备考策略

一、人才培养和人才选拔的目标体系——核心素养

（一）当下几个重要话题带来的教育再思考

【话题1】2020年伊始，一场突如其来的新冠肺炎疫情席卷神州，波及全球。在这场抗击疫情的“战役”中，我们看到了勠力同心、众志成城抗击疫情的大国力量；负重逆行、不畏生死的白衣天使的道德操守；挺身而出、护国于危难的“国士”（钟南山、张伯礼、张定宇、陈薇等）的素养和担当；迎难而上、投身“战役”、坚守岗位的普通民众的爱国情怀；慷慨解囊的爱心人士的奉献精神。这些人都让我们感受到了生命的光辉与伟大、坚韧与执着。同时，也看到个别借机哄抬物价、丢失良知的不法商人，以及通过抢素材、发论文来标榜自己学术权威的乱象。让我们体验了世间万象、人情冷暖，更让我们痛心的是，在小小的病毒面前，生命会转瞬即逝，家庭会支离破碎，城市会手忙脚乱，这让我们感受到生命的脆弱与卑微。作为教师，如何引领学生去看待这场疫情灾难呢？

不久前，看到“用生物学的眼光看待新冠肺炎疫情”一文，文中有以疫情为素材编制的原创高考模拟试题，诚然，这位教师编写时也秉持了对学生负责的态度，但看后仍让我感到有些失望与不安。因为，文中很少见到“生命安全、社会价值、人性道德、专业素养、责任担当”等字眼。学生和全国人民一起亲历了这场巨大的灾难，难道就没有一点责任使命与价值判断吗？如果纯粹从生物学的角度编制出没有生命气息的命题，我们的学生能够做出满意的答卷吗？国家关于高考的功能定位是“立德树人一堂课，服务选拔一把尺，导向教学一面旗”，作为教师，或许不可能有高屋建瓴的政治境界与国家视域，但至少我们知道教育的使命，如果仅仅以生物学的眼光看待这场疫情，教出来的学生中很可能就有无视公序良知的不法商人或无视他人生命的学术败类。作为教育工作者，究竟应该如何看待这场疫情？如何编制好命题？需要我们深入的探究与思考！

【话题2】日前，教育部、工信部联合印发《关于中小学延期开学期间“停课不停学”有关工作安排的通知》，提出坚持国家课程学习与疫情防控知识学习相结合，注重

加强爱国主义教育、生命教育和心理健康教育，鼓励学生锻炼身体、开展课外阅读。

尽管，教育部文件中是首次出现“生命教育”字眼。事实上，国家课程体系、基础教育实践都是以生命作为教育的逻辑起点，将提升生命的质量和品位作为教育的宗旨。那么，什么是生命教育？如何开展生命教育？人的生命包括自然生命（身体素质的健康状态）、社会生命（个体生存能力与社会价值）和精神生命（人格特质与价值取向）。生命教育就是促进人的自然生命、社会生命和精神生命的成长。从自然生命角度来讲，要着重培养学生的生命意识，形成良好的生活方式与习惯，引导学生珍爱生命，要成为健康的人；从社会生命角度讲，要着重培养学生社会生存能力，增长生命的智慧与能力，让学生学会生存，要成为优秀的人；从精神生命角度讲，要着重培养学生正确的生活观念，生发生活的爱意与柔情，引导学生热爱生活，成为幸福的人。

【话题3】2019年6月19日，国务院办公厅印发《关于新时代推进普通高中育人方式改革的指导意见》，要求2022年前全面实施新课程、使用新教材。高考（包含选考和统考）不再设置考试大纲，而是以“普通高中课程标准和高校人才选拔要求”为依据。

取消《考试大纲》，简单看来是一个小的环节上的改变，而本质上是为了从根源上改善“应试教育”，改变“考什么学什么”的功利主义现状，逐渐形成“学什么考什么”的局面

取消《考试大纲》，是从评价环节倒逼“核心素养”的落地。《考试大纲》导致“考什么学什么”，不考的不教也不学，各种无视知识体系和逻辑结构、浓缩或解析考点的教辅资料满天飞，教学过程中“舍本求末、一本资料抱到底”，教与学的过程基本上是围绕考试重点的碎片化学习，课程教材的育人功能被冰冷的命题和庞杂零碎的概念所代替，教师搬开揉碎了讲解，学生则搞机械记忆和题海战术，何谈深度学习和素养提升？取消《考试大纲》，高考不再划分范围、重点，教材的正文、拓展及引申素材都成为高考必考内容，这就要求教学过程必须以概念为引领，运用学科思想方法整合这些事实证据或探究素材，构建概念形成与内化的探究情境，从而迫使教学过程走上发展科学素养的素质教育正轨。

以上三个社会性话题，背后透视的都是人的问题、人的生命问题、人的教育问题。我们的教育到底为什么而教？教什么？如何教？无疑，我们的教育就是要为提升人的生命质量而教，为成就幸福人生而教；就是要聚焦核心素养目标，践行立德树人使命，培养健康人、优秀人、幸福人！

（二）核心素养——人才培养与人才选拔的目标体系

纵观恢复高考40多年来基础教育的人才培养与人才选拔，其目标体系的发展历程，经历了“知识技能→三维目标→核心素养”的演替变迁。

2001年国家大力推进基础教育课程改革，确立了“三维目标”课程体系，制定了《课程标准（实验）》，进行了教材改革，于2003年开始在全国范围内逐步实施。2003年之前，教学和高考的中心是基础知识和基本技能（双基），对于夯实学生知识基础起到了很好的作用，但是滋生和助长了“应试教育”的蔓延。

十多年的课改实践表明，“三维目标”中“过程与方法、情感态度与价值观”在教学与评价可操作性的局限和受长期以来“应试教育”惯性思维的影响，“应试教育”现状并未得到彻底改观。

为了从根本上扭转“应试教育”局面，党的十八大报告明确提出了新时期的教育方针：“坚持教育为社会主义现代化建设服务、为人民服务，把立德树人作为教育的根本任务，培养德智体美全面发展的社会主义建设者和接班人。”

为了落实立德树人根本任务，教育部印发了《关于全面深化课程改革，落实立德树人根本任务的意见》，首次提出“核心素养体系”概念，要求各级各类学校要从实际情况和学生特点出发，把核心素养和学业质量要求落实到各学科教学中。

2013年教育部组织专家团队对“三维目标”体系进行了修正、补充，对党的教育方针进行了具体化和细化，将“立德树人”和“核心素养”作为编织素质教育愿景的经线和纬线，贯穿于教材建设、课程标准与教育评价体系制定的全过程，构建了“中国学生发展核心素养的总体框架”，修订并颁布了凝聚着核心素养目标体系的《普通高中课程标准（2017年版）》，再次进行了教材改革和高考模式调整。核心素养作为人才培养和人才选拔的目标体系，将立德树人根本任务与核心素养目标进行了精准对接，实现了党的教育方针与教育教学实践、教育教学评价的融合、融通与并轨，为全面实施素质教育，落实立德树人的根本任务提供了制度和内容保障。

党的十九大再次强调立德树人根本任务是教育系统坚持和发展中国特色社会主义核心所在。

立德树人是教育的根本任务，是实现中国梦的千秋大计。（详见下图）

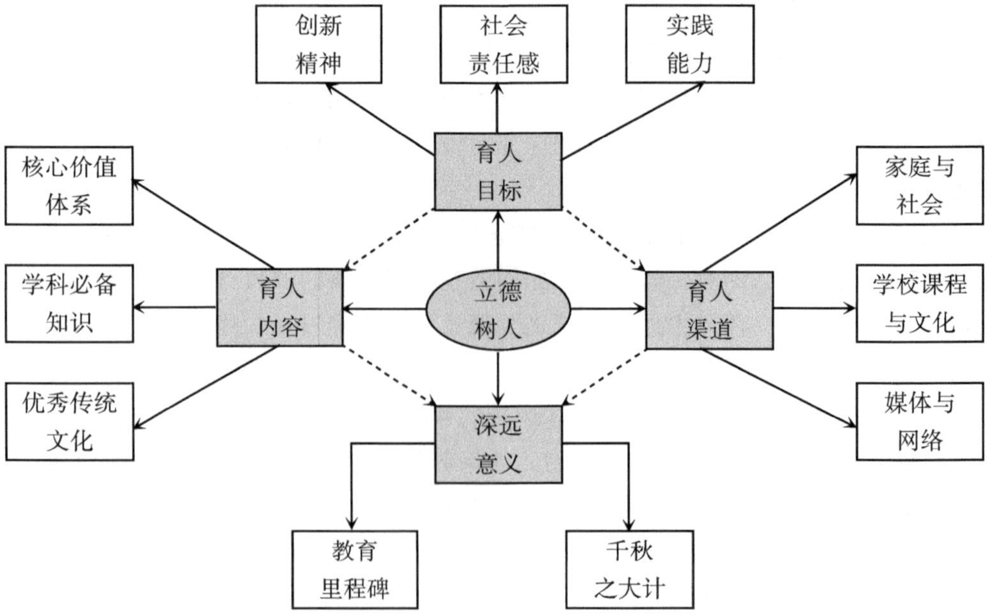

核心素养是基础教育课程落实“立德树人”的保障。（详见下图）

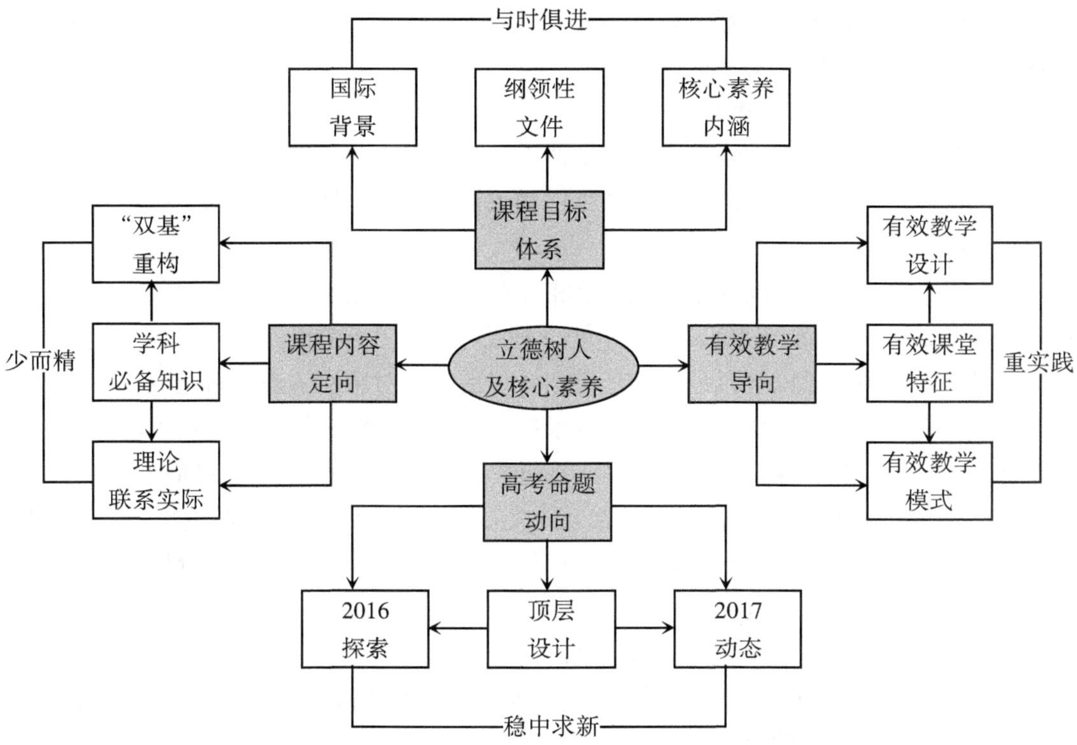

（三）核心素养的基本内涵

核心素养是指学生具备的适应终身发展和社会发展需要的必备品格和关键能力。核心素养不只是适用于特定情境、特定学科或特定人群的特殊素养，而是适用于一切情境和所有人的普遍素养，是每一名学生获得成功生活，适应个人终身发展和社会发展都需要的、不可或缺的，最关键、最必要，居于核心地位的共通素养。核心素养具有根基性（是人的必备品格和关键能力，是做人的根本，为学生发展奠定基础）、支撑性（品格、能力对人的发展具有支撑作用）、生成性（可以影响、带动、生成其他一些素养）、可持续发展性（可以不断地提高与发展）的特点。核心素养是落实立德树人根本任务的目标体系，包括文化基础（人文底蕴、科学精神）、个性发展（学会学习、健康生活）、社会参与（责任担当、实践创新）三个领域，六大素养，具体细化为十八个要点。

（四）学科核心素养的内涵

学科核心素养是各学科对中国学生发展核心素养总体蕴含的分解和落实，是学科教育在全面贯彻党的教育方针、落实立德树人根本任务、发展素质教育中的独特贡献，是学生发展核心素养在学科中的具体化，是学科育人价值的集中体现，是学生经过学科学习之后逐步形成的关键能力、必备品格与价值观念。学科核心素养既体现本学科能够落实的学生发展核心素养（部分或全部），也包括各学科独特的一些核心素养要求。

课程是学校育人的载体。基础教育阶段实行分学科课程教学，以不同课程领域的教育素材从不同侧面通过培养学生的学科核心素养共同促进学生发展核心素养的全面提升。因此，核心素养教育要落地生根，只有融入学科教学中，真真切切地抓好学科课程教学，从学科属性出发落实好学科核心素养的培养与提高，核心素养的培育才能是有本之木、有源之水，否则只能是凌虚蹈空。

（五）生物学学科核心素养的内涵

生物学学科核心素养是学生在生物学课程学习过程中逐渐发展起来的，在解决真实情景中的实际问题时所表现出来的必备品格和关键能力，包括生命观念、科学思维、科学探究、社会责任四大要素。

生命观念是指对观察到的生命现象及相互关系或特性进行解释后的抽象，是人们经过实证后的观点，是能够理解或解释生物学相关事件和现象的意识、观念及思想方法，是生物学认知能力的基础；科学思维是科学认识活动中对感性认识材料进行加工处理的思辨方式，是生物学认知能力的灵魂；科学探究是指针对特定的生物学现象进行研究的方法和能力，是生物学认知能力的关键；社会责任是尝试解决生产生活问题的担当和能力，是生物学认知能力的归宿。生物学学科核心素养的这四个方面是立体关联的整体，它们指向人的发展，既是生物学教学的目标体系，又是生物学课程的评价标准，共同体现着生物学课程的育人价值。

（六）知识、技能、能力与素养的关系

知识是人脑对客观事物的主观表征，是通过科学思维和科学探究形成的概念体系；技能是通过练习而获得的动作方式和动作系统；能力是知识和技能经过内化的产物，是运用知识顺利解决实际问题的本领；素养是经过长期的学习和实践逐渐形成的知识技能、道德情感、社会责任等方面的综合表现，是道德基础上的创新实践能力和责任担当能力。这四者之间的关系可简单理解为：知识是懂得为什么，技能是知道如何做，能力是能够做成，素养是能够做好。

从知识到技能，从技能到能力，从能力到素养，都需要学习者主体的反思，是主体发挥主观能动性的结果。素养是运用知识技能在解决实际问题的过程中靠学生自己悟出来的，不是靠教师教出来的，是将学校所学内容全部忘记后剩下的东西。教师教的知识、技能或能力是学习的阶段性目标，是通向素养的手段，其本身不是目的。基础教育倡导课程育人，就是要求教师不只是教学生学会读书（知识与技能），还要教学生学会做事（能力），更要通过真实情境引领学生领悟并提升素养——学会做人（素养）。因此，必须以知识为基础、以能力为核心、以科学探究为手段、以价值观念为宗旨，培养核心素养教育引领学生成长。

二、核心素养导向的高考——考查学生核心素养发展水平

1.高考评价体系的基本内容（详见下表）

顶层设计	具体界定	回答问题
一核	核心功能：立德树人、服务选拔、导向教学	为什么考？
四层	考查内容：必备知识、关键能力、学科素养、核心价值	考什么？
四翼	考查要求：基础性、综合性、应用性和创新性	怎么考？

2.高考命题的基本思路和要求

（1）强调以必备知识为依托，重视基础性、综合性、应用性和创新性。

（2）落实“一核四层”，凸显探究精神。注重理论联系实际，创设真实有价值的问题情境，加强试题的开放性和探究性，深入考查理解能力、获取信息和处理信息的能力、实验探究和创新实践的能力。

（3）强化能力立意与素养导向，要求学生能够对生物学问题进行探究，包括提出问题、做出假设、制定和实施计划、得出结论、科学表达，深入考查认知能力、科学思维能力、科学探究能力和社会责任担当能力。

3.高考命题的基本要求及近几年高考生物学试题的基本特点

（1）增强基础性，考查必备知识和关键能力

“基础性”包括全面合理的必备知识、扎实灵活的关键能力和健全向上的人格品质。高考通过加强对基本概念、原理、规律和思想方法的考查，引导学生重视基础，将所学知识和方法内化为自身的能力。增强基础性不是考教材原话，而是考查学生的必备知识和关键能力。

必备知识是指学生长期学习的知识储备中的基础性、通用性知识，是学生进入大学学习及终身学习所必须掌握的知识，包含事实、概念、原理、定律、理论、模型，以及知识之间的逻辑关联、学科价值和现实生产生活的联系。

关键能力是指理解能力、实验与探究能力、获取信息能力，在新情境下综合运用所学知识和技能的分析能力、解决问题的能力，以及独立思考能力和创新能力。

“增强基础性，考查必备知识和关键能力”在高考中的体现是试题充分突出了对主线知识的考查。从近几年高考理综全国卷生物学试题考查的内容来看，试题内容重点关注以下主线知识：必修1的细胞结构与细胞功能、光合作用与细胞呼吸，必修2的自由组合定律和伴性遗传，必修3的动物生命活动的调节和生态系统，选修模块注重微生物培养和基因工程。

突出主线知识并非对基本概念、基本过程、基本规律、基本原理和方法的记忆性考查，而是“应用中考查理解，探究中检验思维”，主线知识背后蕴含的四大能力是考查的核心目标。

（2）增强综合性，体现对学生综合素质和学科素养的考查

“综合性”不是考“大杂烩”，而是考查学生的知识体系和对知识间联系的把握。综合性主要体现考查学生综合运用学科知识、思维方法，多角度地观察、思考，发现、分析和解决问题的能力。高考试题设计更注重素材选取的普遍性，突出知识体系的完整性和知识间的联系，要求学生能够基于试题情境深入思考，整合所学知识得出观点和结论。

“增强综合性，体现学生综合素质和学科素养”在高考中的体现是深挖教材内容，拓展知识广度。近几年高考生物学命题对教材的挖掘越来越深入，试题考查的内容涉及教材中的“思维拓展”“技能训练”“与生活的联系”等旁白素材。教材中的旁白素材往

往是教材正文内容的延伸、拓展和补充，这与学生必须掌握的基础知识和能力要求有较强的关联度，利用教材内容作为命题素材，有利于从知识的逻辑维度（知识结构）、历史维度（知识背景）、创新维度（知识应用）深入考查学生知识结构的完整性和学习能力水平。生物学知识分为概念性知识、事实性知识、方法性知识。运用方法性知识整合事实性知识，支撑、佐证、构建概念性知识是生物学探究性学习的本质。教材的旁白并非可有可无，而是深度学习的有力旁证，基于自主构建的探究性学习自然会将正文与旁白素材融为一体。

（3）增强探究性和开放性，考查学生的创新意识和创新能力

“增强探究性和开放性”主要考查学生创造性解决问题的能力，近几年高考全国卷生物学试题基本上都呈现“题在书外，理在书中”的特点，选择题基本上都是将基础知识镶嵌于多种形式的问题情境中考查学生的理解能力和对知识掌握的深度与广度，非选择题基本上都是以开放性的实验设计或层层递进的探究性问题考查学生的创新意识和创新能力。创新性主要体现在考查学生独立思考的能力，看其是否能够自觉运用批判思维和创新思维的方法。试题通过增强情境的探究性和设问的开放性，允许学生从多角度思考，对同一问题或现象得出不同的结论，使学生能够从标准答案的束缚中解放出来，发展个性，增强创新意识。

“增强探究性和开放性，考查学生的创新意识和创新能力”的体现是命题更加注重探究与结论的开放，探究类试题的分值权重逐年增加。近3年高考生物学实验探究试题分值分别为33分、46分、51分，分别占到总分值的34.74%、48.42%、53.68%。非选择题基本上都增加了原因阐述类的“语义题”，实验设计类试题往往要求“简要写出实验思路、预期结果和结论”，体现了对学生逻辑思维和语言组织的考查。“语义题”和“实验设计题”的设置已经成为近几年高考生物学试题对科学思维考查的重要载体，在材料形式和设问角度方面，都能够体现对学生科学思维与科学探究进行多维度的考查。

（4）加强应用性，注重理论密切联系实际

加强应用性，主要体现在高考生物学试题注重现实问题情境中考查学生获取信息、提出问题、分析问题和解决问题的能力，而不是理论上的“空对空”。高考试题注重将学科内容与国家经济、社会发展、科学进步、生产生活实际等紧密联系起来，通过设置新颖的问题情境，引导学生关注社会进步和科学发展。

“加强应用性，注重理论密切联系实际”在试题中的体现是“注重情景设置，考查知识的综合运用”。近几年高考生物学试题的突出特点是联系生产生活实际，设置问题情境，考查学生的知识综合应用能力。2019年全国卷Ⅰ选择题中有5道进行了情景化设置，需要学生根据相关信息进行分析和判断；非选择题的题干都有相关的情景资料，情景有的是全新的实验素材，有的采用生物学的相关资料，还有一些直接利用教材素材。情景化试题要求考生利用已有的知识和方法搜集信息、处理信息、分析和解决问题，体现了对考生学科素养的综合考查。

三、高考生物学备考策略——聚焦核心素养，创设发展核心素养的有效教学

（一）基于核心素养的有效教学的基本特质

1. 有效教学以核心素养为导向

素质教育的有效教学与应试教育的有效教学有着截然的区别。（详见下表）

特征	素质教育	应试教育
目标	发展学生核心素养	追求升学率及其“北清率”
课程内容	基础性、选择性、时代性	不考不学、不考不做
学习模式	自主、探究、合作学习	被动接受学习
教学模式	启发引导、师生互动	一言堂、满堂灌、题海战术
组织方式	因势利导，科学调控	程序预设，操作控制
学习效益	科学思维、创新精神、实践能力和社会责任感	应考的知识、技巧和速度达到短平快的水平

2. 有效教学以课程理念为指导思想

教学指导思想是对“教学应然”所持有的信念或态度，直接决定着教学行为实践。《普通高中生物学课程标准（2020年修订版）》提出的生物学课程理念是：核心素养为宗旨，内容聚焦大概念，教学过程重实践，学业评价促发展。第一句是对生物学课程目标的规定，生物学课程以提升学生的核心素养为宗旨；第二、三句是对课程实施的方法与策略的规定，“内容聚焦大概念”要求生物学课程要以探究性学习为基本策略，引导学生的自主构建，提升学生的认知能力；“教学过程重实践”要求教学过程要重视理论与实际的关联，要创设适切的问题情境，引导学生在亲历和体验探究活动的过程中习得知识、发展能力、养成情感态度与价值观；第四句“学业评价促发展”是学习方式的完善，要求运用评价的诊断、反馈、导向、激励等功能，促进教学目标的达成。

生物学课程理念明确了生物学有效教学的指导思想，就是以探究性教学方法引导学生主动探究、自主构建，提升学科核心素养，落地学生发展核心素养。

3. 有效教学以学生为主体、教师为主导（详见下图）

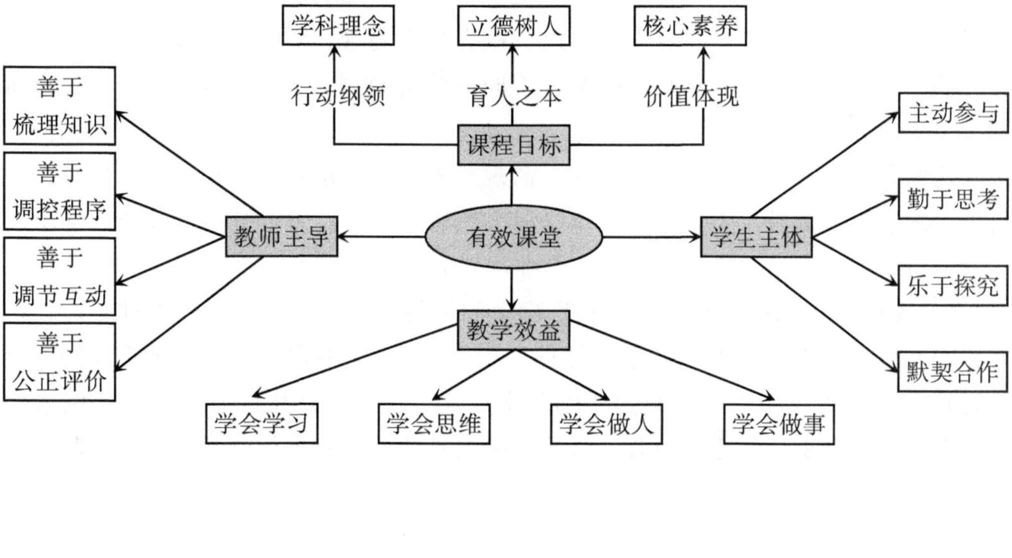

4.有效教学以科学探究为基本策略

《普通高中生物学课程标准（2017年版）》明确指出，组织以探究为特点的主动学习是落实生物学学科核心素养的关键。核心素养教育不是不要知识，也不是不要技能或能力，而是以知识为基础、为先导、为载体，更加重视知识和能力对人的全面发展的价值和作用，这就需要进行教与学方式的变革。

科学探究，既是教与学的策略和方式，又是学习的内容与成果。科学探究活动能够营造独立思考、自由探索、勇于创新的良好环境，有利于引领学生在亲历和体验提出问题、获取信息、寻找证据、检验假设、发现规律等过程中，习得生物学知识，养成科学思维的习惯，形成积极的科学态度，发展终身学习及创新实践的能力。提升核心素养的教学途径多种多样，但科学探究是精准对接“核心素养”的教学策略和基本方式之一。

核心素养中有两大超级素养，一是创新能力，体现聪明的脑；二是合作能力，体现温暖的心。科学探究在教与学方式上都将二者的培养融为一体。探究性学习的基本过程：观察现象→提出问题→分析问题→做出假设→演绎推理→设计实验→实施实验→验证假设→分析结果→得出结论→合作交流→完善结论。科学探究既是创造性解决问题的过程，也是创新能力提升的过程；既有师生互动，又有生生合作，结论的形成与完善是团队合作的成果。

5.有效教学重视科学方法教育

科学方法是认知能力的基础。有效教学重视生命观念教育和科学方法教育，以提升学生的学习能力。

生命观念的本质是学科认知思想和学科认知方法。生命观念对生物学学科发展和学科学习具有很强的影响力，不仅支配着学生的学习方式、思维方式、知识储备和能力发展的状况，而且在学生以后的学习、生活中具有普遍意义和广泛迁移价值。

有效教学将生命观念作为整合和编织学科知识，构建学科知识体系的经线和纬线，贯穿教学过程的宏观和微观，引导学生置身于学科知识体系中去探究、构建，去领悟学科研究视角，学习学科思想和学科方法，参悟和领会生命观念，养成和发展学科认知能力。比如在整体上以“结构与功能观、物质与能量观”整合必修1的教材内容，以“进化与适应观”整合必修2的教材内容，以“稳态与平衡观”整合必修3的教材内容。在主题、章、节的教学中重点或交互渗透不同的生命观念，构建主题、章、节的知识体系。

有效的高中生物学教学不仅要重视生命观念的渗透，还要重视科学方法教育，以促进科学思维能力的提升。生物学的基本学科方法有观察、比较、分析、综合、抽象与概括、演绎与推理、模型与建模、批判性思维及创造性思维。

“高度理性、重视逻辑和实证”是生物学的学科特点，教学中通过多种渠道、多种形式和多元思考，引导学生建立尊重实证、寻求论证逻辑的严谨性、发展理性的怀疑精神，是培养学生思维习惯和思维品质的基本途径。比如，在概念学习中，提供事实证据，呈现由事实到概念的逻辑过程，引导学生对具体的事实进行分析、比较、归纳、总结并形成概念，体验“类比推理法”“模型构建法”等科学研究方法；在实验与研究性学习中，设置开放性的问题情境，引导学生运用证据和逻辑去质疑、辩论，体验“假说演绎法”。

“假说演绎法”是生物学最基本的科学研究方法，也是训练逻辑思维最重要的方法，要特别训练。在教学过程中，笔者引领学生通过问题的探究，把“假说演绎法”演变为学生容易接受的“我是谁?”(观察现象→提出问题→分析问题→搜集信息→处理信息)；“我到哪里去?”(让我干什么？如何才能干什么？做出假说→演绎推理→实验验证→得出结论)；“我从哪里来?”(探究时需要什么条件，做题时关联哪些原理)。进一步抽象概括为学生解题的思维模式：“审题—解读获取信息”(我是谁?)→“调动知识结构建立试题预演图式，连接目标做出推理、论证”(我从哪里来?)→“合理组织表达，输出答案”(我到哪里去?)。学生在解题过程应用反复训练，逐渐形成了一套有序的解决复杂问题的“操作流程”，这是一种框架式化解问题的大视野，对于提升学生的学习能力起到了很好的作用。

6.有效教学以“双基”为基础、以能力为核心

有效教学以基础知识、基本技能的学习为基础，以发展学生的认知能力、创新能力为核心。

理科基础知识包括概念性知识、方法性知识、事实性知识三大类别。(详见下图)

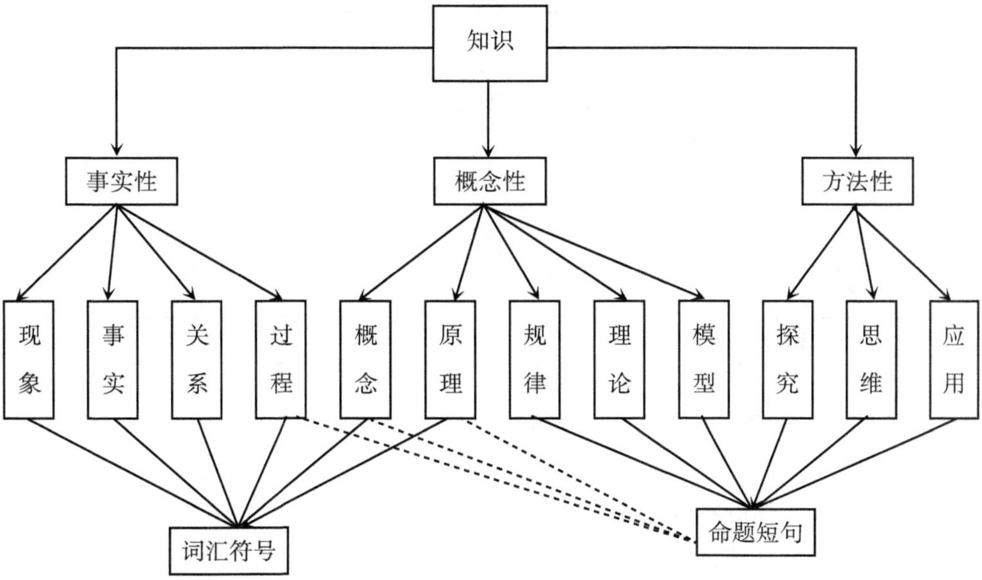

理科基本技能包括认知策略、智力技能、实验技能、动作技能四大类别。(详见下图)

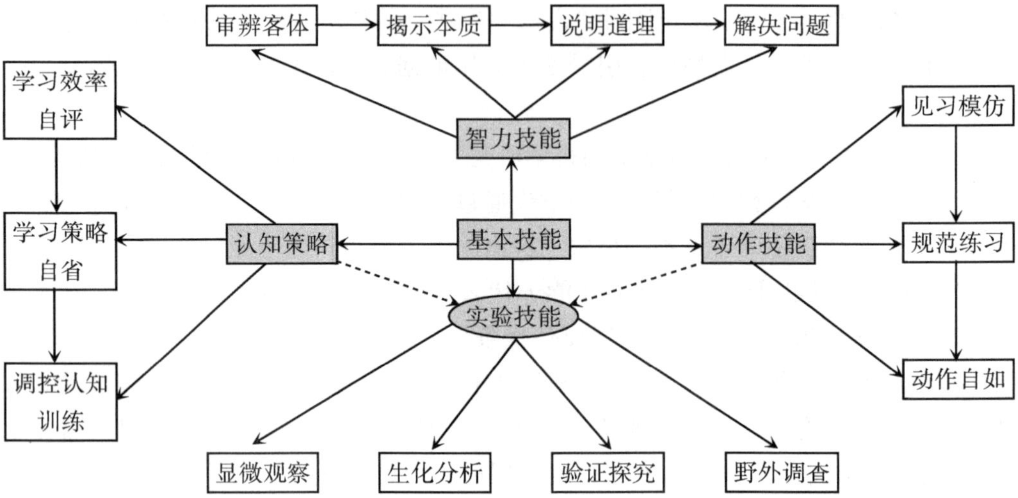

生物学学科核心素养与关键能力。(详见下图)

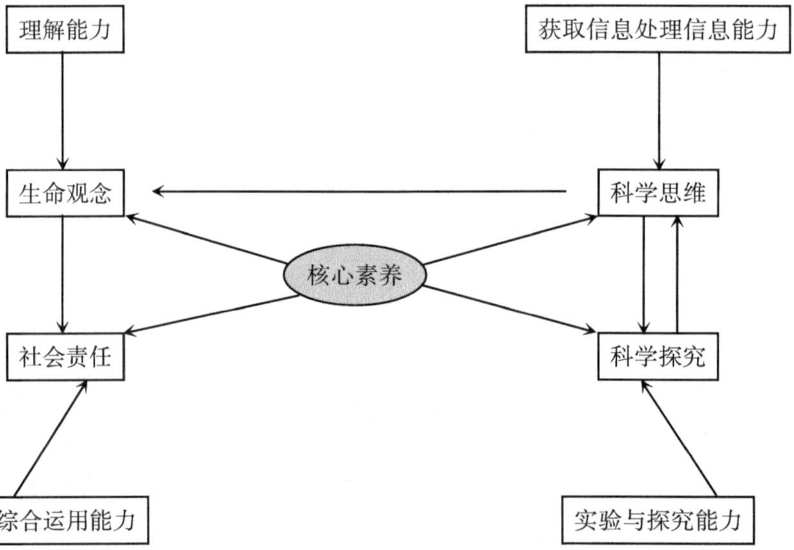

(二)基于核心素养的生物学备考策略

1.总体思想

聚焦核心素养,创设有效课堂;

依托教材,立足基础,全面细化考试内容;

注重知识间的联系,尝试大概念教学,强化生命观念;

找规律,重归纳,培养科学思维;

重实践,多应用,训练科学探究;

联系生产生活实际,关注科技进步,强化社会责任;

重视实验的设计与分析,按照因果逻辑规范表达。

2.备考复习的目标与过程（详见下图）

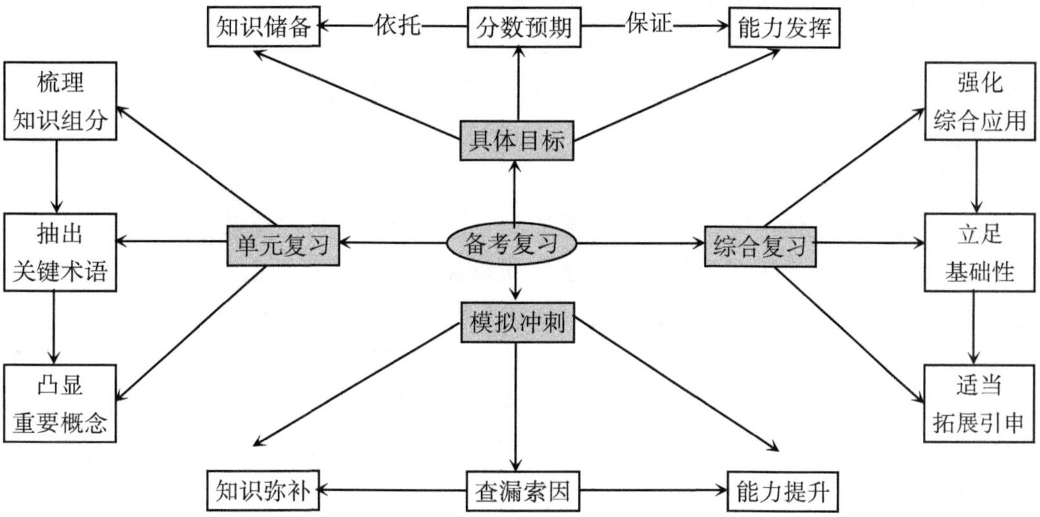

3.备考复习的基本方法（详见下图）

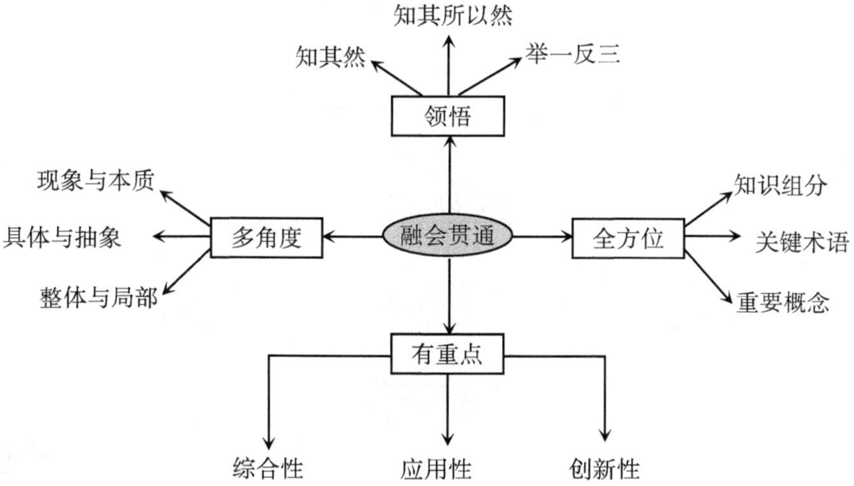

4.备考复习的阶段、任务、目标（详见下表）

复习阶段		单元复习(一轮)	综合复习(二轮)	模拟—冲刺(三轮)
任务		构建结构框架 凸显重要概念	专题知识综合 实验技能训练	备考知识检测 考前查漏补缺
目标	知识	梳理知识要点	完善知识体系	激活重组知识
	能力	理解为主	综合、探究	问题解决为主
	方法	已知信息加工 (精加工策略)	相关信息整合 (组织策略)	信息提取应用 (元认知策略)
关系		基础阶段	关键环节	极致目标

5.一轮复习的任务与目标

（1）一轮复习的认知策略——精加工策略

精加工策略就是通过对学习材料（知识）进行深入细致的分析、加工，理解其内在的深层意义，并与头脑中已有知识联系起来，增加新信息的意义，以达到长时记忆的目的。精加工教学，有利于学生知识同化，促进知识深层理解；有利于培养学生思维，提高思维品质。

精加工的一般过程：体验新知→思考加工→精制成果→巩固反馈。

精加工的方法有：①对新知建立联想，更形象的理解记忆新信息；②将字面意义进一步扩展，使之具体化，情景化；③寻找规律，归纳总结简化新知。

托尔斯泰说过：知识只有当它靠积极思维得来的时候，才是真正的知识。“精加工”教学启发学生对材料进行概括和整理，梳理文本之间的逻辑关系，与元认知建立联想精制知识体系，拓展学生知识的深度和广度，引领学生深入探究主动构建知识，有助于学生将知识主动同化到自身的认知结构中完善知识，减少遗忘。

（2）一轮复习的教学策略

强调知识结构化——利于学生贮存和提取（详见下图）。

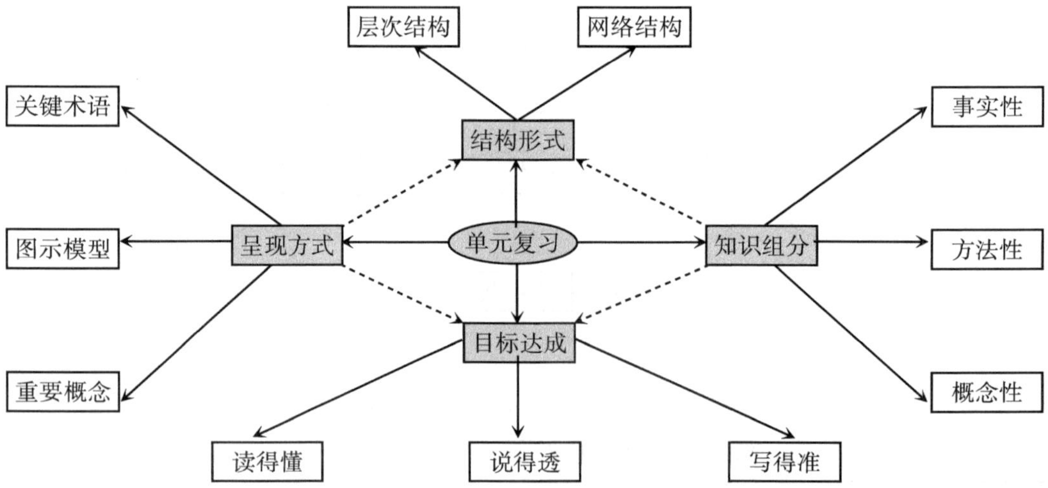

例：对于实验教学中的实验设计，构建实验设计模型（详见下图）。

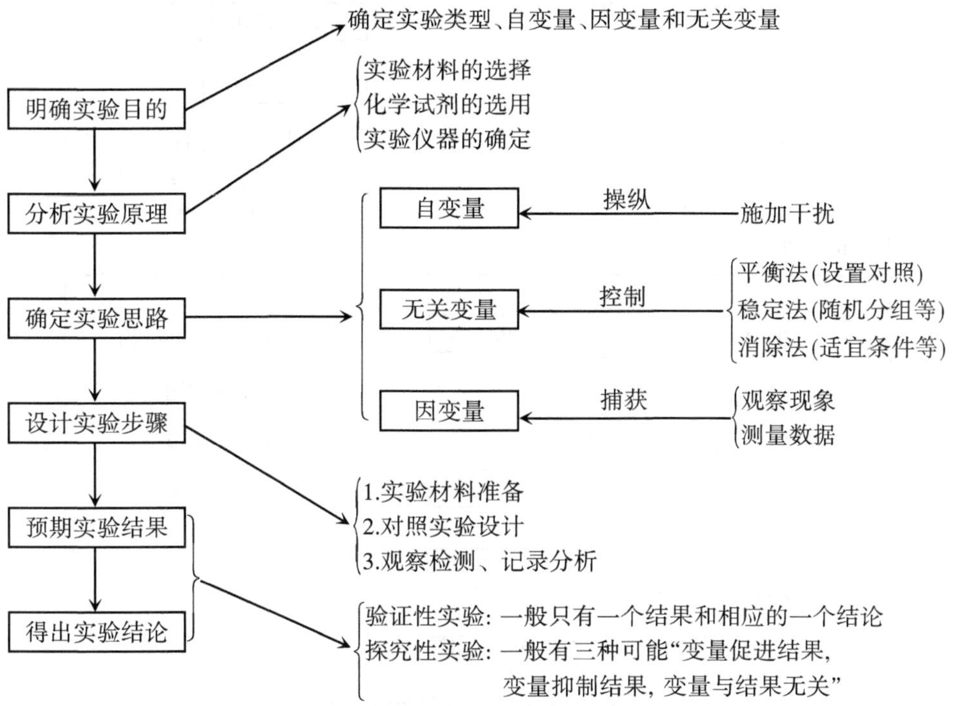

（3）一轮复习后学生普遍存在的问题

①遗漏和遗忘；

②知识零散无体系；

③综合运用能力欠缺；

④实验能力不强；

⑤审题能力较弱，答题不够规范，答题的速度和质量不高；

⑥解题能力相对较弱。

6.二轮复习的任务与目标

（1）二轮复习的认知策略——组织策略

组织策略是整合所学新知识之间、新旧知识之间的内在联系，形成新的知识结构的策略。即根据知识经验之间的关系，对学习材料进行系统、有序的分类、整理与概括，使之结构合理化。

组织策略的方法是将学习材料分成一些小的单元，并把这些小的单元置于适当的类别之中，从而使每项信息和其他信息联系在一起。与精细加工策略相比，组织策略更侧重于对学习材料的内在联系的构建，应用组织策略可以对学习材料进行深入的加工，进而促进对所学内容的理解和记忆。

二轮复习是在一轮复习基础上的构建学习（详见下图）。

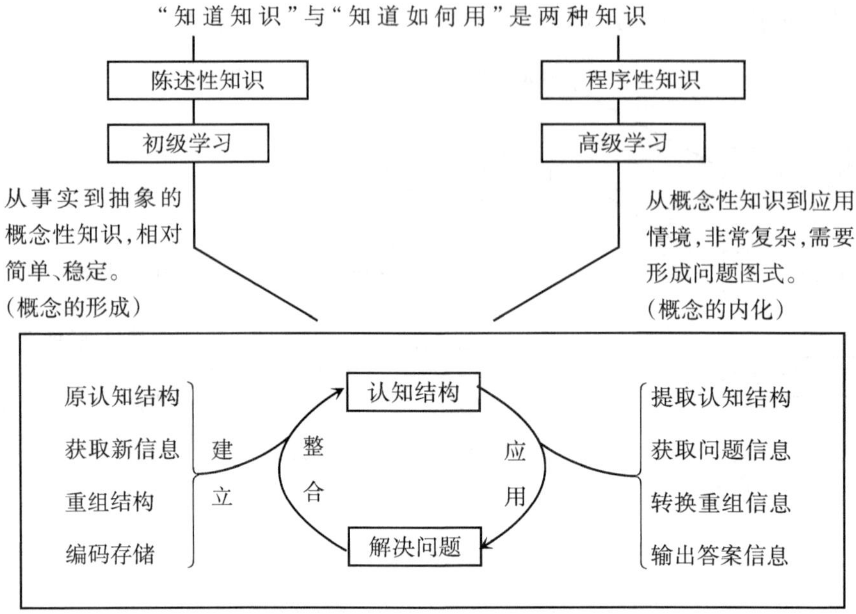

（2）二轮复习的教学策略

构建知识网络，强调知识体系化（详见下图）。

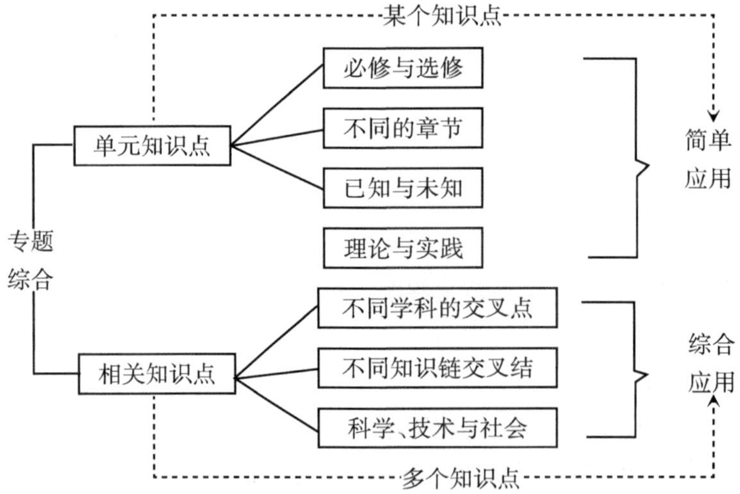

[关联综合，构建网络] 大专题与小专题相结合。大专题以大概念为核心，梳理知识体系，构建知识网络，强调知识之间的纵向联系，旨在构建体系化的知识结构，是“知其然、知其所以然”的过程，能够理解知识，达到简单应用。小专题以知识点为焦点，跨章节辐射关联，强调知识之间的横向联系，旨在吃透教材、夯实基础，达到举一反三、融会贯通和综合应用的水平。针对小专题，进行综合性强化训练是二轮复习的重心。

作物育种的大专题（详见下图）。

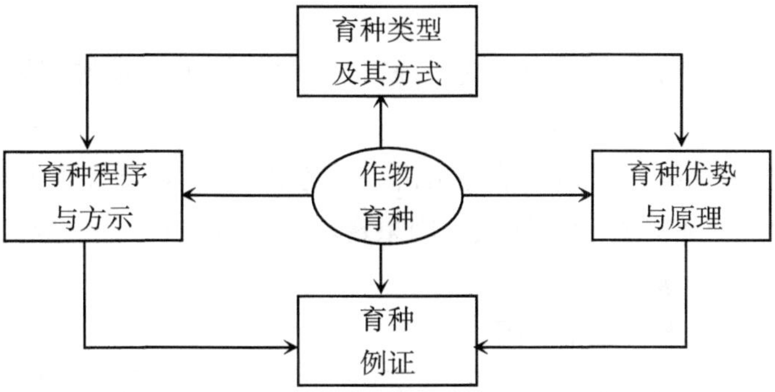

细胞癌变的小专题（详见下图）。

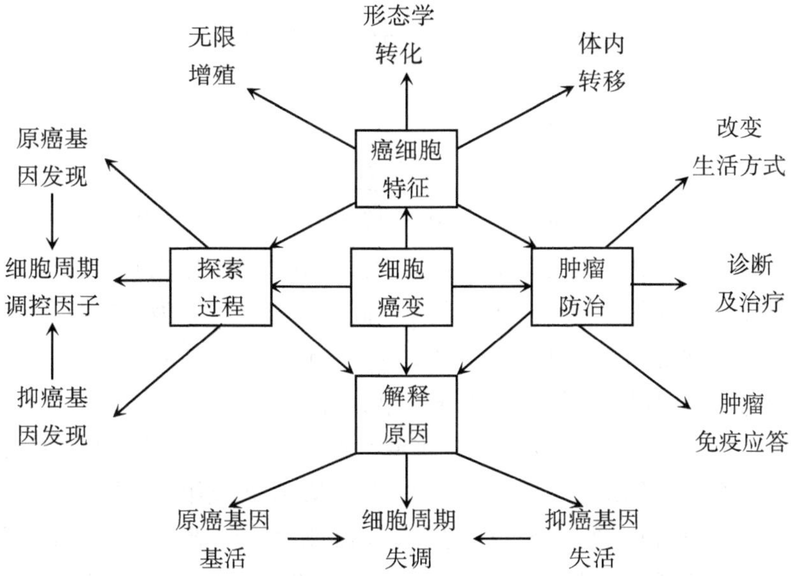

（3）二轮复习的目标：达到知识上的“六化”和能力上的“四提升”

①知识上的“六化”：基础知识熟练化、重点知识精细化、模糊知识清晰化、孤立知识网络化、缺漏知识完整化、表面知识深刻化。

②能力上的“四提升”：提升自主学习能力、提升学科思维能力、提升探究思辨能力、提升综合应用能力。

7.三轮复习策略

（1）三轮复习的认知策略——元认知策略

元认知策略包括计划策略、监视策略和调节策略。①计划策略是根据认知活动的特定目标确立学习目标与计划（预估高考可能达到的分值）；②监视策略是在认知活动进行的实际过程中，根据认知目标及时评价、反馈认知活动的结果与不足，正确估计自己达到认知目标的程度和水平，并且根据有效性标准评价各种认知行动、策略的效果；③调节策略是根据对认知活动结果的检查，若发现问题，则采取相应的补救措施，及时修正、调整学习行为。如对做题速度和考试时间的监视与调控。

（2）三轮复习的目标及基本策略

目标：提升应用所学知识分析问题、解决问题的能力，掌握解题技巧，提高解题速度。

基本策略：模拟训练—查漏（精炼精讲、杜绝题海）；回归课本—补缺（以题研书、矫正补短）；强化规范解题意识—提质（因果逻辑、准确表述）；形成有效解题程序—增效（人性逻辑、高效做题）。

（3）三轮复习的程序（详见下图）

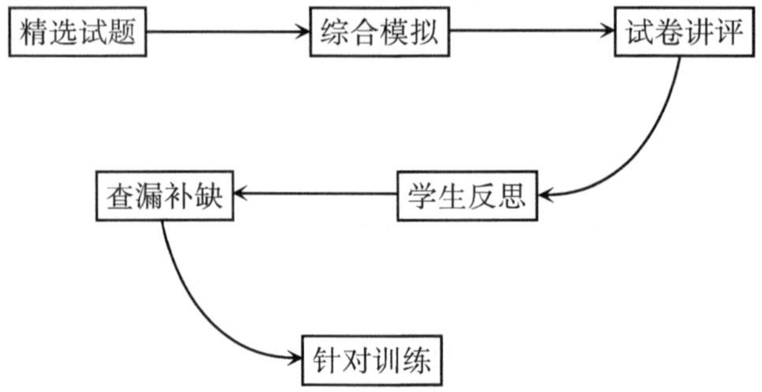

三轮复习是考生最后阶段的冲刺。此阶段的复习既是对学生一、二轮复习效果检测、查漏补缺的阶段，也是提高学生综合实力并达到实战要求的重要阶段。三轮复习要对高考真题进行精细研究和针对性强化训练。高考生物学试题为“6+4+1”模式，6道选择题是对核心概念理解和掌握水平的考查，5道主观题是对核心概念综合应用水平的考查，其中第29题以“代谢”为主题考查；第30题以“调节”为核心考查；第31题以“生态”为主题考查；第32题为压轴题，主要考查“遗传与变异”，此题往往与实验相融合进行考查（也有与其他3道题相结合的先例）；第37题或第38题考查选修1的微生物或基因工程。5大主观题主要考查学生的科学思维能力、科学探究能力和综合应用能力，对考生而言，生物学试题的难度主要体现于此。因此，三轮复习中对5大主观题应该进行分类训练，以感悟解题方法、技巧，形成解题思想和有效的解题程序，还要对失分细节（特别是答题规范）进行针对性研究和训练。

8.规范答题，减少规范性失分

高中学生不论是平时检测还是高考答卷，答题不规范是失分的重要原因之一。因此，教师要求学生规范答题是备考的一个重要环节。教师要引导学生从平时检测和做题训练入手，养成严谨仔细的学习态度和习惯，提高运用生物学术语的准确性，克服答非所问和答而不全现象，尽最大可能减少“规范性失分”。

（1）要教会学生基本的答题常识，答案要写在指定位置，字迹要写清楚，数字要写准确，符号要写规范，书写格式要符合要求。

（2）要用生物学术语准确答题。教材中所有的基本概念、基本原理都属于生物学专业术语，如反射、应激性、消化、呼吸等等。切忌用生活化的口语来描述，如把“口腔”写成“嘴”、“适应”写成“喜欢”、“盖玻片”写成“薄的玻璃片”、“鳞片叶”写成“叶子”等。这些说法从文字角度来说没有大碍，但从生物学角度来说属于没有掌握生物学的相关知识，是不给分的。

（3）要注意文字的准确性、逻辑性和完整性。①文字或现象描述要准确，生物学术语中的文字不能写错更不能用别字来替代。如将“纺锤体”写成“防锤体”、“神经”写成“神精”等，都是错误的。对于现象的描述一定要准确，如“不变蓝”不等于“无色”或“没有颜色变化”，“不变”也不能说成“无现象”等。②答案表述要有逻辑性，答案要切中题干设问的要害，符合逻辑，答到关键点上，语言要精练，语句要通顺。③要注意答案的完整性，不能蜻蜓点水一带而过。如在解释“树怕剥皮，不怕空心”这一现象时，答题要点是筛管被切断，根部得不到有机物的供应，不能进行呼吸作用提供能量，进而不能吸收无机盐。有些学生回答了一大堆也没有说到点上；有的同学只是分析了表面现象没有说到实质；还有的同学已经答出剥皮的危害，但没有进一步说明根的作用，这样的答案都是得不了高分的。

（4）实验设计步骤的表述要规范。对于实验设计题，读完题干后不要急于下笔，先要寻找题眼并追问，让我干什么，如何干什么，借此机会想明白出题者的意图，明确试题所要考查的知识范围，迅速搜索与此相关的知识点及相关的概念、原理，再进行实验方案设计，初步形成答题方案后，再次追问，这样做干了什么没有，确保答题方案合理，然后书写到试卷指定位置。答题时尽量用教材上的原知识点，要言简意赅、条理清晰、逻辑严谨规范作答。

总之，要养成良好的答题规范，必须加强平时的训练。只要我们目标坚定，努力探索，狠抓教材知识，整合和解题能力提升了，就一定会羽翼矫健，金榜题名，飞向成功的彼岸！

生命观念视域下的高中生物学综合复习策略

——以光合作用与细胞呼吸专题复习为例

高考生物学综合复习的基本情景就是构建知识网络与针对性强化训练。有效的综合复习中，构建知识网络不是简单的知识关联，而是生命观念视域下的体系化知识构建；针对性强化训练不是冰冷的题海战术，而是着力于综合能力提升的情景化问题的解决。

一、立足生命观念视域，纵横关联建网

生命观念是生物学学科核心素养的四维目标之一。在《普通高中生物学课程标准（2017年版）》中阐述了生命观念的概念，生命观念是指对观察到的生命现象及相互关系或特性进行解释后的抽象，是人们经过实证后的观点，是能够理解或解释生物学相关事件和现象的意识、观念和思想方法，包括结构与功能观、进化与适应观、稳态与平衡观、物质与能量观等。生命观念对生物学学科发展和学科学习具有很强的影响力，不仅支配着学生的学习方式、思维方式、知识储备和能力发展状况，而且在学生以后的学习、生活中具有普遍意义和广泛迁移价值。

构建知识网络是以一种知识（知道知识）构建另一种知识（知道如何使用知识），以一种能力（学科认知能力）推动另一种能力（解决问题的能力）的构建学习过程；是以知识和知识之间的逻辑联系为背景的情景化学习过程，是深化知识理解、发展逻辑思维能力的基本途径。生物学综合复习中，通过单元内纵向关联（注重知识的内在逻辑联系）构建大专题，完善知识结构，强调知识的体系化；通过跨章节横向联系（关注知识的相似、相近、相关）构建小专题，明晰知识的外延，丰富知识的内涵，强调知识的综合化，便于学生提取和应用。生命观念是生物学学科学习的意识、观念和思想方法，本质是学科认知能力。学生在生物学新知学习和单元复习中，已经形成了基本的生命观念意识。综合复习时引导学生立足生命观念视域看待烦冗复杂的学习内容，学生马上会产生风轻云淡、“一览众山小”的感觉体验，就会有明晰的逻辑思维主线，就会将生命观念作为整合和编织学科知识、构建学科知识体系的经线和纬线，在逻辑思维的基础上理解知识和把握知识之间的内在逻辑联系，构建完整的知识结构，形成清晰的概念体系。例如，光合作用和细胞呼吸的本质是物质与能量的输入、输出及转变过程，只要教师以“物质与能量观”稍加引导、点拨，学生必然会轻松愉快地构建出光合作用与细胞呼吸

的知识网络体系，而且思路清晰、结构明了。所以，生命观念是生物学建网学习的逻辑起点和中心思想，是建网学习的必然遵循。

二、强化问题情景，在综合应用中全面提升

综合复习时构建知识网络的体系化学习，有助于深化知识理解、完善知识结构。但是，要将“知道知识”上升到“知道如何用知识”，还必须依赖真实情景中的知识应用。因此，综合复习时编制精准而有层次的练习题，根据综合复习前、中、后的不同阶段、不同内容、不同学习目标要求，对学生进行针对性强化训练，引导学生在综合应用中深度学习，是促进知识和能力全面提升的基本保证。

（一）以题盘查，诊断疏漏，明确考向

以题盘查是指在每个专题复习前，精编能够重点体现本专题基础知识的检测题，引导学生自我诊断，寻找单元复习后的疏漏，明确需要弥补或加强的内容和目标；对接本专题的高考真题，让学生通过高考真题的体验，检测和评价知识与能力上的不足，感悟高考试题特色，领悟解题技能技巧，明确备考方向。通过两个方面的盘查，既可以让学生明确综合复习的方向和奋斗目标，又可以激发学生的学习动机和学习兴趣。

（二）专项精练，破疑解难，夯基提能

专项精练是解疑释惑、突破难点、细化重点、夯基提能的基本保证。专项精练是指在综合复习中针对重点、疑点、难点、综合点强化训练，促进知识的内化、升华和综合应用能力的提升；在专题复习后通过知能达标检测，评价、监测对本专题知识的掌握程度和能力水平，反馈、导向后续学习，以实现预期目标。比如，光合作用与细胞呼吸是高考命题的核心内容，综合复习中不仅要重视光合作用的过程及其影响因素、细胞呼吸的过程及其影响因素、光合作用与细胞呼吸的关系等基本内容的强化训练，更要从[H]、ATP、元素转移、四种光照条件（无光、弱光、光补偿点、大于光补偿点）、光合作用与细胞呼吸状况、一昼夜中植物代谢强度变化曲线、光合速率与呼吸速率的关系及其测定、光合作用与细胞呼吸在生产实践中的应用等不同角度进行专项训练，全方位深化对光合作用与细胞呼吸的理解和掌握，提升学生的综合应用能力。

总之，综合复习是深化知识理解、提升综合能力的关键阶段，是建网补网和针对性强化训练相互交叉的立体化学习过程。只有立足于学科观念视域建网补网，强化情景应用、针对性训练，才能保证综合复习的有效性，促进知识和能力的全面提升。

深化考题训练　明确学考方向

“立德树人，服务选才，导向教学”是高考的核心功能，也是高考命题遵循的基本思想，历年的高考试题是对这一命题思想尽可能最大化的体现。因此，教师深入研究历年的高考真题，在教学与备考复习中，引导学生通过高考真题训练，感知国家考试的意图和对人才培养、人才选拔的目标要求，体会和领悟高考试题对核心素养的考查层次，对于高中课程的学习和备考复习具有很好的帮助与指导作用。本文以近三年高考全国卷生物学遗传题为例，就如何发挥高考试题的导向作用，引领学生有效学习和备考谈一点自己的体会。

一、精研核心概念考查特点，加强生命观念教育

高中生物学知识包括事实性知识、方法性知识、概念性知识三类。生物学教材的编写和生物学高考试题的命制基本上都是运用方法性知识整合、编织事实性知识，佐证、构建、形成概念性知识，渗透和贯穿着生物学学科思想和学科方法。高考生物学试题一般不是简单地直接考查核心概念，而是“应用中考查理解”，通过一定的载体或情境，考查学生对核心概念理解和掌握的深度与广度。教师要深入研究和把握高考生物学试题在核心概念考查上的这一特点，就要加强和深化对学生生命观念的教育。例如，在遗传的基本规律单元复习中，有较多的重要概念。如，性状类的相对性状，显、隐性性状和性状分离；基因类的等位基因和非等位基因、相同基因；个体类的纯合子、杂合子，基因型和表现型；交配类的杂交、自交、测交和正反交；基因分离定律和自由组合定律及其实质，伴性遗传；等等。这些概念都是学生加深理解基因传递过程和特点的关键，也是高考的命题点，这一特点可以从近三年遗传的基本概念考查情况统计表（见表1）中看出。从表中可以看出历年高考题中对于遗传的基本概念考查，主要集中在素养要求的（二）层次要求上，题型以选择题为主，在简答题中穿插考查。复习教学时，教师应以这些核心概念的逻辑关联为主线，利用典型习题引导学生深刻理解这些概念。同时，对学生进行生命观念的教育和科学思维的训练。

表1 近三年遗传的基本概念考查情况统计表

核心素养	内容与分值	年份、题号、题型	质量描述和素养水平要求
生命观念	基因型和表现型(6分)	2017年全国Ⅲ卷,6题,选择题	具有遗传和变异的观念,能够运用遗传与变异观念分析和解释简单情境中的生命现象。(二)
	人类遗传病(6分)	2016年全国Ⅰ卷,6题,选择题	
	基因型、表现型、相对性状(12分)	2016年全国Ⅱ卷,32题,选择题	具有遗传和变异的观念,能够运用遗传与变异观念分析和解释较为复杂情境中的生命现象。(三)

注：生物学核心素养的四个维度在试题中的考查往往体现综合性，本统计指主要考查层面。(下同)

例1 （2016年全国Ⅱ卷32题）某种植物的果皮有毛和无毛、果肉黄色和白色为两对相对性状，各由一对等位基因控制（前者用D、d表示，后者用F、f表示），且独立遗传。利用该种植物三种不同基因型的个体（有毛白肉A、无毛黄肉B、无毛黄肉C）进行杂交，实验结果如下：

实验1	实验2	实验3
有毛白肉A×无毛黄肉B	无毛黄肉B×无毛黄肉C	有毛白肉A×无毛黄肉C
↓	↓	↓
有毛黄肉：有毛白肉为1：1	全部为无毛黄肉	全部为有毛黄肉

回答下列问题：

（1）果皮有毛和无毛这对相对性状中的显性性状为__________，果肉黄色和白色这对相对性状中的显性性状为__________。

（2）有毛白肉A、无毛黄肉B和无毛黄肉C的基因型依次____________。

（3）若无毛黄肉B自交，理论上，下一代的表现型及比例为____________。

（4）若实验3中的子代自交，理论上，下一代的表现型及比例为__________。

例1中的（1）问主要考查性状分离及相对性状中显性和隐性性状的概念。依据相关概念和杂交实验的结果可以推理判断，由实验3有毛白肉A与无毛黄肉C杂交的子代都是有毛黄肉，可判断果皮有毛对无毛为显性性状，果肉黄色对白色为显性性状；（2）问依据性状与基因的显隐性对应关系，可确定有毛白肉A的基因型是D____ff，无毛黄肉B的基因型是ddF____，因有毛白肉A和无毛黄肉B的子代果皮都表现为有毛，则有毛白肉A的基因型是DDff。又因有毛白肉A和无毛黄肉B的子代黄肉：白肉为1：1，则无毛黄肉B的基因型是ddFf。由有毛白肉A（DDff）与无毛黄肉C（ddF____）的子代全部为有毛黄肉可以推测，无毛黄肉C的基因型为ddFF；（3）问考查1对相对性状的杂交实验和分离定律实质，根据无毛黄肉B（ddFf）自交后代的基因型为ddFF：ddFf：ddff＝1：2：1，故后代表现型及比例为无毛黄肉：无毛白肉＝3：1；（4）问考查2对相对性状的杂交实验和基因的自由组合定律实质，根据实验3中亲代的基因型是DDff和ddFF，子代为有毛黄肉，基因型为DdFf，其自交后代表现型为有毛黄肉（9D____F____）：有毛白肉（3D_ff）：无毛黄肉（3ddF____）：无毛白肉（1ddff）=9∶3∶3∶1。本题通过三个不同表现型的亲本杂交组合，考查基因的分离定律和自由组合定律的实质及基因型、表现型、显性和隐性性状等概念的理解和运用，这也将是以后该知识点命题的主要方向。

【复习建议】 利用重要概念复习该遗传规律专题，可以采用的策略是：（1）帮助学生构建概念学习的思维导图或列表比较图，梳理相近、相关概念间的关系，对学生进行科学思维训练。（2）通过强化练习，加强模块概念的理解和运用能力，重点概念进行重点练习和分析，帮助学生掌握核心概念和重点概念的内涵和外延。学生只有理解了概念的内涵和外延，熟知了概念间的逻辑关系，才能形成相应的生命观念，探究生命活动规律，解决实际问题。

二、通过对高考题中特殊遗传现象的分析与归纳，培养科学思维能力

遗传的基本规律是历年高考命题的热点和难点，也是考查学生科学思维的良好考点。该知识点的核心素养命题主要集中在基于生物学事实和证据运用归纳与概括、演绎与推理、模型与建模、批判性思维等方法，探讨、阐释生物学遗传现象和探究遗传问题，内容上考查学生对基因分离定律和自由组合定律形成过程的理解，素养要求一般较高，集中在（三）和（四）层次上。从近三年全国高考卷生物学对遗传的基本规律科学思维考查情况表（见表2）可以看出，全国卷遗传题主要考查的知识有：（1）1对相对性状和2对相对性状遗传实验过程及结果分析。（2）遗传的基本规律的验证方法，对多对等位基因分离产生的表现型和基因型推断及相关概率计算，含9∶3∶3∶1及其变式分析应用。（3）基因位置的推断或实验探究。（4）伴性遗传与孟德尔遗传定律的综合分析。

表2 近三年全国高考卷生物学对遗传的基本规律科学思维考查情况表

核心素养	内容与分值	年份、题号、题型	质量描述和素养水平要求
理性思维	基因自由组合定律中9:3:3:1变式应用及测交实验结果分析，基因位置的推断(6分)	2016年全国Ⅲ卷，6题，选择题	能够从不同的生命现象中，基于事实和证据，运用归纳的方法概括出生物学规律，并在某一给定情境中，运用生物学规律和原理，对可能的结果或发展趋势做出预测或解释；能够选择文字、图示或模型等方式进行表达并阐明其内涵；基于给定的条件，设计并实施探究实验方案或工程学实践方案；运用多种方法如实记录和分析实验结果。(三)
	基因自由组合定律，基因位置判断(10分)	2018年全国Ⅲ卷，31题，简答题	
	显、隐性判断，基因位置推断，伴性遗传，基因自由组合定律，实验设计(12分)	2018年全国Ⅰ卷，32题，简答题	
	基因自由组合定律应用，根据表现型推断基因型(6分)	2017年全国Ⅱ卷，6题，选择题	能够在新的遗传问题情境中，基于事实和证据，采用适当的科学思维方法揭示遗传规律或机制，并选用恰当的方式表达、阐明其内涵，在面对生活中与遗传相关的问题并做出决策时，利用多个相关的重要概念或原理，通过逻辑推理阐明个人立场。(四)
	伴性遗传，基因型及其概率计算，减数分裂(6分)	2017年全国Ⅰ卷，6题，选择题	
	伴性遗传，基因位置推断(6分)	2016年全国Ⅱ卷，6题，选择题	

续表2

核心素养	内容与分值	年份、题号、题型	质量描述和素养水平要求
理性思维	ZW型伴性遗传，基因型、表现型推断，实验设计（12分）	2018年全国Ⅲ卷，32题，简答题	能够从不同的生命现象中，基于事实和证据，运用归纳的方法概括出生物学规律，并在某一给定情境中，运用生物学的规律和原理，对可能的结果或发展趋势做出预测或解释；能够选择文字、图示或模型等方式进行表达并阐明其内涵；运用恰当的方法如实记录和分析实验结果。（二）
	表现型推断，基因位置判断及探究实验（12分）	2017年全国Ⅰ卷，32题，简答题	

在复习备考中，要让学生掌握遗传的基本规律的实质和研究方法，熟知不同类型题目的解题思路或方法，提升再应试时的解题能力。

例2 （2018年全国Ⅰ卷32题）果蝇体细胞有4对染色体，其中2、3、4号为常染色体，抑制控制长翅/残翅性状的基因位于2号染色体上，控制灰体/黑檀体性状的基因位于3号染色体上，某小组用一只无眼灰体长翅雌果蝇与一只有眼灰体长翅雄果蝇杂交，杂交子代的表现型及其比例（见表3）。

表3 一只无眼灰体长翅雌果蝇与一只有眼灰体长翅雄果蝇杂交子的表现型及其比例

眼	性别	灰体长翅∶灰体残翅∶黑檀体长翅∶黑檀体残翅之比
1/2有眼	1/2雌	9∶3∶3∶1
	1/2雄	9∶3∶3∶1
1/2无眼	1/2雌	9∶3∶3∶1
	1/2雄	9∶3∶3∶1

回答下列问题：

（1）根据杂交结果，________（填“能”或“不能”）判断控制果蝇有眼/无眼性状的基因是位于X染色体上还是常染色体上。若控制有眼/无眼性状位于X染色体上，根据上述亲本杂交组合和杂交结果判断，显性性状是________，判断依据是______________________。

（2）若控制有眼/无眼性状的基因位于常染色体上，请用上表中杂交子代果蝇为材料，设计一个杂交实验来确定无眼性状的显隐性。（要求：写出杂交组合和预期结果）

（3）若控制有眼/无眼性状的基因位于4号染色体上，用灰体长翅有眼纯合体和黑檀体残翅无眼纯合体果蝇杂交，F_1相互交配后，F_2中雌雄均有__________种表现型，其中黑檀体长翅无眼所占比例为3/64时，则说明无眼性状为__________（填“显性”或“隐性”）。

例2以果蝇为实验材料考查了自由组合定律以及伴性遗传的相关知识，解答本题的关键是掌握判断显隐性的方法，能准确掌握根据子代特殊比例来判断基因位于常染色体还是性染色体的方法。（1）问中的第1空，根据表中数据分析，两亲本分别为无眼和有眼，且子代中有眼：无眼=1：1，且与性别无关联，所以不能推断控制有眼和无眼性状的基因是位于X染色体还是常染色体上。第2空，运用假说—演绎思维方法分析，若控制有眼/无眼性状的基因位于X染色体上，且有眼为显性（用基因E表示），则亲本基因型分别为X^eX^e和X^EY，子代的基因型为X^EX^e和X^eY，表现为有眼为雌性，无眼为雄性，子代雌雄个体中没有同时出现有眼与无眼的性状，不符合题意。因此，显性性状是无眼。（2）问考查实验探究能力，要通过一个杂交实验来确定无眼性状在常染色体上的显隐性，最简单的方法是可以选择表中杂交子代中雌雄果蝇均为无眼的性状进行杂交实验，若无眼为显性性状，则表中杂交子代中无眼雌雄果蝇均为杂合子，则该杂交子代中无眼：有眼=3：1。若无眼为隐性性状，则表中杂交子代中无眼雌雄果蝇均为隐性纯合子，则该杂交子代全部为无眼。（3）问考查自由组合定律的应用，解题时要应用演绎与推理、批判性思维等方法进行。表格中灰体长翅：灰体残翅：黑檀体长翅：黑檀体残翅=9：3：3：1，可分析出显性性状为灰体（用基因A表示）和长翅（用基因B表示），有眼和无眼不能确定显隐性关系（用基因C或c表示），灰体长翅有眼纯合体和黑檀体残翅无眼纯合体的基因型可写为AABB 和aabb ，可推出F_1的基因型为AaBbCc，F_1个体间相互交配，F_2的表现型为2×2×2=8（种）。F_2中黑檀体（Aa×Aa=1/4aa）长翅（Bb×Bb=3/4B ）无眼所占比例为3/64时，可知无眼所占比例为1/4，则无眼为隐性性状。

【解题指导】（1）判断基因是否位于不同对同源染色体上：以AaBb为例，若两对等位基因分别位于两对同源染色体上，则产生四种类型的配子。在此基础上进行测交或自交时会出现特定的性状分离比，如1：1：1：1或9：3：3：1（或9：7等变式），也会出现致死背景下特殊的性状分离比，如4：2：2：1、6：3：2：1。在涉及两对等位基因遗传时，若出现上述性状分离比，可考虑基因位于两对同源染色体上。如果自交后代出现两种表现型，比例为3：1或1：2：1，或出现四种表现型，比例不为9：3：3：1，则基因位于一对同源染色体上。（2）遗传定律的验证方法及结论汇总表（见表4）。

表4　遗传定律的验证方法及结论汇总表

验证方法	实验结论
自交法	若F_1自交后代的分离比为3:1,则符合基因的分离定律,由位于一对同源染色体上的一对等位基因控制。
	若F_1自交后代的分离比为9:3:3:1,则符合基因的自由组合定律,由位于两对同源染色体上的两对等位基因控制。
测交法	若F_1测交后代的性状比例为1:1,则符合分离定律,由位于一对同源染色体上的一对等位基因控制。
	若F_1测交后代的性状比例为1:1:1:1,由位于两对同源染色体上的两对等位基因控制。
花粉鉴定法	若有两种花粉,比例为1:1,则符合分离定律。
	若有四种花粉,比例为1:1:1:1,则符合自由组合定律。
单倍体育种法	取花药离体培养,用秋水仙素处理单倍体幼苗:若植株有两种表现型,比例为1:1,则符合分离定律;若植株有四种表现型,比例为1:1:1:1,则符合自由组合定律。

三、利用遗传实验探究题的分析与设计，培养科学探究能力

“科学探究”是人们能够发现现实世界中的生物学问题，针对特定的生物学现象，进行观察、提问、实验设计、方案实施以及结果的交流与讨论的能力。从近三年遗传的基本规律探究性实验考查情况统计表（见表5）看，命题主要集中在：（1）遗传性状是否遵循遗传的基本规律的验证方法。（2）对基因是位于常染色体还是X染色体上，或是否在XY染色体的同源区段上的探究。（3）设计实验进行显、隐性状判断。考查学生运用理性思维进行分析，通过科学探究解决生物学问题的能力，从核心素养的考查层次上看，主要在（三）上。在教学中，教师要依据每一个考查的点，利用典型的高考题或模拟题训练学生的科学思维能力和科学探究能力，来提升学生的解题能力。

表5　近三年遗传的基本规律探究性实验考查情况统计表

核心素养	内容与分值	年份、题号、题型	质量描述和素养水平要求
科学探究	基因自由组合定律的验证，基因位置的实验探究（12分）	2017年全国Ⅲ卷，32题，简答题	针对特定情境提出可探究的生物学问题，基于给定的条件，设计并实施探究实验方案或工程学实践方案；运用多种方法如实记录和分析实验结果；基于生物学的基本观点，具有通过科学实践解 决生活中问题的意识和想法。（三）
	通过实验探究基因的位置和性状的显隐性（12分）	2016年全国Ⅰ卷，32题，简答题	
	Zw型伴性遗传特点，基因型和表现型推断，探究实验（12分）	2018年全国Ⅲ卷，32题，简答题	

例3　（2017年全国Ⅲ卷32题）已知某种昆虫的有眼（A）与无眼（a）、正常刚毛（B）与小刚毛（b）、正常翅（E）与斑翅（e）这三对相对性状各受一对等位基因控制。现有三个纯合品系：

①aaBBEE、②AAbbEE和③AABBee。假定不发生染色体变异和染色体交换，回答下列问题：

（1）若A/a、B/b、E/e这三对等位基因都位于常染色体上，请以上述品系为材料，设计实验来确定这三对等位基因是否分别位于三对染色体上。（要求：写出实验思路、预期实验结果、得出结论）

（2）假设A/a、B/b这两对等位基因都位于X染色体上，请以上述品系为材料，设计实验对这一假设进行验证。（要求：写出实验思路、预期实验结果、得出结论）

例3通过设计实验情景，考查学生对遗传的基本规律形成过程的理解和掌握情况，具体考查孟德尔自由组合定律的实质及两对相对性状的杂交实验过程。（1）问要确定三对等位基因是否分别位于三对染色体上，必然要利用教材知识，通过知识迁移，运用演绎—推理的科学方法。根据实验材料，可将其拆分为确定每两对等位基因是否位于两对染色体上，各杂交组合的F_2中均出现四种表现型，且比例为9∶3∶3∶1；如果每两对相对性状都不在同一对同源染色体上，则可确定这三对等位基因分别位于三对染色体上，如利用①和②杂交，得到F_1，再让F_1雌雄个体自由交配，观察F_2的表现型及比例来确定

基因A/a和B/b是否位于两对染色体上。同理用②和③杂交确定基因E/e和B/b是否位于两对染色体上，用①和③杂交确定基因E/e和A/a是否位于两对染色体上。（2）问要验证A/a和B/b这两对等位基因都位于X染色体上，需要利用假说—演绎—推理方法，可通过①aaBBEE、②AAbbEE两种实验材料，利用正反交实验，观察F_1雄性个体中刚毛和眼两对性状，若正交得到的F_1中雄性个体与反交得到的F_1中雄性个体有眼/无眼、正常刚毛/小刚毛这两对相对性状的表现均不同，则证明这两对等位基因都位于X染色体上。

【解题指导】判断基因位于常染色体上还是X染色体上的实验设计方案：（1）已知性状的显隐性，隐性雌与显性雄杂交。（2）未知性状的显隐性，用正交与反交法。

四、通过对人类遗传病题的研究，落实社会责任

“社会责任”是人们基于生物学的认识，参与个人与社会事务的讨论，做出理性解释和判断，尝试解决生产生活中的生物学问题的担当和能力。从近三年遗传的规律专题高考命题对社会责任考查情况统计表（见表6），分析可以看出，考查点主要集中在能对某些遗传现象参与讨论并做出理性解释，能根据所学遗传知识，给出合理建议，让学生关注涉及遗传现象的社会议题；宣传优生优育政策，预测遗传病发病率，预防遗传病个体出现，减轻社会压力；利用所学知识，解决农业生产中的遗传学问题，运用遗传学原理培育和创造动、植物新品种，提高产量，提升经济价值；主动向他人宣传健康生活和关爱生命等相关知识。复习时教师应依据考查方向，利用高考题或改编题对学生进行思维训练，提升分析、解决问题的能力，使学生树立社会责任意识和强烈的社会使命感。

表6 近三年遗传的基本规律高考命题对社会责任考查情况统计表

核心素养	内容与分值	年份、题号、题型	质量描述和素养水平要求
社会责任	ZW型伴性遗传特点，基因型和表现型推断，探究实验(12分)	2018年全国Ⅱ卷，32题，简答题	基于生物学的基本观点，辨别迷信和伪科学；具有通过科学实践解决生活中问题的意识和想法。(三)
	人类遗传病及发病率(12分)	2017年全国Ⅱ卷，32题，简答题	
	人类遗传病及发病率(6分)	2016年全国Ⅰ卷，6题，选择题	

总之，高中教学与备考复习课中，教师的课堂设计应着眼于落实学生核心素养的培养，利用高考题发展学生生物学核心素养的四个维度，挖掘历年高考题的教学导向及价值。在复习时，教师还要根据各核心素养层次、各考点内容，依据高考命题统计的情况逐点扫描，让学生逐点过关，培养、指导学生运用科学思维、实验探究的能力，提升分析问题、解决问题的能力，进而形成系统的生命观念，树立社会责任意识。

体现“五性” 落实学科核心素养

学科核心素养是基于核心素养总体目标和学科性质，对学科育人价值的具体要求，是学生学习该门学科后的期望成就。高中生物学学科核心素养的基本蕴含是生命观念、理性思维、科学探究、社会责任。高中生物学教学过程中体现生命性、思想性、科学性、实践性、生活性，是有效落实生物学学科核心素养的基本教学策略。

一、体现生命性，还原教育本色

生命性是生物学的本色，也是教育的本原。生物科学的本质是揭示生命的奥秘，生命是生物学研究的主体和客体，生命性是生物学思考的原点和全部内容；人的生命是教育的基石，生命价值是教育的基础性价值，教育的本质是促进个体生命质量的提升，生命性是教育的逻辑起点和价值追求。

体现生命性，是学科回归本色、教育回归本原的基本要求。体现生命性的生物学教学至少应关注三个方面：其一，还原知识的生命性。传统教学将知识问题简化为逻辑问题，将知识所构建的世界蜕变为冰冷的毫无生气的命题世界。事实上，知识的发展不是事实与理论的机械堆积，而是传统与创新的演进与交替；科学的发展并非一潭死水，而是处在不断的危机与革命之中，是范式的不断重建，是不断生成的叙事探寻。知识的生产过程凝结着人类对真善美的执着追求，体现着人类的生活理想与生命境界，充满着旺盛的生命力和鲜活的时代气息。因此，生物学教学应赋予知识应有的生命色彩，教学过程不仅要重视知识本身的逻辑维度，还要关注知识的历史维度，更要突出知识的创新维度，要通过知识的探寻、生成和创新过程，以及其过程所包含的特有的思维方式和丰富情感，去培养学生的科学精神、科学态度、创新意识和批判思维。其二，还原学科的生命性。传统教学将学科教学目标僵化的定位为知识而教（知识本位）、抑或是为学科而教（学科本位）。事实上，学科教育的本质是为素养而教、用学科教人，是以学科课程为载体，促进学生个体的生命成长和人格品质的提升。因此，生物学教学要赋予学科应有的人称性质，通过“生命教育”引领学生参悟和领会生命科学研究的视角、界域、思想和方法，让学生认识生命、尊重生命、珍爱生命，关心自己和家人；通过“生存教育”让学生学习生存知识，保护珍惜生态环境，关心社会和自然，强化生存意志，提高生存的适应能力和创造能力；通过“生活教育”让学生珍视生活，了解生活常识，掌握生活技能，养成良好生活习惯，关心他人和集体，树立正确的生活目标。其三，还原教学过程的生命性。传统教学把教学活动机械化地理解为知识的授受过程，教师成为知识的传声筒，学生成为知识的容器。事实上，课堂教学是师生当下的生活，是师生共同经历生命成长、实现生命价值的地方，是以灵魂塑造灵魂、以人格塑造人格的活动。因此，生物学教学应赋予课堂活动以师生高质量生活的状态，让课堂成为生命与生命对话、交流的地方，成为生命积极思考、动手实践、团结合作的地方，成为生命主动学习、提炼感悟的地方，成为激发师生美好体验并获得持续生长与发展的地方。教学过程不仅要关注教师如何传授知识，学生如何学习知识，更为重要的是要关注师生对知识所具有的生命意义的解读，通过教学激发学生的求知欲和学习兴趣，使学生全身心地投入到教学活动中去，并在活动体验中获得知识、能力、思想、方法与社会责任意识的发展，享受学习生活的快乐，形成健康的人格；通过教学活动体验，让教师在实现自身价值追求的同时获得教育智慧的凝练和能力水平的提升，享受工作带来的幸福，形成高尚的职业情操，最终实现教师和学生生活质量的提升和人格尊严的捍卫。

二、体现思想性，构建生命观念

思想性是教学品质的基本内涵，是教学质量的具体反映。体现思想性就是要体现学科核心观念，即体现反映学科本质特性和教育价值追求的最关键的学科概念、原理、思想和态度。因为学科核心观念是学科教学的灵魂，对学科发展和学科学习具有很强的影响力，不仅支配着教学实践活动，也会影响学生的学习方式、思维方式、知识储备和能力发展状况，而且在学生以后的学习、生活中具有普遍意义和广泛迁移价值。

生物学教学中体现思想性就是要将生命观念教育贯穿于教学始终。生命观念是人们通过对生物学知识深入研究和认识而抽象出来的对生物学学科本质规律的理性认知，是渗透于生命学科的哲学思想或认知能力，如结构与功能观、进化与适应观、稳态与平衡观、物质与能量观等。生命观念是隐藏于知识背后的“知识”，是教材显性知识的升华与结晶，促进学生生命观念的形成和提升是生物学教学的中心要义。生命观念宛如编织生物学知识体系的经线和纬线，贯穿宏观和微观，纵横交错，使庞杂的学科内容成为浑然一体的知识体系。高中生物学教材在内容选择、结构设计和知识体系的构建上无不蕴含着丰富的生命观念，教师在深入研究的基础上挖掘潜藏在教材内容中的生命观念，运用生命观念整合学科知识并渗透于学科教学中，引领学生参悟、领会并形成生命观念，不仅有利于学生依据生命观念的认知逻辑从整体上去把握完整的学科知识体系，改变学生对于生物学课程“知识内容琐碎庞杂、难学难记”的看法，提高学习兴趣；而且有利于学生从宏观上去领悟学科研究的视角和学科学习方法，提升科学思维能力和学科认知能力。因此，生物教师要将生命观念作为教学的目标追求，要重视引导学生在理解生物学概念性知识的基础上构建生命观念，形成科学的自然观和世界观，促进学生对生命本质的认识，以提升学习的品位和质量。

三、体现科学性，培养理性思维

科学性是生物学课程的本质属性。生物学作为自然科学的六大分支之一，有着与其他自然科学相同的性质。它不仅是一个丰富的知识体系，也包括了人类认识自然现象和规律的一些特有的思维方式和探究过程。其中，思维方式的核心就是理性思维，它是一种尊重事实和证据，崇尚严谨和务实的求知态度；是能够运用归纳与概括、演绎与推理、模型与建模、批判性思维等方法探讨生命现象及规律、审视或论证生物学社会议题的思维习惯和能力。理性思维是科学的灵魂、是智力的精髓。科学教育的核心是培养学生的理性思维能力，构建完整的理性思维结构。为此，生物学教学绝不能仅仅停留在知识教学层面，要走出知识教学的围栏，揭示渗透在知识中的文化元素、过程元素、逻辑元素、背景元素等，构建能够帮助学生实现知识理解、知识迁移、知识创新的问题情境，引导学生在分析解决问题的过程中进行学科方法的训练和理性思维能力的培养。例如，通过生物学史教学描述科学家科学探索的思维过程和方法，为学生提供有明确思维方向和充分思维依据的问题情境与科学思维的范例，帮助学生掌握观察、比较、分析、综合、抽象与概括等基本的科学思维方法；通过生物学核心概念的探究性教学，帮助学生理解和掌握模型构建法、假说演绎法、类比推理法等科学研究方法；通过学科思想的渗透引导学生在构建学习过程中培养学生的抽象、概括能力；通过设计具有思维梯度的问题串来培养学生的批判性思维能力；通过典型例题引导学生在知识的迁移应用过程中培养学生的分析与综合能力、归纳与演绎能力；通过实验探究培养学生的逻辑思维能力和发散思维能力，等等。总之，教学过程中，教师要创设适切的问题情境，把生物学课程教出科学的味道，让学生在亲历知识产生的体验、知识生长的体验、知识结果的体验、知识应用的体验中发展理性思维能力，领悟实事求是的科学态度和质疑创新的科学精神，以涵养科学情怀。

四、体现实践性，强化科学探究

实践性是生物学学科的突出特点，生物学是一门以实验为基础的自然科学，生物学知识体系的形成源于科学探究。科学探究作为生物学学科核心素养之一，是指能够发现现实世界中的生物学问题，针对特定的生物学现象，进行观察、提问、方案设计、方案实施以及结果的交流与讨论的能力。科学探究能力主要包括提出问题的能力、动手实践能力和创新能力三个方面。重视实验教学和课外研究性学习，体现实践性是培养学生科学探究能力的基本途径。

教师在实验教学中，首先，要重视学生提出问题能力的培养。提出问题的能力是创新的源泉所在，只有提出问题才赋予了探究的实际意义，自然便产生了探究的动力。目前，高中实验教学中问题意识淡薄，验证性实验往往是学生按照教材实验步骤的简单操作，探究性实验往往是师生间纸上谈兵式的讨论或按照一定范式的模仿性描述，既没有问题驱动的对实验设计意图的追问，又缺乏解决问题的实景性探究活动的体验，实验教学缺少创新意识和探究动力，大大削弱了实验教学的功能。为此，教师要将实验教学变为基于问题提出和解决的实践过程，要以提出问题为实验教学的逻辑起点，引导学生理解或设计实验方案；要以问题的解决为贯穿实验教学的红线，驱动实验探究活动的进行，从而促进学生问题意识和提出问题能力的训练。其次，要重视学生动手实践能力的培养。动手实践包括设计实验、实验实施、收集证据、分析论证、交流合作等，只有让学生亲自实践、自主探究，才能让学生在亲历提出问题、获取信息、寻找证据、检验假设、发现规律的探究学习过程中学会科学探究的一般方法，掌握科学探究的基本技能。再次，要重视学生创新能力的培养。实验是创造性实践活动，教师可将预设的实验材料、实验方法提供给学生，或者引导学生将验证性实验改变为探究性实验，让学生在课本实验学习的基础上设计新的实验方案并实施，从而培养学生的批判性思维和创新能力。总之，教师要高度关注实验教学过程中学生的实践经历，充分重视实验教学对于培养学生科学探究能力的价值和作用，把实验课教出科研的味道来，以促进学生科学探究素养的提升。

课外研究性学习是课堂教学的拓展，对于培育学生的科学探究素养具有课堂教学不可替代的价值和作用。科学探究素养不仅仅是科学研究方法和科学研究技能，还包括科学意识、科学态度、科学精神、科学情感等，所有这些非实践体验是不能得到内化和升华的。为此，教师要关注生物学知识与生产生活实际的关联，帮助学生确立力所能及、切实可行的研究性课题，引导学生置身于提出问题、做出假设、制定研究方案、实施研究方案、获取事实证据、解决实际问题的科学实践活动中，进行独立思考、批判性思维、实践探究、合作交流、领悟科学研究方法，孕育科学态度和科学情感，促进科学探究素养的全面提升。

五、体现生活性，感悟社会责任

“生活即教育”，贴近生活的教育才能发生力量而成为真正的教育，生活性是教育的基本方略；生物学是研究生命现象和生命活动规律的科学，生物学内容是源于生活的一种抽象与升华，生活性是生物学课程最基本的特点。社会责任是教育的价值追求，教育的本质是促进学生社会适应能力和社会价值的提升。生物学学科社会责任是指基于生物学的认识，参与个人与社会事务的讨论，做出理性解释和判断，尝试解决生产生活中的生物学问题的担当和能力。生物学教学中体现生活性，就是要注重理论与实际的联系，要将生物学与人们的日常生活、医疗保健、环境保护和经济活动等方面结合起来，要以生活化的学科内容为基础，构建充满生活动力的教学情境，指导学生在现实生活的背景中学习生物学，在解决实际问题的过程中深入理解生物学的核心概念，在运用生物学原理和方法参与社会议题讨论、解释生活现象、解决生物学问题的过程中内化形成科学探究能力、体验科学价值、感悟社会责任，从而促进能力与品格的全面提升。为此，教师既要关注生命现象、生产生活实际，又要关注生命科学的突出成就和重大社会问题，如人口、粮食、自然资源、环境污染、健康等，将其与教学内容融合起来，汇聚成学生生物学学科素养养成的沃土，为学生开阔视野、强化应用、联系社会提供丰富的营养。

核心素养是对学生德智体美全面发展总体目标的具体化和细化，是基础教育最核心的品质追求。学科核心素养是核心素养蕴含的分解和落实。高中生物学教师只有立足于“人本”教育的站位，将核心素养的目标要求融入教学过程的每一个环节，才能有效落实学科核心素养的教育目标。

尊重是教育成功的秘籍

从教三十多年来，在不断地探索与实践中将自己的教育教学工作始终建立在“尊重”的基础上，与学生在民主与平等、自由而融洽的教学氛围中同学习、共成长，享受到了工作的幸福与快乐，获得了学生的喜爱和社会的认可。担任班主任的2007届12班学生曾集体留言：听您的讲课是一种享受，做您的学生是一种福气。能够发生力量而成为真正的教育一定要以尊重为基础，这是笔者三十多年教育教学工作的真切体会。

刚参加工作时，在教学中，我将提升学生的学习成绩作为唯一的目标追求，一门心思只为知识和分数而教，课堂上滔滔不绝的讲授、灌输，课后布置大量作业，让学生超负荷地强化训练，忽视了对学生品德、人格、能力、体魄上的培养。结果是学生的知识增长了，班级的成绩提升了，而学生的精神脆弱了、人格缺失了、学习能力下降了、厌学情绪高涨了，而且每届学生到一定阶段都会进入高原期而停滞不前。在担任班主任工作时，常常以管理者的角色对待学生，把学生当作被管控的对象，对学习成绩优秀的学生倍加关心、呵护，对学习成绩差的学生往往忽视或带有情绪色彩地说教、批评，甚至是体罚。忽略了对学生人格的尊重和精神生活的眷顾，工作中与学生的矛盾摩擦不断。结果是被学习成绩差的学生敌视，被学习成绩好的学生轻视，所带班级一盘散沙，导致了缺乏团结友爱的班风和积极向上的学风。在窘迫的迷茫、困惑与徘徊中，我看到哈佛大学一位校长的演讲词：“我们的学校不因培养出几位总统和国家政要、不因培养出几位杰出科学家而自豪，我们给每位学生的自由发展提供了最大的空间而骄傲。”这句话深深触痛了我的每一根神经，给我以醍醐灌顶的启迪，我开始深入思考教育的本质和自己的教育行为，慢慢地，我认识到人的生命是教育的基石，品优质高的教育应从尊重生命开始，于是，在实践中，我尝试着以“尊重”为前提探寻教育教学方式。

教学上，我开始重新审视生物学课程的价值追求和高中生物学教材内容的思想意蕴，探寻生命科学的教育规律，慢慢地让我明白：课程是育人的载体，生物学不仅是一个结论丰富的知识体系，还包含着人类认识自然现象和规律的一些特有的思维方式、探究过程和丰富情感。生物学教学的本质不只是简单的知识问题或逻辑问题，而应该以知识为载体、以知识生产过程中凝结着的科学素养要素为资源，引领学生人格品质的养成和关键能力的提升。为此，在后来的教学实践中，我既重视课堂教学的思想性和问题性，又关注课外研究性学习的生活性和实践性，课内外相结合、互为补充、相互促进，有效提升了教学品质，形成了自己独特的“两条腿走路”的教学风格，使自己的教学活动走上了尊重科学教育规律的素质教育轨道。如今，我在课堂教学中坚持“问题驱动下的探究性教学模式”，将生物学知识的逻辑维度、历史维度、创新维度融为一体，创设有利于高阶思维和深度学习的问题情境，引领学生在知识的探寻、生成和创新过程中参悟和领会生命科学研究的视角、界域、思想和方法，不仅有效促进了学生对知识的理解和掌握，而且大幅度提升了学生的科学思维、科学探究和自主学习能力；与此同时，我还特别重视课外研究性学习对学生的教育影响，近年来，由我创建并逐步完善的“天水市第一中学生物社团”“天水市第一中学生命科学论坛”在天水市第一中学营造了良好的学术氛围，有效提升了学生的科学兴趣和社会责任意识。2009届的宋怡然同学就因在科学论坛中关于“一个基因可以振兴一个民族”的辩论毫不犹豫报考了北京大学生命科学院。我指导的学生社会实践活动项目“天水市第一中学校园植物鉴赏”、“天水市城区主要绿化树种病虫害调查”、“天水市第一中学校园及周边环境垃圾食品的调查”、“节约型社会、从我做起——天水市第一中学住校生及部分城区学生牙膏浪费情况的调查”、“阿莫西林对植物开花周期的影响研究”等，对于培养学生的科学探究能力和求知欲望起到了很好的作用。尊重科学教育规律的教学实践使我深切体会到，科学教育的本质就是为素养而教、用学科教人，只有如此，才能使学生既有优秀的学习成绩，又有良好的学习态度、浓厚的学习兴趣、健全的人格品质。

班主任工作中，我开始以家长的角色尊重、理解、包容学生的一切，不再计较学生的不良习惯。一次我班上一位行为懒散、经常迟到，多次说服教育都不起作用的学生，我和家长商量了许多教育对策都不见效，后来，我花20元钱买了一个闹钟送给他，这位学生激动得说不出话来，从此再也没有迟到过，学习成绩直线上升，2011年考入解放军理工大学……班主任工作中许许多多的典型案例督促和改变着我的教育理念和教育策略，使得我在工作中能以平和的心态尊重和对待每一位学生，遇到成绩差或者性格上有缺陷的“问题学生”，我不再纠结、排斥，而是诘问、反省自己的教学方式，努力寻找最适合的教学方法，为学生的长足发展搭建平台；遇到成绩优秀的学生，我会积极地研究、分析学生的道德素养和身心健康是否全面发展，引导学生更好地成长。2009年和2011年甘肃省高考理科状元赵甜同学和陈言同学都是我带生物学课程以及生物学竞赛辅导，教学中我并没有因为他们成绩的优秀而袒护其他方面的不足，而是能够及时指出他们存在的问题并适时引导。多年来，面对高考成绩的大幅度提升，我没有兴奋与陶醉，而是沉浸在更深入的反思中：我们的教育提供给学生的到底是“快餐”“美餐”还是“大餐”？究竟是否促进了学生身心健康的全面发展？不断地反思、实践与探索，让我深深地体会到，尊重是教育力量的源泉，也使我养成了“尊重学生人格、尊重学生发展、尊重科学、尊重科学教育规律”的教育品质。如今，我的每一届学生都对我有着如兄如父般的依赖与情感，都能够在团结友爱、其乐融融的教学活动中快乐地学习。

“尊重”既是教育的思想和方法，也是教育的目标和归宿。学科教学只有将“育智”与“育德”结合起来，将“人格”和“课格”融合起来，将尊重学生与尊重科学贯穿到教育教学过程的每一个环节，才能成为真正的教育而发生力量，才能取得高品质的教育成功。

实践篇

“从生物圈到细胞”教学设计

一、教学要素分析

（一）教材内容分析

“从生物圈到细胞”是人教版高中生物学教材必修1《分子与细胞》第一章《走进细胞》第一节的内容，也是高中生物学教学的第一节内容，具有开宗明义的绪论性质。本节内容由“生命活动离不开细胞”和“生命系统的结构层次”两部分组成，其显性教学目标是帮助学生建立“细胞是最基本的生命系统”的观点，理解生命系统的结构层次。其更深层次的隐性教育目标是：①确立生命科学研究的切入点——细胞，构建生命科学研究、学习的框架体系（微观方向：细胞→组织→器官→系统→个体；宏观方向：个体→种群→群落→生态系统→生物圈）。②对学生进行“结构与功能观、系统与整体观”的生命观念教育；③对学生进行通过资料分析、归纳、提炼，得出结论的科学思维方法教育；④对学生进行“高度理性、重视逻辑和实证”的科学态度教育；⑤对学生进行学习兴趣培养。

（二）教学目标分析

①能够举例说明生命活动离不开细胞；能够举例说明生命系统的结构层次。

②学会通过对资料的分析、归纳、提炼，得出结论的学习方法，初步学会和构建“现象→问题→结论”的科学探究模式，形成理性思维意识。

③认同细胞是基本的生命系统，确立生命科学研究的切入点，构建生命科学研究、学习的框架体系。

④体验探究与合作学习的快乐，激发学习生物科学的兴趣。

（三）学习者分析

本节内容是学生进入高中阶段生物学学习的第一课，学习者的基本特点是：初中生物学内容是与学生具体形象思维相关联的感性认知，学生对初中生物学的学习基本上是死记硬背的了解，多数初中学校对生物学课程不重视，学生基础知识薄弱，学习兴趣相对较低。

高中生物学教学内容是与学生的抽象逻辑思维相关联的，是对生命活动本质规律的理性认识，需要通过理性思辨和科学实证去探究学习与自主构建。因此，学生的知识基础、学习兴趣、学习方法与思维能力水平是影响高中生物学学习的四大因素。

基于此，教学设计要着重处理好以下四个方面：一是要设置适切的问题情境，帮助学生回忆初中所学知识，暴露学生可能的前科学概念，然后，对相关知识进行补充和拓展，帮助学生转变前科学概念。二是教师列举的事例应尽量与学生的生活经验和社会热点相联系，以激发学生的学习兴趣。三是要注重引导学生对教材列举实例材料的分析、归纳、总结，引导学生从系统论的角度层层递进地分析理解生命系统的结构层次，从而培养学生的科学思维方法和探究性学习意识。四是要引导学生通过真切的科学探究活动过程构建知识体系，让学生形成生物学是科学课程，生物学课程的学习必须建立在理性思辨和科学实证的基础之上，改变死记硬背就能学好的错误意识。

（四）教学重点难点分析

教学重点：①生命活动建立在细胞的基础之上；②生命系统的结构层次；③理性思维方法教育；④学习兴趣培养。

教学难点：①生命系统的结构层次；②理性思维方法教育。

（五）教法、学法分析

教与学的方法：以构建主义的学习理论为方法论指导。充分利用学生原有的知识基础和已有的生活经验创设问题情境，引导学生在感性认知的基础上通过理性思维自主构建。

基本教学策略：问题驱动下的探究性教与探究性学，即问题（任务）驱动→思维探究→自主构建。

二、教学过程

（一）创设情境，导入新课

1.多媒体展示初中教材和高中教材的封面图片，从封面背景和设计意图的差别就初中、高中生物学学习内容进行设问，从初中学生“具体形象思维与感性认知”和高中学生“抽象逻辑思维与理性认知”的学习特点进行引导分析，引发学生对高中生物学课程学习内容与学习方法的思考和期待。

2.多媒体展示初中《生物学》所学相关内容——病毒、单细胞生物、多细胞生物的相关知识，让学生回顾和再现已有的生物学知识。

提出问题：根据初中《生物学》所学内容思考，生物学的研究范畴是什么？不同层次的生物具有什么共性特点？研究不同层次生物的共性特点应该从哪里入手？

学生经过思考探究形成初步的问题意识后，教师归纳总结并进一步追问：为什么说细胞是生物体的结构和功能单位，从而导入新课。

（二）分析资料，引导探究

1.生命活动离不开细胞

资料1：HIV病毒（人类免疫缺陷病毒）与艾滋病（AIDS）

艾滋病（AIDS）是由HIV病毒感染人体免疫系统的淋巴细胞引起的。淋巴细胞被大量破坏，导致人体免疫力降低，病人大多死于其他病原微生物的感染。多媒体展示课本“资料分析”栏中HIV病毒与艾滋病（AIDS）致病机理示意图。

提出问题：①HIV病毒具有怎样的结构，它是怎样生活和繁殖的；②如果离开了活细胞，病毒能够很好地生活和繁殖吗。

多媒体展示HIV病毒图片，引导学生思考、讨论：病毒不具有细胞结构，只能寄生在活细胞中，利用活细胞中的物质生活和繁殖，病毒一旦离开活细胞，就不再表现生命现象。

师生共同总结，得出结论：病毒的生命活动离不开细胞。

资料2：草履虫的运动和分裂

多媒体展示课本“资料分析”栏中“草履虫的运动和分裂”图片并提问：草履虫是一种样的生物，除运动和分裂外还能够完成哪些生命活动，还有哪些生物体的结构及其生命活动与草履虫相似。

教师引导学生以草履虫为例，利用初中所学知识分析总结：①单细胞生物，除运动和分裂外，还能完成摄食、呼吸、生长、应激性等生命活动。②单细胞生物能够独立生活，也具有生命活动的基本特征，如果没有完整的细胞结构，不可能完成这些生命活动。

结论：单细胞生物一个细胞就是一个完整的个体，能够独立的完成各项生命活动。

资料3：人的生殖和发育

多媒体展示课本“资料分析”栏中“人的生殖和发育”图片并提问：①人的生命是从什么时候开始的；②胚胎发育与细胞的生命活动有什么关系。

教师引导学生讨论分析：①人体由多个细胞组成，但人的生命是从一个细胞（受精卵）开始的，受精卵是新生命的开始，人的发育其本质是细胞的分裂、生长和分化。②受精卵在子宫中发育成胚胎，再发育成胎儿；胚胎发育通过细胞分裂、分化过程来实现。

结论：多细胞的高等生物的生殖和发育也离不开细胞。

资料4：缩手反射的结构和基础

多媒体展示课本“资料分析”栏中“人的缩手反射结构示意图”，引导学生分析讨论：完成一个简单的缩手反射，至少需要哪些细胞的参与。

结论：一个最简单的反射活动需要多个细胞参与才能完成。

教师提问：上述几个实例能够说明什么问题？学生小组讨论、总结，得出结论。教师根据学生小组的回答逐步小结：①病毒，无细胞结构，靠寄生活细胞生活和繁殖；②单细胞生物，靠单个细胞就能完成各种生命活动；③多细胞生物，依赖各种分化细胞密切合作，共同完成一系列复杂的生命活动。

结论：各种生物的生命活动是在细胞内或细胞参与下完成的，生命活动离不开细胞。

2.生命系统的结构层次

资料5：以一只龟（个体）为例，展示生命系统各层次的相互关系

多媒体展示课本中“生命系统的结构层次”图，引导学生构建生命系统的框架体系。

渐进式展示生命系统的结构层次，师生共同分析、归纳生命系统各层次的结构组成与相互关系：细胞→组织→器官→系统→种群→群落→生态系统→生物圈。

师生共同总结：细胞是生物体的结构和功能单位，从生物圈到细胞构成了不同的结构层次，形成了不同的生命系统，各自有特定的组成、结构和功能，但又层层相依；细胞是最基本的生命系统，生命活动本质规律研究的切入点是细胞。生命科学的研究方向包括：微观方向，细胞→组织→器官→系统→个体；宏观方向，个体→种群→群落→生态系统→生物圈。

（三）自主阅读，内化提升

指导学生阅读教材中的相关内容，回答问题，从生物圈到细胞有哪些生命系统，各层次之间有什么关系，能完整地表现各种生命活动的最微小的层次是哪一个，并说明理由。

（四）抽象概括，生成学习策略

呼应讲授新课前教师提出的关于初中、高中生物学学习内容与学习方法有哪些不同的设问，引导学生对教学过程中5个资料分析得出结论的学习方法体验和感性认知，总结、概括高中生物学“观察现象→提出问题→理性思辨→归纳总结→得出结论”的科学探究方法，并通过布置适切的课后练习，得到进一步的训练和强化，以拓展学生原有的认知方法体系，生成高中生物学学习的基本策略。

三、课后延伸，自主探究

思考与讨论：①一个分子或原子，也是一个系统吗。如果是，它们是不是生命系统；如果不是，请说明理由。②如果把资料5中的龟换成人，资料中其他各层次的组成会不会发生变化；如果换成一棵松树、一只草履虫，又将怎样。

四、设计反思

《普通高中生物学课程标准（2017年版）》明确指出，生物学是自然科学中的一门基础学科，是研究生命现象和生命活动规律的科学。生物学有着与其他自然科学相同的性质，它不仅是一个结构丰富的知识体系，也包括了人类认识自然现象和规律的一些特有的思维方式和探究过程。这些是生物学课程的重要决定因素。

生物学课程的性质决定了其课程目标是提升学生的生物学学科核心素养。为此，高中生物学课程的基本教学策略，是通过“问题（任务）驱动→科学探究→自主构建”的活动过程，把生物学教出科学的味道，让学生在亲历提出问题、获取信息、寻找证据、检验假设和发现规律等过程中习得生物学基础知识，领悟生物学家在研究过程中所持有

的观点以及解决问题的思路和方法，养成理性思维的习惯，形成积极的科学态度，发展终身学习的能力。

“从生物圈到细胞”包括“生命活动离不开细胞”和“生命系统的结构层次”两部分内容。如果学生不能正确认识生命活动离不开细胞，不能认同细胞是基本的生命系统，就不能深刻理解生命系统的结构层次。鉴于此，教学设计在第一部分通过4个资料从不同侧面引导学生分析、归纳、总结，在准确理解“生命活动离不开细胞”的基础上，进一步理解“细胞在结构和功能上的完整性”，强化学生对“细胞是基本的生命系统”的认同感。第二部分渗透“结构与功能观、系统与整体观”的生命观念，引导学生在第一部分知识经验的基础上构建生命系统的结构层次。

教学设计以“问题（任务）驱动→思维探究→自主构建”为主线，用图例展示材料背景，以问题驱动学生的思维探究，通过师生互相质疑以及互助互学等活动促进学生参与、体验并内化知识；在知识学习的基础上，引导学生拓展延伸，理解生命科学研究的切入点、研究内容和研究方向，构建知识框架体系；在对5个资料分析、归纳、得出结论的感性认知的基础上，及时引导学生抽象概括“观察现象→分析总结→得出结论”的科学思维方法，促进理性思维的发展和学习策略的生成。这样在有效达成教学目标的同时，力争使学生的理性思维、科学探究以及生命观念有效提升，在科学教育的氛围中享受科学的艺术之美，激发学生的学习兴趣。

“种群的特征”教学设计

一、教学思想

高中生物学课程其精要是展示了生物学在微观和宏观两个方面的研究内容，旨在培养和发展学生的生物学学科核心素养——生命观念、理性思维、科学探究、社会责任。本节课是在分子水平、细胞水平、个体水平学习的基础上，进一步从宏观层次来探讨生命系统的组成、结构和发展变化规律，是教与学的视角从微观水平到宏观水平的转折点。因此，本节教学课在总结和提炼之前的学习内容中又渗透了生命观念和学科研究方法，引导学生将感性学习经验上升为理性认知能力，以此去学习宏观生物学的内容，将有利于运用科学的学习方法在知识的习得过程中，高效地促进理性思维、科学探究和社会责任的养成与提升。为此，本节课在教学设计时本着“总结、应用、实践、探究”的原则做了如下尝试：首先，引导学生梳理渗透于学科知识背后的学科思想和学科方法，总结学习经验、提炼学习方法；其次，根据课程标准与教材内容创设问题驱动的探究性学习情境，引导学生自主探究、主动学习。

二、教材分析

本节课是人教版高中生物学必修3第四章第一节的内容，是学生在前面学了个体稳态及其调节机制的基础上，进一步从群体水平上探讨生命系统的组成、结构及其发展的变化规律。本节课的内容主要围绕两个问题展开，即调查种群密度的方法和种群的特征。本节内容是现代生物进化理论中种群知识的延伸，也是继续学习本模块中种群数量变化和群落结构的基础。同时，本节课的探究实验可以激发学生的学习兴趣，可以培养学生的探究能力、合作能力、实验操作能力和实事求是的科学态度。

三、学情分析

学生在高中生物学必修1生命系统的结构层次及必修2生物的进化部分，对种群已经有了一个大致的了解，对本节内容中提到的出生率、死亡率等种群的特征有了初步的感性认识，对种群密度的调查方法具备一定的理论经验。因此，如何利用学生已有的知识经验创设适切的问题情境，激发学生的求知欲，引导学生主动探究、自主构建是本节课教学成败的关键。

四、教学目标

1. 使学生能够熟练列举种群的数量特征，并对种群的结构和遗传特征有所了解。

2. 通过模拟实验让学生领悟调查种群密度的两种估算方法——样方法和标志重捕法。

3. 学生能够从6个层面理解和把握种群概念，并且树立时空观念和变化发展、相互联系、统一整体等观点。

4. 让学生体验、领悟科学研究的方法，并且培养他们不断创新的精神。

五、教学重点与难点

教学重点：理解种群的概念和种群的数量特征。

教学难点：样方法和标志重捕法的正确操作；证实它们的科学有效性。

六、教学策略

首先，引导学生通过对必修1、必修2和必修3前半部分已学习内容的归纳、总结，梳理生物学的研究内容和研究方向，提炼隐藏于知识背后的生命观念和科学研究方法，深化生物学学科学习的方法。

其次，充分利用教材及网络信息资料设计适切的问题情境，通过多媒体课件展示，将学生引入主动学习的自主探究过程；通过教师的适时引导，让问题链条层层深入，引导学生在理性思维的科学探究活动中获取知识，培养和发展信息获取能力、分析和解决问题的能力及语言表达能力。

对于本节课的难点：样方法的教学可从“问题探讨”引入，通过探究活动的模仿操作和师生的互动交流进行总结；标志重捕法的教学可设计一个数豆子的小实验进行类比，帮助学生理解掌握。

七、课时安排

1课时。

八、教学过程

活动1【梳理学习方法】归纳、总结、提炼学科学习方法，构建认知策略

设问：目前为止，我们从微观和个体水平上对生命活动的本质规律进行了探究学习，试想，之前的学习内容是如何组织的？生命科学的研究方法有哪些？

学生小组内交流讨论，教师引导总结：①编织生物学学科知识内容的经线和纬线：结构与功能观、物质与能量观、稳态与平衡观、进化与适应观、系统与整体观，这些观

念构成了生物学的学科认知思想。②生命科学的研究方法，除了观察、分析、判断、推理、归纳、总结等基本的科学学习方法外，还有假说演绎法、类比推理法、模型构建法等现代科学研究中常用的科学方法。

活动2【构建种群概念】问题驱动，回忆、再现已有知识，讨论、总结，构建种群概念

以必修2“进化”相关内容的复习，导入新课“种群”内容的学习。

设问：①为什么说“种群是生物进化的单位”？②种群与物种有什么区别？③种群内的个体之间有什么关系？种群是个体的简单累加吗？④个体的特征能否代表种群的特征？⑤是不是任何同种个体都能称为一个种群？⑥生活在同一区域的是不是只有一个种群？

学生小组内交流讨论，教师引导总结，多媒体课件展示种群的内涵要素：①种群是生活在同一地域的同种生物个体的总和；②种群是物种存在的具体形式；③种群是生物繁殖的单位；④种群是生物进化的单位；⑤种群是群落的组成单位；⑥种群不是同种个体的简单相加，而是通过种内互助和种内斗争相互作用的一个有机整体；⑦种群有着个体所不具备的自身特征——数量特征、空间特征和遗传特征。

活动3【理解和掌握种群的数量特征】种群的数量特征

讲述：通过上面种群概念要素的分析讨论，我们知道，种群是通过种内互助和种内斗争相互作用形成的有机整体，必然存在着发生、发展的变化规律和个体所不具备的特征。

教师：种群具有数量特征、空间特征和遗传特征三大特征。掌握种群数量的变化规律，对于资源的合理利用和病虫害的防治具有重要意义。因此，种群特征的研究主要集中在种群的数量特征。

1.种群密度

讲述：种群密度是指单位空间内某种群个体的数量。

设问：你能说出种群密度的单位有哪些吗？你能对某个种群的种群密度进行描述吗？下面我们通过种群密度调查的两个实例就此问题进行探究。

种群密度调查的方法之一——标志重捕法

多媒体课件展示实例：在对某种鼠的调查中，第一次捕获并标志39只鼠，第二次捕获34只鼠，其中有标志鼠15只，如何估算该区域鼠的种群密度？

教师设疑：你能运用数学方法估算这个种群的种群密度吗？

学生小组内讨论、交流、回答并矫正标志重捕法调查种群密度的计算公式：种群密度$N=M\times n/m$（其中，M为样地中标记个体总数，n为重捕个体数，m为重捕中标志个体数）。

教师总结：标志重捕法是在被调查种群的活动范围内，捕获一部分个体，做上标记后再放回原来的环境，经过一段时间后进行重捕，根据重捕到的动物中标记个体数占总个体数的比例，来估算种群密度。标志重捕法适应于活动能力强、活动范围大的动物种

群密度的调查。

教师引导学生讨论标志重捕法的注意事项：①标志要牢固，不易脱落；②不要太显眼，以防其被敌害捕食；③标志物本身无毒，不要对其本身造成伤害。

种群密度的方法之二——样方法

定义：在被调查种群的分布范围内，随机抽取若干个样方，通过计算每个样方内的个体数，求得每个样方的种群密度，以所有样方种群密度的平均值作为该种群的种群密度估计值。

计算该样方中的个体数时要注意以下几点：①样方的大小。样方的大小应该根据所调查对象的大小和分布情况而定。②样方的数量。相对多一些较好，样方数量越多，统计的结果越接近真实情况。③取样方法。没有确定的位置，要做到随机取样；介绍等距取样法和五点取样法。④如果在边缘处，计数时可以把左上相邻两边及夹角上及另一角上的计算在内，其余不计。

2. 出生率和死亡率

设问：对于同一个种群，它的种群密度是恒定不变的吗？哪些因素会使种群密度发生变化？

讲述：种群是一个有机整体，总会有新个体的产生，也会有衰老个体的死亡，所以出生率和死亡率是直接影响种群数量的一个特征。

出生率：单位时间内新产生的个体数目占该种群个体数目的比率。

死亡率：单位时间内死亡的个体数目占该种群个体数目的比率。

设问：不同种群的出生率一样吗？出生率主要由什么因素决定呢？外界环境对生物的出生率和死亡率有没有影响呢？

在学生充分思考的基础上，教师举例、点评决定和影响出生率的因素。

3. 迁入率和迁出率

展示图片或视频播放沿海城市人口集中时的图片。

教师：对一个种群来说，单位时间内迁入或迁出的个体，占该种群个体总数的比率，分别称为迁入率或迁出率。

总结：出生率和死亡率、迁入率和迁出率都是直接决定种群密度的重要因素，是种群的重要特征。

4. 年龄组成和性别比例

出生率和死亡率直接决定着种群密度的大小，而年龄组成和性别比例又通过影响出生率和死亡率而间接影响着种群数量。因此，年龄组成和性别比例是种群具有的数量特征。

①种群的年龄组成：指一个种群中各年龄期的个体数目的比例，大致可分为三个类型，见课本图（投影），组织学生观察。

思考与讨论：图中A、B、C三种年龄组成的种群，哪种类型的种群数量会越来越多？哪种类型的种群数量会越来越少？哪种类型的数量会在一段时间内保持稳定？

②性别比例：指种群中雌雄个体数目的比例。可能雌性多于雄性，也可能雄性多于雌性。引导学生举例性别比例的三种情况：雄性和雌性数量相当（人类）；雄性多于雌性（社会性昆虫）；雌性多于雄性（家养动物）。

一般来讲，人工控制的种群，雌性多于雄性。想想为什么？

在农业上，利用人工合成的性引诱剂诱杀种群的雄性个体，使雌性个体不能完成交配，从而使该种群的密度明显降低。

教师总结：迁入和迁出对我国人口影响不大，而增加死亡率是违法的。因此，只能降低出生率。而大熊猫应该增加数量，同样迁入和迁出影响不大。因此，可通过提高出生率，降低死亡率来解决。比如，让它们进行无性繁殖，人工为它们抚育幼崽，降低死亡率。

教师总结：以上这些都是种群数量上的特征，种群除了数量上的特征以外，种群还存在空间分布上的特征——空间特征。

活动4【了解种群的空间特征和遗传特征】

1.组成种群的个体，在其生活空间的位置或布局叫作种群的空间特征。

请同学们观察课本上的三幅图片，和教师投影的几幅图片，说说这三个种群的空间特征有什么特点？

教师引导学生描述：①均匀分布；②随机分布；③集群分布。

2.种群内全部个体的基因总和叫作种群的基因库，某个基因占种群内等位基因总和的比例叫作基因频率。不同种群的基因频率会有所差异，反映着种群在遗传上的特征。

活动5【课堂总结】小结

1.种群的概念，从7各方面理解和掌握种群的基本内涵；

2.种群的数量特征；

3.种群的空间特征和遗传特征；

4.梳理本节课的学习方法。

活动6【知能达标检测】课堂练习

1.假如要调查一块农田中某种鼠和蚯蚓的种群密度，你将分别采用什么方法？说说你做出选择的原因。

2.在某池塘中，第一次捕获鲫鱼106条，做上标记后放回；第二次捕获鲫鱼91条，其中有标记的25条。请估计这个池塘中共有鲫鱼多少条？

3.预测一个国家或地区的人口数量未来动态的信息主要来自（　　）

A.现有人口数量和密度　　B.目前的年龄组成

C.男女之间的性别比例　　D.出生率、死亡率和迁移率

4.在田野的不同地点施放性引诱剂，最直接的效应是（　　）

A.害虫死亡率增高　　B.害虫种群密度下降

C.害虫出生率下降　　D.害虫种群性别比例失调

5.下列有关种群的叙述中，不正确的是（　　）

A.种群是在一定空间和时间内的同种生物个体的总和

B.种群是许多同种个体的代数和

C.种群具有单独的生物个体所不具备的特征

D.种群是一个有机单元，不是个体的简单相加

6.下列有关种群特征的叙述中，错误的是（　　）

A.同一物种的种群密度是不会发生变化的

B.不同物种的种群密度往往差异很大

C.年龄组成是指种群中各年龄期的个体数目

D.出生率和死亡率是指种群在单位时间内新产生和死亡的个体数目

板书设计

一、种群密度及调查种群密度的方法：①样方法　②标志重捕法

二、出生率和死亡率

三、迁入率和迁出率

四、年龄组成和性别比例

五、种群的空间特征

六、种群特征之间的关系

教学反思

教师真正打动学生的不是课堂现场感的教育教学技巧，而是教师对学科知识、学科思想、学科方法的深刻见解，以及结合学生实际情况的生本化表达。优秀教师的共同特点在于能够运用科学的方法教授科学课程，引领学生在科学活动中习得科学知识、学会科学方法、提升认知能力。

基于核心素养的高中生物学教学设计

——以“基因是具有遗传效应的DNA片段”一节为例

高中生物学教学的核心任务是提升学生的生物学学科核心素养，落地学生发展核心素养，这一教学目标应该贯穿于教学过程的始终，渗透于教学过程的每一环节。本文是笔者基于生物学核心素养的理解，对人教版生物必修2“基因是具有遗传效应的DNA片段”一节的教学设计。

一、创设趣味性问题情境，设疑置趣，导入新课

问题探讨：为什么有的人天生有“运动细胞”？为什么酒量好的人“消化”酒精的能力更强？为什么有的人吃香菜时会尝到肥皂的味道？研究表明，这些现象都与“基因”有关，那么“基因”究竟是什么？

这些与日常生活联系紧密的问题，能激发学生力图寻找答案、解决问题的欲望和动机，产生浓厚的学习兴趣，活跃课堂气氛，拉近师生间的距离。

二、回顾科学史，再现已有知识，为探究性学习奠定基础

为了解决上述问题，教师以科学史为逻辑顺序，以学案复习填空的方式帮助学生梳理已学知识、整理相关线索。孟德尔提出生物的性状是由遗传因子控制的→约翰逊将遗传因子命名为“基因”→萨顿通过类比推理法推测“基因在染色体上”→摩尔根通过果蝇实验证明了“基因位于染色体上”→化学分析得知“染色体是由蛋白质和DNA组成的”→赫尔希等多位科学家探索发现DNA才是遗传物质。经过整理，学生会产生新的疑问：难道基因就是DNA吗？在回顾和梳理知识的过程中，学生通过积极的思考和总结，逐步建立起牢固的知识体系，为本节课后面的学习奠定基础。

三、分析探究资料，培养科学思维

基因就是DNA吗？学生可利用教材上的四则资料获取有效信息，分析得出答案。教师课件列出引导性问题，学生独立阅读资料，通过对资料的对比，会注意到资料1和资

料3都体现了碱基、基因与DNA之间的数量关系。教师提示学生将文字和数据表格化，使逻辑关系更加一目了然，学生随之能够得出“基因是DNA的片段”的结论。接下来，教师用粉笔在黑板上画出一条代表DNA分子的宽线，让一个学生在上面标出基因和DNA的位置关系，其他同学进行点评或修正。通过简单的画图活动，让学生直观感受到“基因是DNA特定的某些片段”，在DNA上呈线性排列。接着向学生提出下一个问题：何种片段才能被称作基因呢？分析资料2和资料4，学生能总结出基因的功能：基因能控制蛋白质的合成，从而控制生物的代谢及相关生命活动。

至此，教学层层递进，环环相扣，逐渐将探究氛围推向高潮。学生对基因的概念由朦胧变清晰，此时得出基因的定义对于学生来说已是水到渠成，让学生先独立思考片刻，组织语言，然后小组交流讨论，集思广益，完善答案。课堂中，学生的答案和教材上的定义会存在一定差异，教师应鼓励答案多样化，并顺势引导学生思考产生差异的原因以及分析不同答案的可取之处。学生在此过程中既训练了资料归类整理及数据处理分析的能力，又感受到了生物学学科的灵活性和包容性，还会因找出问题答案而提升成就感。

四、开展多元化学习活动，破疑解难强重点

1.充分利用感官，理解遗传信息多样性

学生理解了基因是有遗传效应的DNA片段后，教师展示一个基因片段的图片和手工模型，让学生进行观察，并提问学生：遗传信息是否具有多样性？能否通过建立数学模型来诠释其多样性？

教师依据学习由易到难的规律进行引导，学生则结合已有的相关数学知识储备，很快建立起遗传信息多样性的数学模型，发现遗传信息多样性随核苷酸数目的增多呈指数上升。但是数学模型的缺点是不够直观，过于抽象。因此，教师利用课件向学生展示从基因库网站下载的绿色荧光蛋白基因的序列，密密麻麻的序列会让学生在视觉上产生强烈的冲击感，但通过仔细观察则会发现一串串的序列也仅由4种字母构成。再用课件列举相关数据，让学生进一步感受遗传信息的庞大：人类基因组大约含有31.6亿个碱基对，若将基因组文档以文本形式打印出来，每行100个字符，每页50行排版，共要打印出约60万页纸，堆起来大概20层楼高；若将已经测序出的所有生物的基因组读一遍，约需花3000万年。通过一系列数字的“轰炸”，学生惊叹连连，遗传信息多样性的“多”也由抽象变为具体、形象。

2.结合现代信息技术，理解遗传信息特异性

利用绿色荧光蛋白序列继续开展课堂教学活动，帮助学生理解遗传信息的特异性。活动内容：某实验室获得了一个基因片段，序列为ACAAAGGTTTG，能否确定它属不属于绿色荧光蛋白基因的片段呢？教师提示学生如果用肉眼去进行比对，显然存在一定难度，能否利用现代信息技术来完成这一工作呢？

教师引领学生在课堂上利用希沃白板直接进行“网络搜索”，输入ACAAAGGTTTG查找，得出的结果是“无匹配项”，则说明这个片段不属于绿色荧光蛋白基因。上述活

动体现了遗传信息虽然具有多样性，但当我们查找某个特定的基因或某个片段时其序列是唯一的，是“特异”的。在此基础上，教师利用幻灯片顺势引入“镰刀型细胞贫血病”实例，引领学生讨论、分析，得出“特定基因具有特定的碱基序列，通过控制合成特定蛋白质而控制特定性状”，以此进一步深化对基因特异性的理解。

当学生遨游在广阔的生物信息数据海洋时，不禁产生疑问：地球上形形色色、丰富多彩的生物具有无数的性状，需要无数的基因去控制，如此庞大的基因数据量，人类有足够的能力去分析它，并揭开其中的奥秘吗？利用人类基因组计划引领学生深度思维，帮助学生理解人类对基因研究的成果，深化学生对基因多样性的深度理解。作为知识的补充与拓展，教师还可以给学生介绍一门新兴交叉学科——生物信息学，它是利用信息科学的理论技术和方法分析生物学数据，研究生命的奥秘，它极大地提高了科研的效率。在观看图片展示之后，学生意识到目前生物信息已经进入了大数据时代，且现在中国一些科研公司的发展，如华大基因，已然走在了世界的前列。

这一环节的设计，以典型的现代科技成果等事实性知识，层层递进、环环相扣，引领学生通过感性认知引发了学生的深度思维，实现了高阶学习。既有利于破疑解难，促进学生对重点知识的理解，又有效强化了学生科学思维的训练，还有利于拓宽学生的视野，让学生感知前沿信息及技术，同时可激发学生的职业兴趣，在部分学生心中埋下职业规划的种子；通过对民族企业的介绍，也增强了学生的民族自豪感和爱国情怀。

五、联系社会热点，强化社会责任

课堂讨论：纵观科学探究之路，人们对于基因从未知到已知，现在甚至可以利用它来造福人类，如进行疾病诊断、新药开发、濒危动物的保护、基因工程等。但科学技术是一把双刃剑，在造福人类的同时，一些涉及伦理道德的问题也会随之产生，比如震惊科学界的基因编辑婴儿事件，露露和娜娜这对双胞胎婴儿的DNA就是经过基因编辑后，对艾滋病有先天的抵抗力。关于这一事件，请同学们展开讨论，你是否同意这种做法，说出你的理由。

在教师的鼓励下，学生对上述事件展开热烈讨论，有支持，也有反对，批判性思维在其中得以体现。在倾听几位小组代表精彩的发言后，学生开始理解到科学技术在给人类生活带来福利的同时，也可能带来一些负面影响和隐患。通过科学技术定制婴儿，理论上来说是可以实现的，但除了“能不能”，还应慎重考虑“该不该”。因为我们首先是人类，其次才是科学研究者。课堂最终以康德的名言结束，“有两件事情，我愈是思考愈觉神奇，心中也愈充满敬畏，那就是，我头顶上的星空与我内心的道德准则”。

本节课以核心素养为指导思想，进行巧妙的教学设计，在深度挖掘教材知识的基础上，还发掘了知识背后更广阔的天地，使学生在生动有趣而深刻的课堂教学活动中掌握了重点，突破了难点，强化了生命观念，锻炼了思维能力，见证了科技进步，感受了社会责任。对于教师而言，收获了颇有思想且富于创新的观点，与学生在融洽的课堂氛围中同学习、同进步。在培养学生核心素养的同时，教师自身的专业素养也能得到修炼和提升，师生携手并进，共谱高中生物学教育事业的美好未来。

基于核心素养的高中生物学单元教学设计

《普通高中生物学课程标准（2017年版）》明确指出，高中生物学课程的基本理念是以核心素养为宗旨，内容聚焦大概念，教学过程重实践，学业评价促发展。其中“内容聚焦大概念”指明了教学设计和教学实施的基本策略，就是要充分发挥大概念的统摄和引领作用，利用大概念整合和组织教学内容，进行基于生命观念的核心素养教学。华东师范大学钟启泉教授认为，“核心素养—学科素养—单元设计—课时计划”是一线教师应该掌握的教育教学活动的基本环节。

一、单元教学设计与一般教学设计的区别

单元教学设计遵循“总—分—总”的教学顺序，具体流程为确定单元内容、进行整体性分析、制订单元目标和课时目标、明确课时教学流程及实施整体性评价。单元教学设计中包含多个课时的教学设计，有利于通过体系化的探究性学习活动引发学生的进阶学习与深度思维，引领学生构建完整的知识结构，养成、发展、提升学科核心素养。单元内容可由教师根据实际情况进行设计，如教材编排中的原有单元、依据学科观念或方法进行重组的单元等。教师可根据核心素养的要求灵活组织单元内容，并通过一系列相互联系、层层递进的教学设计来达成最终的单元教学目标，这表现了整体性、递进性和灵活性的特点。

1.突出教学的整体性

单元教学设计可通过把握具有内在关联的单元内容进行教学，从中观层次上实现厘清内容结构、挖掘知识内涵、设计教学任务、评估单元教学效果的完整过程，体现出较强的一体化、整体性的特征。整体性的设计，有利于学生逐步构建上位观念，进而形成观念统领下完整、系统的知识网络，更为重要的是有利于对学生进行科学思维与科学探究的训练和提升。

2.体现教学的递进性

单元教学设计的课时目标之间可依据知识的内在逻辑及学生的认知发展顺序，呈现出由浅入深、由易到难的安排序列，使教学有目的、有计划地进行。单元教学中的课时内容可作为独立个体，也可根据内容编排的螺旋式上升特点，相互联系、循序渐进。这

种层层递进的内容安排，增强了知识间的联系，具有较强的构建性和生长性，有利于学生的理解、巩固与吸收。

3.增强教学的灵活性

教学是一个创生过程。单元教学设计包含教师对若干课时教学内容的思考与设计，教师可在单元范围内选择相关联的内容进行调整，以保证单元教学的顺利实施。由于单元范围相对较大，教师的宏观把控程度较强，教师在进行单元内部的教学流程调整时可掌控的幅度较大，则表现出单元教学设计的灵活性较强、变通性较大的特点，这有利于教师根据教学目标需要灵活组织教材，创造性地设计和实施教学。

二、单元教学设计的模式

目前，国内教育界较为认同的单元教学设计模式是“ADDIE”模型，即分析、设计、开发、实施、评价五个环节。其中，“分析”即分析课标、教材、学生等基本要素；“设计”即设计单元及课时教学目标，选择教学策略，规划教学流程；“开发”即进行单元教学设计，做好教学准备；“实施”即将单元计划进行实践；“评价”即对学生学习效果进行测评，对教师教学进行研讨和反思等。

三、单元教学设计的一般流程

1.选定单元内容并分析教学基本要素，做好前期准备

（1）确定单元内容

教师在理解单元教学设计的意义并掌握单元内容的确定方法后，根据教学需求及教学经验对教材内容进行组织、创造再加工，确定符合教学实际的单元内容。

（2）进行课标、教材、学情分析

课标是落实国家教育方针的纲领性文件。通过研读课标，教师可加强对教学目标的理解和认识，将这些目标准确地分解并落实到具体的教学活动中。单元教学设计要把握课程标准对单元内容的整体目标及各节目标的要求，分析各目标之间的关联，加深对单元内容的认识。

教材内容是本节课的重要组成部分。教师可以通过分析各节内容的知识结构、作用和意义，厘清本单元各节内容之间的联系，为确定科学、准确的教学目标，选取教学策略和教学方法提供依据。

学生是学习活动的主体。教师要了解学生已有知识基础、生活经验、认知水平、学习动机等因素，依据学生的年龄特点和学习能力等关键因素进行综合分析，增强对单元教学的把控能力。

2.编制单元及课时教学目标，明确教学方向

单元教学设计主要从单元和课时两个角度出发来展开，教学目标能促进教学整体性，保证教学的有效性，是教学设计的出发点和归宿。

（1）编制单元教学目标

单元教学目标应对单元内容的主线、学生实际情况及教师自身水平等要素进行综合考虑而设定，注重课时之间的前后关联，关注生物学学科核心素养的培养，指向整体性目标的设计与达成。单元教学设计能避免课时教学中对系统内容的拆分及教学任务的缺失或重复，保证学生能高效、系统地构建知识网络。

（2）编制课时教学目标

课时教学目标是单元教学目标的细化，是实现单元目标的基础。在制订课时目标时，要提炼出单元学习的清晰主线，并结合学生的认知发展和教学内容的顺序，来确定明确、可操作的具体目标，注重课时目标的关联性和连续性，促进对整体内容结构的学习。

3.课时教学设计，落实目标要求

单元教学流程是基于单元教学目标的整体考虑，是选择恰当的教学策略，完成一系列彼此相关、层层递进的课时教学设计的过程。在单元教学设计过程中，教师应着重突出教学单元内容的连续性与层次性，设计出连贯一致的学习任务，为学生学科观念的达成搭建台阶，逐步实现单元教学目标。

4.综合评价反思，优化教学设计

在单元教学过程中，教师可采用诊断性评价、过程性评价和终结性评价相结合的方式进行实践，以获得学生在知识、能力及情感态度价值观等方面的反馈，掌握学生的学习情况。单元教学设计常由教学团队凝聚合力，共同完成，每次使用后需根据教学效果进行反馈、修改，不断增强教学设计的适应性与高效性。

综上所述，单元教学设计的教学内容围绕整个单元展开，使得教师能更加系统、整体地把握知识结构、挖掘知识之间的内在联系，而单元内容又可依据学科方法、思想、观点自主构建，更有利于教师关注到教学内容所蕴含的思想及如何培养学科核心素养。因此，单元教学设计能够为学生形成生物学学科核心素养搭建进步阶梯，使学生在教师自主构建的螺旋式上升的内容中经历理解、巩固、总结和提升的过程，进而实现学科核心素养的达成。

高中生物学教学中使用多媒体课件存在的问题及解决策略

多媒体课件因其集声像、图表、文字于一身，将抽象的教学内容具体为直观生动的视频影像的特点，能够有效调动学生的视听感官共同参与学习过程，激发学生的学习兴趣，提升课堂教学效率，而受到广大教师的青睐。然而，随着多媒体课件在学科教学中的广泛应用，出现了乱用、滥用多媒体课件以及学科教育功能被弱化的现象。本文针对高中生物学教学中使用多媒体课件存在的问题，提出了正确使用多媒体课件的基本原则和基本策略。

一、高中生物学教学中使用多媒体课件存在的问题

（一）课件思想性不强，使用价值不高

科学探究是生物学课堂的主旋律，高中生物学学科使用多媒体课件辅助教学的价值和意义在于利用多媒体课件化抽象为具体的特点，通过展示生命现象或相关信息素材，再现生物学概念的探究历程，或布设探究性问题情境，激发学生的探究活动兴趣，强化学生的探究活动体验，启迪学生的深度思维，引导学生在主动探究、自主构建的学习过程中，习得生物学知识，提升科学思维能力与科学探究能力，以弥补传统教学中单纯讲授的不足，更好地助推教学目标的高效达成。然而，有些生物教师设计和使用多媒体课件时，不深入分析教学内容的性质特点和教学需求，不仔细思考多媒体课件之于课堂教学的价值作用，缺乏明确的指导思想，盲目追求课堂的“现代化”，课件内容要么是教材的搬家，要么是对教材疑难点的解析，要么是教学设计的展示，甚至于把需要学生通过思维探究与交流讨论才能形成的结果、结论也搬到了课件上，生物学课堂变成了教学内容的直白展示。多媒体课件的使用，不仅没有起到深化探究过程、启迪学生思维的作用，反而禁锢了学生的科学思维过程和探究活动体验，生物学课堂教学失去了其最核心的要素，不利于学生生物学核心素养的培养和提升。

（二）课件内容太多，形式过于花哨，教学过程缺乏深度

优化课堂结构，服务教学过程，提升课堂效率，是制作和使用多媒体课件的基本遵循。然而，有些生物教师制作的课件，内容过于繁杂，形式过于花哨。内容上，将收集到的与教学内容相关的文字、图片和声像资料不加选择地集成到课件中，使得课堂信息

量过于庞大，冲淡了课堂教学的主题，背离了“精简容量、突出重点、重视实践、聚焦素养”的生物学课程理念；形式上，PPT播放、动漫演示、网络链接等应有尽有，甚至于有些教师在课件制作上还融入了许多与教学内容无关、迎合学生喜好的素材。课堂上，教师在讲台与鼠标之间来回奔波，学生被屏幕上精美的图片所吸引，生物学课程变成了“视频欣赏课”，教学中最为珍贵的师生之间的思想与情感交流被浮于表象、流于形式的视频影像所代替，学生最有价值的主动参与、自主构建的探究性学习过程让位于“人机对话”，教学过程没有深度可言，学科教育功能被严重弱化。

（三）课件适切性较低，教学体系混乱

一切教学手段的运用都应当紧密联系教学内容和学情实际。然而，有些教师备课时从网络上下载一些现成的教学课件稍做修改甚至不做修改，直接搬上课堂，既不理解课件设计者的指导思想，也不顾及学生的学情实际，课件展示内容与教师的教学主张两张皮，教师没有完整统一的教学体系，学生没有严谨有序的学习脉络，课堂结构混乱，学生的注意力无法集中，也很难融入课件演示的情境之中参与课堂互动和构建学习，直接影响着教与学质量的提升。

（四）过分依赖课件，教学形式单一，课堂教学效率不高

生命是教育的基石，教育教学的逻辑起点是生命的成长。作为学校教育主体的学科教学，不仅仅是知识的传承，还有思维的互动、情感的交流、人文的关怀和精神生活的眷顾，教学的这些价值功能是冰冷的“人机对话”无法替代的。因此，教学必然是多种方法和手段的综合艺术，特别是传统教学方法，无论过去、现在和将来，始终是课堂教学的主角。然而，有些教师过分依赖课件，课堂上单一的课件展示替代了讲授、谈话、合作交流等传统的教学方法，多媒体变成了“一媒体”，直接影响着师生之间的思维互动与情感交流，影响着学生对学科思想的感悟与学科方法的学习，影响着学生发散思维和创新能力的提升。甚至于有些教师过于依赖课件缺失了手写板书环节，致使课堂教学内容庞杂、零散，缺乏完整的体系结构，影响着学生对知识的系统理解和知识结构的完整形成，制约着课堂教学效率的有效提升。

那么，怎样才能让多媒体课件有效服务于课堂教学，实现其应有的辅助功能呢？

二、高中生物学教学中正确使用多媒体课件的原则

笔者通过多年的高中生物学教学实践探索，深切地体会到，生物学教学中正确使用多媒体课件，应该遵循以下几条原则：

（一）科学性原则

设计和使用多媒体课件，首先，要有明确的指导思想，要服从于教学设计的总体目标要求，要为优化课堂结构、提升教学效率服务；其次，要有明确的教学目的，要立足学科性质与学科特点，紧密结合教学内容和学情状况，渗透学科思想和学科方法教育，为学生的探究性学习搭建良好的平台；再次，表述要规范、科学、准确，不能出现科学性错误，不能把错误的观点、概念和原理传授给学生，文本、图形、动画、音像、视频

等各种媒体要合理使用、搭配要得当、层次要分明，生动活泼又不失严肃。

（二）简约性原则

多媒体课件要简洁、精练，切忌把课件做得面面俱到、让课件取代师生的互动交流和学生的自主学习。课件数量不宜过多，一节课一般在10张以内为宜，过多易造成华而不实，影响教学进度和教学效果。尽可能一张幻灯片同时带动多个知识点，以引发学生的发散思维和创造性学习。

（三）适切性原则

要围绕教学目标，结合教学内容，只有贴近学生认知水平和生产生活实际的多媒体课件，才能激发学生的求知欲望和积极主动的自主学习习惯。因此，设计和使用多媒体课件时可以借鉴经典图片或视频，但绝不能照抄照搬，一定要融入自己的教学思想，要有利于不失时机地穿插于教与学的过程中进行信息交流，并能引发学生学习关键节点的深度思维、持续探究和自主构建。同时，课件的呈现时机和播放速度要适宜，要突出重点、难点、疑点内容，要留给学生思考回味的时间，确保课件与教学的统一。

（四）综合性原则

品优质高的课堂教学是思想性和艺术性的和谐统一，是多种教学方法与手段的有机结合，是综合运用最优化的体现。传统的教学方法对于启迪学生思维，展现教师个人魅力有着独特的作用。因此，作为生物学教师必须充分认识各种不同教学方法、手段的优缺点及其在生物学教学中的价值和作用，扬长避短，优势互补，把传统教学手段与现代教学技术结合起来，综合运用并服务于教学。

三、高中生物学教学中正确使用多媒体课件的基本策略

高中生物学课程以提升学生的生物学学科核心素养（生命观念、科学思维、科学探究、社会责任）为基本目标。为此，高中生物学教学中运用多媒体课件提升课堂教学效率，应着重关注以下几个方面：

（一）渗透生命观念，完善认知体系

生命观念是对观察到的生命现象及相互关系或特性进行解释后的抽象，是人们经过实证后的观点，是能够理解或解释生物相关事件和现象的意识、观念和思想方法。生命观念是生物学学科认知能力的反映，不仅影响着学生的学习方式、思维方式、知识储备和能力发展状况，而且在学生以后的学习、生活中具有普遍意义和广泛迁移价值。生命观念是教师设计和组织教学的思想方法，也是学科教学目标。生物学课堂上穿插于教学过程中的多媒体课件往往是模块化的问题情境或碎片化的事实性概念，如果没有生命观念的关联，将会显得庞杂、零散，影响教学体系的完整和学生认知能力的提升。因此，作为生物学教师，在教学设计和制作、使用多媒体课件时，只有深入挖掘教材内容的历史维度、逻辑维度和创新维度，把生命观念作为整合和编织教学内容的经线和纬线，运用生命观念将生物学事实性知识、概念性知识和方法性知识串联起来，形成脉络清晰的教学体系，才能有效引导学生进行系统的探究学习，并从整体上去感受和领悟教学思

想，培养生命观念，提升学科认知能力。

（二）创设问题情境，搭建探究平台

“高中生物学是科学领域的重要学科课程之一，它既要让学生获得基础的生物学知识，又要让学生领悟生物学家在研究过程中所持有的观点以及解决问题的思路和方法。”评价一节生物学课程是否成功的重要标志之一，是课堂教学是否显现出浓浓的科学味，是否激发出学生主动探究和自主构建的热情和兴趣。因此，创设能够激发并引导学生主动参与、深度思考、自主构建、进阶学习的问题情境，为学生的探究性学习搭建良好的平台，让学生在亲历提出问题、获取信息、寻找证据、检验假设、发现规律等过程中，习得生物学知识，养成科学思维习惯，形成积极科学的态度，发展终身学习及创新实践的能力。这是生物学教学设计和制作、使用多媒体课件的基本遵循，也是多媒体辅助教学的价值所在。

（三）呈现思维导图，启迪科学思维

科学思维是生物学学科核心素养的灵魂，学生科学思维的培养源于教师的引导和学生自主学习过程中的领悟，往往系统性差、周期性长。如果利用多媒体课件呈现思维导图，将思维形象化、可视化，不仅有利于高效培养学生的逻辑思维和发散思维，也有利于促进学生对知识的理解和概念体系的构建。例如，新课导入和课堂小结时，简洁的思维导图，能够引发学生积极思考和归纳总结；复习教学中，以核心概念为中心，利用多媒体课件的渐进式播放，可以将分散的知识点按其逻辑关联进行整理，构建知识网络，有利于实现知识的迁移，培养学生的发散思维；习题讲解中，应用思维导图有利于理清各个知识点的逻辑关系，将抽象的问题具体化，有利于提升分析问题、解决问题的能力，培养学生的逻辑思维。利用思维导图将假说演绎法、模型构建法、类比推理法进行模式化展示，有利于学生对生物学学科方法的理解和掌握。

（四）展示学科成就，培养社会责任

学科成就是培养学生社会责任意识的基本素材。生物学知识与日常生活、生产实际紧密相连，生命科学的突出成就与人类的健康生活及国家的社会、经济利益密切相关。生物学教学中利用多媒体课件展示生物科学成就，如生态农业、人类基因组计划、转基因食品的安全问题、癌症与艾滋病的治疗、诺贝尔生理学或医学奖对维护人类健康的意义、袁隆平杂交水稻对人类社会的贡献等，鼓励和引导学生运用所学的生物学知识去参与讨论、论证，尝试解决生活中的生物学问题，对于培养学生的社会责任意识会起到很好的作用。

（此文发表在广西教育学院、广西现代教育杂志社《中学教学参考》2019年第12期）

多媒体课件使用频度与教学效果相关性的研究结题报告

一、工作报告

2018年11月23日，笔者主持申报的天水师范学院教育硕士指导教师基础教育研究项目《多媒体课件使用频度与教学效果相关性的研究——以高中生物学学科为例》批准立项后，课题组着手制定研究计划，进行组织分工，开始了实践和研究工作。

2018年12月20日正式开题，期间，我们重点探讨研究了三个方面的问题：

一是课题组成员以《中国学生发展核心素养》为总体教育目标，认真研究了“高中学段高效课堂的基本构架及其特质”，目的是使课题组每位成员对“高中学段课堂教学的价值追求和教育教学策略”形成较为清晰的认识和正确的理解。大家普遍认为，课堂教学是学生发展核心素养落地生根的基本途径和重要保证，课堂教学的价值追求是基于师生当下生活、指向学生未来发展，让师生在享受教与学的幸福与快乐中，获得生活质量的提升和人格尊严的捍卫。高效课堂的基本特质，应该是教师与学生在质疑批判、交流讨论的自由而融洽、互动而轻松、优雅而有效的合作探究与创造生成过程中的共同获得发展与提高。为此，综合运用多种教学手段和方法，特别是运用多媒体信息技术，创设适切的问题情境，引导学生在亲历和体验提出问题、分析和解决问题的活动过程中，主动探究、自主构建，是促进学生核心素养全面提升的基本策略。

二是深入研究了《普通高中生物学课程标准（2017年版）》，目的在于增强课题组成员对高中生物学课程属性、课程理念、课程教育目标与课程的价值追求的认知和理解。大家共同的认识是，生物学隶属于科学课程的本质属性决定了生物学根本性的价值追求就是提升学生的生物科学素养。生命观念是渗透于生物学学科内容的核心思想，是整合生物学知识体系的经线和纬线，是生命科学的哲学观念；理性思维和科学探究是科学课程的灵魂，是最基本的科学素养；社会责任是学科课程最根本的价值追求和归宿。生物学教育的本质就是通过促进学生生命观念、理性思维、科学探究、社会责任的提升，落实学生发展核心素养的总体目标。

三是深入研究了多媒体信息技术与生物学学科整合的价值意义及多媒体课件的使用原则和方法。大家进一步认识到，多媒体课件集声像、图表、文字于一身，将抽象的教学内容具体为直观生动的视频影像的特点，不仅能够有效调动学生的视听感官共同参与学习过程，而且能够还原和再现生命科学的探究历程，能够将生物学内容的历史维度、逻辑维度和创新维度融为一体，引导学生在科学探究活动过程中进行高阶思维和深度学习，从而有效提升学生的生物学学科核心素养。

最后大家一致认为，科学探究、自主构建是高中生物学课堂教学的主旋律，多媒体课件的合理使用，有利于引导学生亲历和体验知识的产生、知识的增长、知识的生成、知识的应用过程，是培育高中学生生物学学科核心素养的重要辅助手段。

2019年1月—2019年6月，课题组根据形成的思想认识，分工进行实践研究。由笔者负责，依托“陇原名师石志学高中生物工作室”和天水市第一中学生物学教研组，在天水市第一中学进行了“多媒体课件使用频度与教学效果相关性的研究”，过程分三个层面进行。

首先，课题组成员对天水市第一中学高一、高二、高三年级生物学学科教学中使用多媒体课件的现状、存在的问题和教学效果进行了详尽的调查研究，梳理并提出了高中生物学课堂教学中使用多媒体课件存在的普遍性问题，即课件思想性不强，使用价值不高；课件内容太多，形式过于花哨，教学过程缺乏深度；课件适切性较低，教学体系混乱；过分依赖课件，教学形式单一，课堂教学效率不高。

其次，在调查研究的基础上，课题组成员集思广益，研究制定了高中生物学教学中使用多媒体课件的基本原则和具体方法（科学性原则，简约性原则，适切性原则，综合性原则），提出了高中生物学课堂教学中使用多媒体课件的基本策略（渗透生命观念，完善认知体系；创设问题情境，搭建探究平台；呈现思维导图，启迪科学思维；展示学科成就，培养社会责任），形成了课题研究的阶段性成果。

最后，将研究的阶段性成果在“陇原名师石志学高中生物工作室”网站和天水市第一中学生物学教研会上进行了广泛的宣传和意见征求，并且要求工作室成员和天水市第一中学生物学教师以此成果进行多媒体课件的设计、制作和应用，同时还要求课题组成员对教学过程和教学效果进行跟踪分析和针对性研究。

2019年7月—2019年10月，在调查研究和实践应用的基础上，课题组收集、汇总了所有阶段性研究成果材料，进行了反复的讨论、研究，形成了本课题的最终研究成果。该研究认为：优化课堂结构、服务教学过程、提升课堂效率，是制作和使用多媒体课件的基本遵循。多媒体课件的设计和制作，要有明确的指导思想，要服从于教学设计的总体目标要求，要立足学科性质与学科特点，紧密结合教学内容和学情状况，渗透学科思想和学科方法教育。多媒体课件的使用要有利于不失时机地穿插于教与学的过程中进行信息交流，并能引发学生在学习关键节点的深度思维、持续探究和自主构建，为学生的探究性学习搭建良好的平台。缺乏明确指导思想，盲目追求课堂教学“现代化”，浮于表象、流于形式的乱用、滥用多媒体课件，不仅冲淡了课堂教学主题，弱化了学科教育功能，反而禁锢了学生的科学思维过程和探究活动体验，使课堂教学失去了其最核心的要素，不利于学生核心素养的培养和提升。

在本课题研究的过程中，笔者撰写的论文《高中生物学教学中使用多媒体课件存在的问题及解决策略》发表于《中学教学参考》2019年第12期；笔者制作并使用的多媒体课件教学课例《植物细胞工程的实际应用》和《从生物圈到细胞》在天水市“一师一优课、一课一名师”活动中均获得一等奖。笔者因其优质的课堂教学荣获天水市第一中学2018—2019年年度“优秀教师”。

本课题研究成果：本课题针对高中生物学教学中使用多媒体课件存在的问题，提出了高中生物学教学中正确使用多媒体课件的基本原则和基本策略。

生物学教学中正确使用多媒体课件应该遵循的基本原则：

①科学性原则。设计和使用多媒体课件，首先，要有明确的指导思想，要服从于教学设计的总体目标要求，要为优化课堂结构、提升教学效率服务。其次，要有明确的教学目的，要立足学科性质与学科特点，紧密结合教学内容和学情状况，渗透学科思想和学科方法教育，为学生的探究性学习搭建良好的平台。再次，表述要规范、科学、准确，不能出现科学性错误，不能把错误的观点、概念和原理传授给学生，文本、图形、动画、音像、视频等各种媒体要合理使用、搭配得当、层次分明，生动活泼又不失严肃。

②简约性原则。多媒体课件要简洁、精练，切忌把课件做得面面俱到，让课件取代了师生的互动交流和学生的自主学习。课件数量不宜过多，一节课一般在10张以内为宜，而且尽可能一张幻灯片同时带动多个知识点，以引发学生的发散思维和创造性学习。

③适切性原则。设计和使用多媒体课件要围绕教学目标，结合教学内容，贴近学生认知水平和生产生活实际，要有利于激发学生的求知欲和积极主动的自主学习习惯，可以借鉴经典图片或视频，但绝不能照抄照搬，一定要融入自己的教学思想，要有利于不失时机地穿插于教与学的过程中进行信息交流，并能引发学生学习关键节点的深度思维、持续探究和自主构建。同时，课件的呈现时机和播放速度要适宜，要突出重点、难点、疑点内容，要留给学生思考回味的时间，确保课件与教学的统一。

④综合性原则。教学是思想性和艺术性的和谐统一，是多种教学方法与手段的有机结合，是综合运用最优化的体现。教师进行课堂教学设计时，必须充分认识各种不同教学方法、手段的优缺点及其在生物学课程教学中的价值和作用，扬长避短，优势互补，把传统教学手段与现代技术结合起来，综合运用并服务于教学。

高中生物学教学中正确使用多媒体课件辅助教学的基本策略：

①渗透生命观念，完善认知体系。生命观念是教师设计和组织教学的思想方法，也是学科的教学目标。教师在进行教学设计和制作、使用多媒体课件时，要深入挖掘教材内容的历史维度、逻辑维度和创新维度，把生命观念作为整合和编织教学内容的经线和纬线，运用生命观念将生物学事实性知识、概念性知识和方法性知识串联起来，形成脉络清晰的教学体系，才能有效引导学生进行系统的探究学习，并从整体上去感受和领悟教学思想，培养生命观念，提升学科认知能力。

②创设问题情境，搭建探究平台。创设能够激发并引导学生主动参与、深度思考、自主构建、进阶学习的问题情境，为学生的探究性学习搭建良好的平台，让学生在亲历提出问题、获取信息、寻找证据、检验假设、发现规律等过程中，习得生物学知识，养成科学思维习惯，形成积极科学态度，发展终身学习及创新实践能力，是生物学教学设计和制作、使用多媒体课件的基本遵循，也是多媒体辅助教学的价值所在。

③呈现思维导图，启迪科学思维。科学思维是生物学学科核心素养的灵魂，学生科学思维的培养源于教师的引导和学生自主学习过程中的领悟，往往系统性差、周期性长。如果利用多媒体课件呈现思维导图，将思维形象化、可视化，不仅有利于高效培养学生的逻辑思维和发散思维，也有利于促进学生对知识的理解和概念体系的构建。

④展示学科成就，培养社会责任。学科成就是培养学生社会责任意识的基本素材。生物学知识与日常生活、生产实际紧密相连，生命科学的突出成就与人类的健康生活及国家的社会、经济利益密切相关。生物学课程教学中利用多媒体课件展示生物科学成就，如生态农业、人类基因组计划、转基因食品的安全问题、癌症与艾滋病的治疗、诺贝尔生理学或医学奖对维护人类健康的意义、袁隆平杂交水稻对人类社会的贡献等，鼓励和引导学生运用所学的生物学知识去参与讨论、论证，尝试解决生活中的生物学问题，对于培养学生的社会责任意识会起到很好的作用。

本课题的提出，源于笔者长期以来在听、评课中，对众多教师在教学中使用多媒体课件的思考和对自己多年来教学中使用多媒体课件的反思，课题研究的理论支撑主要是构建学习理论和进阶学习理论，课题研究所依赖的评价指标主要是“中国学生发展核心素养体系”和“高中生物学学科核心素养体系”，研究方法主要是调查法和实验验证法，研究过程始终基于实践的调查研究和实践的应用检验。研究结果表明，该研究成果不仅能够较好地解决高中生物学教学中使用多媒体课件存在的问题，而且可以借鉴应用于其他学科，具有很好的实践应用价值和广泛的推广价值。为此，该研究成果不仅在天水市第一中学和陇原名师石志学高中生物工作室成员中进行了推广使用，笔者还在重庆市高中生物学教学研讨会，湖北省仙桃市教师培训会，甘肃省高中生物学教学研讨会以及天水市麦积区、武山县、秦安县、张川县高中生物学教学研讨会上进行了示范、交流和推广使用，受到了与会专家和教师的一致好评。教师们普遍反映，该研究成果既聚焦于当前中小学课堂教学乱用、滥用多媒体课件，弱化教育教学功能的现状，又站在一定高度的理论视域，依据“核心素养”目标体系提出了使用多媒体课件的基本原则和方法策略，能够较好地解决教学实践中不合理使用多媒体课件的问题，为中小学教师在学科教学中正确使用多媒体课件辅助教学提供了基本遵循和范式，对中学学科建设提供了丰富的素材，对于信息技术与学科教学的融合具有重要的借鉴与推广价值。

二、成果报告

（一）研究内容

1.调查、总结高中生物学学科教学中使用多媒体课件辅助教学存在的问题，研究、解读凝结“核心素养目标”的2017年版《普通高中生物学课程标准》，分析、梳理信息技术辅助课堂教学的价值和作用，形成课题研究思想。

2.以培育和发展学生的核心素养为基本目标，以落实立德树人根本教育任务为宗旨，以提升课堂教学品质为抓手，探寻信息技术与生物学课程融合的契合点，构建基于学科核心素养目标正确使用多媒体课件的基本原则和方法策略。

（二）本课题的创新点

1.本课题研究将培育和发展学生的核心素养作为学科教学的出发点和归宿点，将信息技术与学科教学的有机融合作为提升课堂品质的辅助手段和基本原则，保证了课题研究的正确方向。

2.本课题研究以构建品优质高的课堂教学为宗旨，以解决当前课堂教学中普遍存在的乱用、滥用多媒体课件，弱化教学功能等现实问题为抓手，以高中生物学教学与多媒体信息技术的有效融合为范例，以教学方法论为指导，确立了课堂教学中正确使用多媒体课件的基本原则，构建了高中生物学教学中正确使用多媒体课件的基本策略。

（三）本课题研究得出的几点结论

1.多媒体课件作为教学辅助手段，必须为优化课堂教学结构、提升课堂教学品质、构建高效课堂服务。

2.多媒体课件的设计、制作和使用，要始终贯穿教学指导思想，要紧密配合教学内容和学生的学情实际，要有利于助推教学目标的落实。

3.教师设计、制作和使用多媒体课件时，要深入挖掘教材内容的历史维度、逻辑维度、生活维度和创新维度，要找准信息技术与学科教学融合的契合点和着力点，以促进学生的主动探究、深度思维、自主构建和进阶学习的能力。

（四）研究中存在的问题

1.由于研究周期相对较短，多学科的比较性研究相对较少，研究成果不是十分充实。

2.课题研究过程中派生的许多想法没有得到及时总结、提炼。

（五）今后的设想

1.将进一步加强对“信息技术”与“教学方法论”的学习和研究，结合高中生物学课堂教学，不断提升多媒体课件的设计、制作和使用能力。

2.进一步扩大与其他学科教师的交流学习，借鉴其他学科教师在多媒体课件使用方面的智慧，提升多媒体课件辅助教学的效力。

3.以多媒体课件的应用为抓手，不断提升综合运用多种教学方法和手段辅助教学的水平，打造高品质课堂教学的能力。

核心素养导向的高中生物学探究性实验教学研究

一、课题（问题）的提出

近年来，笔者有幸受邀到我省22所高中学校开展生物学高考备考专题讲座、示范课教学、教师专业发展培训等工作，每到一处都会与当地教师探讨交流笔者心心念念的教学软肋——生物学实验教学工作，基本了解了我省高中生物学实验教学的基本现状。我省高中生物学实验教学基本上是课堂上的讲述、演示、多媒体课件的展示，至多是在实验室对教材实验步骤的简单操作和对前人实验结果的重复验证，学生的实验过程基本上是“依葫芦画瓢”的简单操作，实验的结果在预料和掌控之中，这种浅层次的实验教学，导致实验对新知识本身蕴含的构建意义、对培养学生科学素养的价值作用大打折扣。为此，笔者就如何有效提升高中生物学实验教学质量进行了反复的研究和论证，确立了“重视探究性实验教学，强化核心素养培育”的专项课题。

探究性实验教学是以教材实验为范式，在教师的指导下，学生运用已有的知识和技能，亲历和体验发现问题、探究问题和解决问题的过程，是真实的探究性学习过程，是科学结论的形成和发展过程，是学生的知识体系、认知结构、科学素养的转换重组过程。

探究实验的特点要求教师要改变以往的教学策略，构建新型的教学模式，打破“明确目的—掌握操作步骤—验证结论”的验证性实验教学模式，采用“问题—假设—实验探究—得出结论”的探究性实验教学新模式，以强调学生探究新知的经历和获得新知的体验，实现结果和过程的并重，能更好地培养学生的科学素养。

二、课题研究的意义

（一）生物新课程改革的需要

我国基础教育新课程改革的核心理念是“一切为了每一位学生的发展”。目前，核心素养导向的学习方式已成为教学领域的重要研究课题。新课程倡导探究性学习，期望使每一个学生通过学习对生物学知识有更深入的理解，能够使他们对今后的职业选择和学习方向有更多的思考，能够在探究能力、学习能力和解决问题能力方面有更好的发展，能够在责任感、合作精神和创新意识等方面得到进一步提高。生物学实验教学作为生物学教学中的一种重要的教学活动，决定着生物学教学改革的成败，决定着教学过程的优劣，它是解决高中生物学教学现状与素质教育、创新教育之间的矛盾的关键因素。

（二）教师教学理念发展的需要

核心素养导向的高中新课程改革不仅在教材体系建设上发生了较大的变化，而且对教师的专业发展提出了更高的要求，首先要求教师要不断更新教育理念，从培养人才的角度去提升自己。在新课程中，教师既是课程的使用者，又是课程的开发者，不仅要教好教材，更要用好教材。如何搞好高中生物学实验教学，如何通过实验课培养学生的核心素养，关键在教师。教师应依据课程标准，加强实验教学模式的研究，应尽可能多的让学生参与实验，创设条件使学生身临其境，通过探究性实验学习过程促进学生科学素养的提升。因此，加强探究性实验教学研究，是适应新课程改革教师教学理念发展的需要。

（三）学生认知发展的需要

基础教育课程改革最为优秀的成果是明确并构建了立德树人的目标体系——核心素养，核心素养是学生应具备的适应终身发展和社会发展需要的必备品格和关键能力。探究性实验教学以其实践性、探究性、合作性的特点，为培养学生良好的性格品质和学生的认知、合作、创新等关键能力提供了知、情、意、行的实践与训练途径。因此，高中生物学课程要特别重视探究性实验教学，要依据教材资源，结合当地实际，课内外结合，灵活调整探究性实验教学内容，发展探究学习的空间，延伸探究学习的视野；要积极创设有利于学生主动探究、自主学习的问题（生活）情境，即可根据具体时间、地点、学生的不同生活经历、学校的教学环境，设计灵活多样的活动方案；通过丰富多彩的探究性实验学习，让学生体验到获取知识的快乐，提升学生主动参与探究性实验学习的兴趣，促进学生认知能力、实践能力、创新能力、合作能力的提升和良好性格品质的形成。

三、高中生物学探究性实验教学现状

面对21世纪知识经济时代的挑战，世界各国开始纷纷审视教育存在的问题，改革人才培养观念和模式，实现从精英教育向大众教育转变。科学探究称为贯穿各学科新课程的主线，国内学者也围绕该主题展开了理论与实践研究。

虽然我国中小学生物学课程改革的步子迈得大、迈得快，素质教育的实施对中学实验教学要求也越来越高，但是中学生物学实验教学的现状明显落后，实验教学观念滞后，现状跟不上形势的发展。有些地方仍把实验教学看作一种辅助性教学手段，教师看重实验结果，轻视实验过程；侧重知识的巩固，淡化能力的培养，且习惯性地以验证性实验为主。实验仍停留在较低的感知和操作层次，多数人未形成相对持久的探究性实验教学意识，导致高中生物学实验教学依然处于薄弱环节，与我国教学改革要求存在较大差距。因此，认真扎实地开展高中生物学探究性实验教学研究，很有必要，也具有重要的现实意义。

四、课题的研究目标和意义

（一）课题的研究目标

随着我国基础教育课程改革的不断深入，新课程实施过程中如何加强实验教学，如何利用可利用的课程资源，利用教材优势，使学生的实验学习和研究过程更加丰富多彩，使学生的认知水平、研究水平得到发展成为高中科学教育的重要研究课题。本课题旨在研究并构建基于核心素养的适宜操作的高中生物学探究性实验教学模式，为提升实验教学品质和实验教学质量服务，为高中生物学学科建设提供可借鉴的资源。

（二）课题的研究意义

通过高中生物学探究性实验教学研究，为探究性实验教学在生物学新课程教学中运用的理论建设和实践操作提供有价值的经验，使生物学实验教学在促进学生获得知识和提高能力，落实培养学生的创新意识和创造能力等方面取得重要突破，有力推动高中生物学课程改革不断深入。

通过高中生物学探究性实验教学研究，有助于采用探究的方式主动构建知识，并在构建的过程中感悟科学方法，学会实验探究的思维与方法，将这种思维和方法运用于学习中，实现学习角色的正确定位和学习方式的改变，并能丰富情感体验，提高科学素养，对学生进行职业规划，谋求生存和发展，提高生活质量起到久远的作用。

通过高中生物学探究性实验教学的研究和实验，有利于高中生物学教师思考和接受新课程理念，也有利于高中生物学教师从接受新课程教育理念向实施教育行为进行转化，同时也有利于地方高中生物学教师因地制宜、创造性地开展探究性实验教学。

五、当前高中生物学实验教学存在的主要问题分析

反思目前的高中生物学教育，就会发现充斥我们头脑的仍然是一种偏执的知识本位教学观或学科本位教学观。虽然广大生物学教师都信服并强调素养本位的探究性实验在发展学生核心素养上的巨大优势，但是由于种种原因，在实验教学中还没有普遍实施。目前，高中生物学实验教学中存在的问题主要是：

（一）知识本位教学观的影响

受知识本位教学观的影响，实验的开展多以教师的演示实验或视频展示为主，过分强化实验的验证作用，侧重于现象本身的观察和描述，不重视现象产生时条件的讨论和探究，实验的实际效果和实验的教学目标之间存在着一定的差距。

（二）学科本位教学观的影响

受学科本位教学观的影响，生物学教师都心知肚明：生物学是一门实验科学，生物学知识体系的形成来自于生物学科学实验，将生物学教出浓浓的科学味道，将生物学实验教出浓浓的科研味道，是有效提升生物学教学质量的重要举措。因此，高中生物学教师在思想上都能够明确实验教学的重要性。但是，许多高中生物教师受高考对实验纸笔

测试的影响，以及对高考实验题蕴含的素养考查的肤浅理解，较少设计探究性实验活动去发展和培养学生的实验能力。

（三）忽视学生的主体性

在实验教学中，忽视学生的主体性，学生处于被动地位，学生的主体性得不到充分的发挥，学习主动性受到抑制。教师只是向学生讲授实验原理、讲述实验操作步骤，实验教学的主要任务停留在对实验原理的理解和对实验步骤的熟练操作方面，忽视对学生创新意识和探究能力的培养。

（四）绝对真理观的影响

受绝对真理观的影响，给学生的知识是预设的、确定的东西，对问题的解决只要求有方案或答案，忽略了科学是建立在事实和证据之上的创生过程，丧失了最基本的科学品质；忽视了对学生想象力和创造性思维能力的培养，丧失了科学的教育价值。这不仅不利于对学生创新思维的培养，而且遏制了学生创新能力的发展。

（五）忽视探究教学理念

在实验教学中，忽视探究教学的理念，过分重视实验的“经典性”，缺少与生活实际相联系的实验环境，不利于学生对周围环境的关心和探索，实验成为“空中楼阁”。注重学生能力和个性发展的训练力度不够，忽视科学探究过程的教学理念，不利于全面提高学生的科学素养，也不利于学生的创新精神和实践能力的培养。

六、探究性实验教学的理论基础

（一）布鲁纳的发现学习理论

布鲁纳是美国当代认知心理学的主要代表人物，他的发现学习理论认为，学习是认知结构的组织与重新组织，是将新知识与学生原有的认知结构联系起来，通过新旧知识的交互作用，使新知识在学习者头脑中获得新意义的过程，这就是学习中的发现。由于不同个体认知结构的层次水平是有差异的，所以，教学中教学内容的设计和组织，既要合乎逻辑，又要与学生头脑中的认知结构相适应，以便于学生掌握和发现科学的新概念，培养科学探究能力。

（二）萨其曼的探究教学理论

萨其曼认为，实施探究教学必须满足三个条件：有一个集中学生注意的焦点，最好是一个能引起学生惊奇的事件或现象；学生具有探索求异的自由；有一个能激励思维活跃的环境氛围。一般由一个惊异事件或现象开始教学，接着让学生对所观察到的现象提出“是”或“不是”之类的问题，当学生对观察结果做出推测性解释后，进一步提出问题，检验自己的假设。他提出了探究训练的四条基本原则：只有学生感到疑难时才会去探究；在探究中学会分析和改进思维策略；新的思维策略对学生原有的策略有补充作用；一切知识都具有尝试性。萨其曼的探究教学理论为高中生物学探究性实验教学提供了理论依据。

七、高中生物学探究性实验教学的设计模式

探究性实验教学并不是杂乱无章的，而是一种精心编排的教学活动。实验探究是学生在课堂上进行的一系列的科学探究活动。其基本程序一般包括以下六个方面（见图1）：

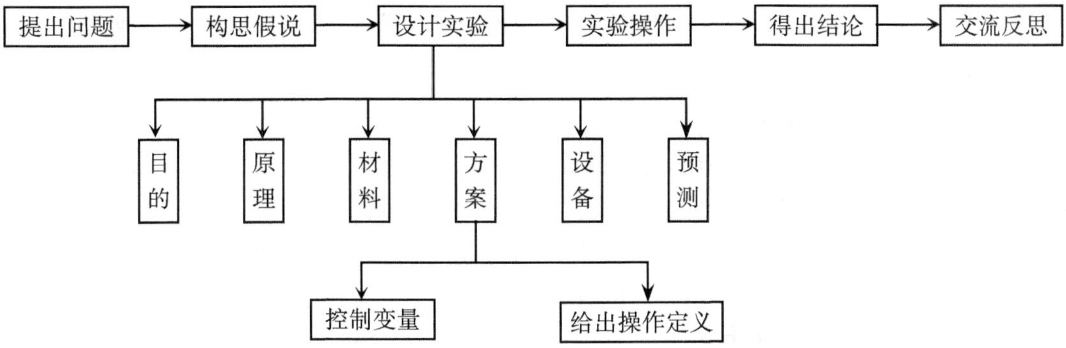

图1　高中生物学探究性实验教学的基本程序

（一）提出问题，构想假说

假设是对可见现象做出的一种能够检验的解释、推论或猜想，可能是正确的，也可能是错误的。在高中生物学教学中，假设的依据是已有的生物学理论知识、生活经验、既往的经验或证据，其正确与否必须通过实验进行检验。用来检测的依据应来源于收集、分析和解读的实验数据。如针对低温能够诱导染色体数目加倍吗？做出假设：如果低温能够诱导染色体数目加倍，那么用低温处理生根的洋葱等实验材料，在其有丝分裂细胞中能够观察到染色体数目加倍的现象。

（二）设计实验，预测结果

设计实验是探究性实验活动的关键环节，包括确定实验目的、实验原理、实验材料的选择、设计实验方案、预测实验结果等。

1.实验目的

实验目的是从提出问题演变而来的，即把提出的问题变为陈述句。在实验目的的表述上要体现实验的性质，使用“观察、鉴别、验证、探究”等关键词语进行表述。

2.实验原理

实验原理是实验设计和实验实施的科学道理，是设计实验方案的指导思想，是预测实验结果的理论依据。它涉及生物学及相关学科中的一些基本方法、基本原理、基本规律等。如测定洋葱鳞片叶外表皮细胞的细胞液浓度，虽然其利用了植物细胞的质壁分离现象，但实验原理是渗透作用。

3.实验材料的选择

实验材料的选择要根据实验所提出的问题和要求，联系实验过程的需要准确判断和选取，不要少用或多用，尽量选用实验效果显著、容易获得以及原理简单的实验装置和器材。

4.设计实验方案

设计实验方案是设计实验的核心，它包括确定实验组合、筹划实验方法步骤、思考注意事项、构思记录实验数据的格式等。

5.预测实验结果

阐述预测的实验结果，其表述形式通常与假设类似，采用“如果……那么（则）……”的句式。“如果”是预测实验现象，“那么（则）”是根据预测的实验现象可以得出的实验结论。

（三）实验操作，搜集数据

依据实验方案实施实验操作，在完成实验操作的过程中搜集足够的实验数据是一个至关重要的环节。实验数据主要通过观察和测量得到，通常用描述和绘图来搜集观察获得的数据，用国际标准单位来表示测量获得的数据。在收集、整理和解读这些实验数据的过程中，就能获得支持或否定假设的证据。

（四）分析数据，得出结论

分析数据是对实验数据信息进行整理和加工的过程。通过整理，找出研究对象的发展趋势，或推断不同事务之间的联系，或揭示事实或规律，确定数据或现象是否支持预先做出的假设，运用证据和逻辑分析对提出的问题做出答案或解释，从而得出最后的实验结论。因此，结论与预测不同，结论是唯一的。

绘制图表是整理数据的常用方法。观察获得的数据可以绘制概念图、比较表或图示、思维图、流程图或循环图，根据获得的数据可以绘制柱形图、折线图或扇形图等。

（五）交流讨论，反思总结，优化实验，完善结论

在分组实验、交流讨论、反思总结的基础上进一步优化实验方案，完善实验结论，有利于提升实验教学的品质。

八、关于高中生物学探究性实验教学研究的思考

（一）开展生物学探究性实验教学的优点

1.激发求知欲，培养浓厚的兴趣

在高中生物学实验教学中，采用探究性实验教学可强烈地激发学生的求知欲，培养学生学习生物学稳定、持久的兴趣，促进学生观察能力、思维能力、综合分析能力和实验探究与设计能力等多方面的提高。学生能从实验现象、生活经历入手，提出可探究的问题并设计可行的实验方案，最后完成实验并得出相应结论。因此，教师在教学中要力求把学生的兴趣调动起来，唤起学生学习生物学的热情，并使之自觉转化为学习生物学的动力。

2.发挥学生主体性，提升探究能力

“探究性实验教学”模式与传统教学模式最大的不同，就在于学生不再是一味听教师讲、看教师做，而是在足够的时间和空间范围内，学生通过教师的指导，独立、自主的确定和分配时间，积极主动地发现和提出问题、自主搜集资料、设计实验方案、进行

实验操作，对实验的事实加以分析并做出结论，对实验过程、实验结果及结论进行讨论与交流。这样的探究性实验学习，真正体现了学生的主体作用，充分发挥了学生的主观能动性，学生才能真正感受到自己是学习的主人，也能极大地调动学生的积极性、主动性和创造性，使他们能够在实验教学中认真实验、主动观察、大胆提问、积极思考，亲历和体验习得真正属于自己的知识，获得科学思维和科学探究能力的滋养与提升。

3.培养严谨求实的科学态度，开拓创新思维

生物学探究性实验教学与传统的教学方式相比，更有利于培养学生实事求是的科学精神与严谨的科学态度，提高学生的探究能力、创新能力。在实验过程中，学生能自觉地遵守实验规则，逐步养成良好的实验习惯；当出现与预想不同的现象时，能认真分析原因，尊重事实而不弄虚作假；通过实验来探究、解决问题，逐步提高学生的实验能力、探究能力和创新能力。同时，在探究的过程中，学生能获得亲自参与研究、探索的积极情感，逐步形成一种在日常学习与生活中喜爱质疑、乐于探究、努力求知的心理倾向，养成尊重前人劳动成果，实事求是的科学态度以及不怕困难、勇于探索的意志品质。

（二）生物学探究性实验教学对教师的影响

探究性实验教学对教师的学科专业知识、教育理论知识、教育科研知识和实验探究能力、教育研究能力、教学管理能力等专业素养提出了更高的要求和挑战，它要求教师进行多方面的学习、研究，以研究者导师的身份指导学生的探究性实验学习。因此，探究性实验教学是教师与学生同学习、共进步，教学相长的过程，能够更有效地促进教师的专业发展。另外，探究性实验教学是师生互动、生生互动的实践活动过程，这有利于形成和谐的学习氛围和良好的师生关系。

1.提升教师素质，加强应变能力

在传统的实验教学中，教师视实验教材为法宝，不加取舍地将知识点传授给学生。教师不是将实验作为研究课题，让学生去探究、去创造设计新的实验，也不去加宽学生的知识面，只要求学生按照实验步骤去完成实验操作。探究性实验教学是真情实境下的开放式研究性学习活动，要求学生观察现象、提出问题、分析问题、做出假设、演绎推理、设计实验，实施实验、验证假设、分析结果、得出结论，这一系列过程要求教师全程参与并指导，无疑增加了教学的难度，这就要求教师必须具有高度的前瞻性和教学的应变能力，能驾驭实验中学生提出的各种问题，能应变实验中发生的各种意想不到的问题。为此，教师要深刻认识探究性实验教学的多重教育教学功能，既要认识到对自身素质的要求，又要认识到对提升学生科学素养，培养创造性人才的意义，树立科学的实验教学观。改变高中生物学实验教学中重验证性实验轻探究性实验，重知识传授轻能力培养的倾向，明确探究性实验教学在生物学教学中的重要地位。

2.更新教学方法，提倡探究精神

生物学探究性实验教学要求教师不断改进教法，在实验教学中，应注重培养学生的问题意识，科学地引导学生提问，充分挖掘学生潜在的创造性，使学生成为真正的探索

者。教师在教学中应注意引导方法的变化，做好“提问”的示范。传统的验证性实验教学是“授之以鱼”，学生不会处理各种复杂的情况，而探究性实验教学是“授之以渔”，要求学生学会学习。因此，教师要树立“以实验为基础”的生物学教学观，在高中生物学实验教学中，不断增大探究性实验的数量，减少验证性实验的数量，以自然科学方法论为依据，把学生认识科学知识的活动组织成主动参与探索科学问题过程的教学活动方式，使学生成为教学活动的主动探究者，促进学生认识能力和科学创造能力的提升，实现学生知识与能力的统一。

基于核心素养的高中生物学“三阶段”“五环节”学习策略研究

一、本课题核心概念的界定

核心素养是指学生应具备的、能够适应终身发展和社会发展需要的必备品格和关键能力。核心素养是素养成分中居于关键位置、起到制约作用的部分，是适用于一切情境和所有人的普遍共通素养，具有根基性、支撑性、生成性、可持续发展性。

学科核心素养是各学科对中国学生发展核心素养总体蕴含的分解和落实，是学科教育在全面贯彻党的教育方针、落实立德树人根本任务中的独特贡献，是学生发展核心素养在学科中的具体化，是学科育人价值的集中体现，是学生经过学科学习之后逐步形成的关键能力、必备品格与价值观念。学科核心素养既体现本学科能够落实的学生发展核心素养（部分或全部），也包括各学科独特的一些核心素养要求。

学习策略是指为完成学习任务，学习者根据学习情景，安排、执行、评价、调控学习过程的一系列活动的有机整体。

“三阶段”学习策略，为本课题专属界定。它是指在生物学概念学习过程中，依据生物学知识的历史维度（生物科学史——知识的来龙去脉）形成概念、依据生物学知识的逻辑维度（知识之间的关联）内化概念和依据生物学知识的创新维度（知识的综合应用或创生）升华概念的概念学习策略。

“五环节”学习策略，为本课题专属界定。它是指依据“假说演绎法”的科学研究方法，基于问题解决的探究性学习策略，包括“观察现象、提出问题，分析问题、做出假设，演绎推理、设计实验，实施实验、验证假说，分析结果、得出结论”五个环节。

二、国内外研究现状述评

国外学习策略研究以1956年布鲁纳提出的“认知策略”的概念为标志。随着认知心理学的研究进展，记忆策略、组织策略、精加工策略等不涉及特定学科知识的通用学习策略相继出现。1971年Flavell提出元认知策略，以此为基础形成发展的元认知理论，极大地丰富了学习策略的理论研究和训练指导。涌现出丹塞路学习指导教程、芝加哥掌握学习策略阅读教程、赫伯内容指导教程、魏斯坦认知学习策略等通用学习策略教程及其训练研究。

我国学习策略的研究起步较晚，20世纪80年代后期才开始对学习策略的问题进行系统的研究，在20世纪90年代后期才出现了比较系统的，以通用学习策略研究为主的几部专著，有刘电芝著的《学习策略研究》和《高效率学习策略指南》、蒯超英著的《学习策略》、熊川武著的《学习策略论》、杜晓新等著的《元认知与学习策略》，等等。但研究起点并不低，并且近年来关于学习策略研究的论文越来越多。因此，学习策略的研究，在我国发展得很快。

随着学习策略研究的不断深入，人们发现，不与学科学习相结合的学习策略研究对学科学习的帮助甚微。由此，学科学习策略研究开始兴起。

生物学学习策略研究近几年方兴未艾，其研究主要集中在：①生物学学习策略训练的研究。如周湘（1999）的《高中生物实施学习策略训练的研究》；张亚玲（1999）的《学习动机与学习策略的实验研究》等。②调查研究。如孙婷（1999）的《中学生生物学知识自学能力差异分析及教育对策》等。③理论研究。如周美珍（1998）的《认知策略和学习策略理论对生物学教学的启示》；钟阳等（2000）的《初中生物学教学中的“学习策略”理论的运用》；张晓宇（2019）的《基于核心素养的有效学习与学业评价策略》等。

然而，现有的研究仍然存在一些不足，正如周美珍所言“在学习研究认知策略和学习策略理论后，深感该理论的研究和运用对21世纪人才培养的重要作用，但有关此类研究在生物学教学中尚还不系统”。其不足之处主要表现在：①我国生物学学科学习策略的研究与运用学习策略的研究，尚处于起步阶段，水平较低。②学习策略外显的、具体的学习方法研究较多，其大多数研究集中在某一学习环节的改进和完善，而对于内隐的、高级的认知策略研究较少。③不能融会贯通。大多数生物学学习策略的研究是对一般学习策略理论的直接引入，或者是把一般学习策略直接运用于生物学学习策略的训练，对于提高学生的学习能力收效甚微。

因此，作为学科教师，要立足于学科课程属性、学科教学目标、学科教学内容，深入研究符合学科认知特点的学科学习策略，构建适切的学科学习策略体系，是促进学生学科核心素养提升，落地学生发展核心素养总体目标，有效提升教学质量的必然要求。本课题负责人正是基于这一认识，在认真学习研究教育学、心理学等学习理论和新课程标准的基础上，将学习策略研究与生物学的具体学习内容、学习过程结合起来，确立了“基于核心素养的高中生物学‘三阶段’‘五环节’学习策略研究”课题。旨在构建有利于促进学生学习能力提升，促进高中生物学学科核心素养发展的有效学习策略。

三、选题意义及研究价值

当今社会，信息时代化、知识爆炸化、经济全球化、挑战常态化，“学富五车”“满腹经纶”的“学究”式人才已完全不能适应社会的要求，社会进步、经济发展、时代变迁呼唤着创新教育的到来，召唤着具有高度人文素养和科学素养人才的大量涌现。培养学生适应终身发展和社会发展需要的必备品格和关键能力，是时代赋予基础教育的基本要求。为此，着眼于学生的终身可持续发展，教会学生学习、教会学生思考已成为近年来世界各国基础教育关注的焦点问题。所谓“学会学习”就是学生应掌握有效的学习策略并能运用它们来促进新的、进一步的学习或更好地完成学习任务。学习策略的掌握是衡量学生学会学习、学会思考的根本标志。学习策略的研究和运用，不仅仅是教育学、心理学领域的任务，应该是每一位教师的基本任务和基本素养要求。

生物学是研究生命现象和生命活动规律的科学，它与人类的生存和发展、与社会生产和个人生活、与其他自然科学和社会科学的发展都有密切关系。生物学课程的价值追求是通过培育学生的生物学学科核心素养，落地学生发展核心素养，培养具有终身学习能力和适应社会发展的人。《普通高中生物学课程标准》（2020版）明确指出，生物学课程期待学生主动地参与学习过程，在亲历提出问题、获取信息、寻找证据、检验假设和发现规律等过程中，习得生物学知识，养成理性思维的习惯，形成积极的科学态度，发展终身学习的能力。

“终身学习能力”是未来社会对人才的最基本要求。因此，基于核心素养的高中生物学教学的基本要义应该是，通过生物学学习策略研究，引导学生在习得生物学知识，发展科学思维能力与科学探究能力的同时，掌握科学的学习方法，形成科学的学习策略，实现由“学会”向“会学”的飞跃，促进学生终身学习能力的全面提升。

本课题研究立足学生生物学学科核心素养提升，落地学生发展核心素养总体目标，依据生物学学科课程的特点，以教育学、心理学等学习理论为基础，将生物学概念学习与生物学知识体系的历史维度、逻辑维度、创新维度三个维度对应，将生物学知识的综合应用、问题解决与“假说演绎法”的科学研究方法关联，提炼并构建较为完整的生物学“三阶段”“五环节”学习策略体系。本课题的研究思想符合“核心素养为宗旨，内容聚焦大概念，教学过程重实践，学业评价促发展”的生物学课程理念，本课题的研究成果符合生物学知识体系的研究思想与认知方法，对于促进学生学科核心素养的提升，有效培养学生的学习能力，大面积提高教学质量，具有重要的价值意义。

四、本课题的研究目标、研究内容、研究假设和创新点

（一）研究目标

本课题旨在研究并构建“利用生物学知识的历史维度形成概念、利用生物学知识的逻辑维度内化概念、利用生物学知识的创新维度升华概念”的“三阶段”概念学习策略；研究并构建基于“假说演绎法”的“五环节”（观察现象、提出问题，分析问题、做出假设，演绎推理、设计实验，实施实验、验证假说，分析结果、获得结论）问题解决策略，为高中生物学教学中有效促进学生学习能力的提升，促进学生学科核心素养的发展构建科学的生物学学习策略。

（二）研究内容

“三阶段”学习策略研究的内容。生物学学科课程的本质属性（科学是利用逻辑工

具去验证假说和猜想的合理性形成的知识体系、其特有的科学思维、科学探究及丰富情感和团队协作）决定了生物学知识体系蕴含着历史维度（知识体系形成的科学探究史）、逻辑维度（知识之间的内在逻辑联系）、创新维度（问题解决和新知的创造生成）三个层次的内容，这三个维度也是生物学知识体系形成和发展的基本过程。本研究拟在深入挖掘生物学核心概念的历史维度、逻辑维度、创新维度的基础上，构建“利用生物学知识的历史维度形成概念、利用生物学知识的逻辑维度内化概念、利用生物学知识的创新维度升华概念”的高中生物学概念学习策略。

“五环节”学习策略研究的内容。“假说演绎法”是最基本、最常用的科学研究方法，包括“观察现象、提出问题，分析问题、做出假设，演绎推理、设计实验，实施实验、验证假说，分析结果、获得结论”五个环节。“假说演绎法”涵盖了有效解决问题的科学思维与科学探究活动过程。加涅将“问题解决”作为学习的最高形式。问题解决不是先前习得知识和能力的简单重复，而是先前习得的概念、公式、定理、原理、规律的运用过程，是更高级、更复杂的心理过程，是构建个体思维新过程的智慧技能。“问题解决”不但能加深学生对知识的理解巩固，还能提高学生的综合运用能力，同时也是培养学生科学思维能力与科学探究能力最为有效的途径。本课题拟在深入研究“假说演绎法”的科学研究方法的基础上，以“假说演绎法”的研究过程为模型，构建生物学问题解题的“五环节”学习策略：审题（追问是什么和干什么?）—形成解题策略（构建解题思路与解题模型）—解题策略的执行与监控（解题思路模型与题干设问对接，修正补充，生成正确的解题方案）—答题（厘清思路，组织语言文字，准确规范答题）—回顾与总结（反思并提炼出最为优化的解题方法，生成新的问题）。旨在促进学生“问题解决”策略的形成，促进学生科学思维能力、科学探究能力、综合运用能力的提升。

（三）研究假设

1.“教会学生学习，教会学生思考”是社会发展、时代变迁赋予学校教育的核心任务。“授人以鱼，仅供一饭之需；授人以渔，则终身受用不尽”。终身学习能力是学生适应终身发展和社会发展需要的基本核心素养。

2.巴班斯基强调，教的最优化必须落实到学的最优化。“教师的责任不是教，而是教学，教会学生学习”，加强学习策略研究，指导学生掌握科学的学习策略，学会学习，把学生培养成可持续发展的人，是未来社会对人才培养的基本要求。

3.学生的学习并非一个被动接受知识的过程。品优质高的学习一定是运用学习策略主动选择、吸收、整合、同化知识的过程，同时通过知识习得过程不断内化、优化学习策略，并且能够把在某一学科学习策略应用到其他学科的学习中，最终能在自己的终身学习中随时对自己的学习进行自我调节和监控，使自己成为策略性学习者。

（四）创新点

本研究的创新点在于，以生物学教材内容的“三维度”构建“三阶段”学习策略，以生物学基本研究方法“假说演绎法”构建“五环节”学习策略。将学习策略的训练研究与生物学教学和学生的生物学自我学习过程有机结合起来，将学习策略的研究、学习、训练，落实到教与学过程的每一环节。既符合生物学课程理念和学生的认知逻辑，又弥补了通用学习策略研究上相对空泛的局限，是学习策略研究和促进学生学习能力提升的行之有效的方法措施。

五、本课题的研究思路、研究方法、技术路线和实施步骤

（一）研究思路

“三阶段”学习策略研究的思路。本研究坚持“核心素养为宗旨，内容聚焦大概念”的生物学课程理念，对人教版三本必修教材11个大概念在历史维度、逻辑维度、创新维度进行深入挖掘和梳理的基础上，通过归纳、总结形成“以历史维度形成概念，以逻辑维度内化概念，以创新维度升华概念”的学习策略模型。

“五环节”学习策略研究的思路。本研究坚持“核心素养为宗旨，教学过程重实践”的生物学课程理念，首先以人教版必修2第一章“遗传因子的发现”厘清“假说演绎法”的本质内涵，构建“假说演绎法”的概念模型。再与问题解决过程相关联，抽象概括出问题解决的“五环节”学习策略。

（二）研究方法

本课题采用文献研究法和实验研究法。

（三）技术路线

“三阶段”学习策略研究的技术路线。①挖掘和梳理人教版三本必修教材11个大概念的历史维度，即对每个大概念的科学史进行整理，总结、归纳概念体系形成的科学研究方法，抽象、概括并构建概念形成的学习方法；②按照知识之间的逻辑关联，分别构建11个大概念的知识网络或思维导图，构建概念内化的学习方法；③创设概念应用的问题情境，训练并构建概念升华的学习方法；④整合并构建“三阶段”概念的学习策略模型。

“五环节”学习策略研究的技术路线。①以人教版必修2第一章“遗传因子的发现”为范式，厘清“假说演绎法”的本质内涵，引导学生学会并构建“假说演绎法”科学研究方法；②通过大量真实的问题情境，引领学生参与问题解决的实践过程，参悟、领会、抽象、概括出问题解决的“五环节”学习策略模型。

（四）实施步骤

1.起步阶段。2021年1月—2021年3月，课题组负责人拟定课题的研究思路和课题方案，引领课题组成员认真学习相关理论，形成统一的课题研究方案。

2.实施阶段。2021年4月—2021年8月，按照课题研究方案实施研究，形成阶段性研究成果，在教学过程中实施并对实施效果进行评价，在评价的基础上通过集中研讨，修正、完善研究方案并进行二轮研究，形成相对准确的阶段性研究成果，即阶段性研究成果（论文）的推介（发表）。

3.总结合成阶段。2021年8月—2021年12月，课题组成员集中研讨，形成终结性研究成果（研究报告），即研究成果的申报和结题鉴定。

《中小学心理健康教育指导纲要》综述

为了适应中小学心理健康教育工作发展的需要，深入贯彻《公民道德建设实施纲要》《国务院关于基础教育改革与发展的决定》和《中共中央办公厅　国务院办公厅关于适应新形势进一步加强和改进中小学德育工作的意见》，进一步指导和规范中小学心理健康教育工作，在总结近年来心理健康教育工作发展的情况、实验区工作经验的基础上，针对中小学心理健康教育工作的新形势和应该注意的问题，2002年9月，教育部制定印发了《中小学心理健康教育指导纲要》（以下简称《纲要》）。这是继1999年教育部印发《关于加强中小学心理健康教育的若干意见》后的又一个指导、规划全国中小学心理健康教育工作的重要文件。

《纲要》在正确分析当前中小学心理健康教育实际情况的前提下，明确提出了心理健康教育的指导思想和基本原则，指出开展中小学心理健康教育工作，必须坚持以马列主义、毛泽东思想、邓小平理论和“三个代表”重要思想为指导，坚持以育人为本，根据不同地区、不同学段中小学生的生理、心理发展特点和规律，运用心理健康教育的理论和方法，培养中小学生良好的心理素质，促进他们身心全面和谐发展。《纲要》强调中小学生正处于身心发展的重要时期，随着生理、心理的发育和发展、社会阅历的扩展及思维方式的变化，特别是面对社会竞争的压力，他们容易在学习、生活、人际交往、自我意识和升学就业等方面，遇到各种心理困惑和问题，会影响德、智、体、美诸方面的发展。在这种情形下，开展中小学心理健康教育，不仅是社会和时代发展的需要，是对传统学校教育的重要补充，也是学生全面发展、实施素质教育的需要。开展中小学心理健康教育，要立足教育，重在指导，遵循学生身心发展规律，保证心理健康教育的实效性。

一、开展心理健康教育的基本原则

1.根据学生心理发展特点和身心发展规律，有针对性地实施教育；

2.面向全体学生，通过普遍开展教育活动，使学生对心理健康教育有积极的认识，使心理素质逐步得到提高；

3.关注个别差异，根据不同学生的不同需要，开展多种形式的教育和辅导，提高他们的心理健康水平；

4.尊重学生，以学生为主体，充分启发和调动学生的积极性，做到心理健康教育的科学性与针对性相结合；

5.面向全体学生与关注个别差异相结合；

6.尊重、理解与真诚同感相结合；

7.预防、矫治和发展相结合；

8.教师的科学辅导与学生的主动参与相结合；

9.助人与自助相结合。

二、中小学心理健康教育的目标与任务

（一）中小学心理健康教育的总目标

提高全体学生的心理素质，充分开发他们的潜能，培养学生乐观、向上的心理品质，促进学生人格的健全发展。心理健康教育的具体目标是使学生不断正确认识自我，增强调控自我、承受挫折、适应环境的能力；培养学生健全的人格和良好的个性心理品质；对少数有心理困扰或心理障碍的学生，给予科学有效的心理咨询和辅导，使他们尽快摆脱障碍，调节自我，提高心理健康水平，增强自我教育能力。

（二）中小学心理健康教育的主要任务

全面推进素质教育，增强学校德育工作的针对性、实效性和主动性，面向全体学生，促进学生形成健康的心理素质；减少和避免对学生心理健康的各种不利影响；培养身心健康，具有创新精神和实践能力的“四有新人”。

三、中小学心理健康教育的主要内容

中小学心理健康教育的主要内容是普及心理健康知识，树立心理健康意识，了解简单的心理调节方法，认识心理异常现象，以及初步掌握心理保健常识。其重点是学会学习、人际交往、升学择业以及生活和社会适应等方面的常识，根据其年龄特点，小学重点可以放在学习和自我方面，初中重点放在自我和人际关系方面，高中重点放在人际关系、生活和社会适应等方面。

小学低年级主要包括：帮助学生适应新的环境、新的集体、新的学习生活及感受学习知识的乐趣；乐于与老师、同学交往，在谦让、友善的交往中体验友情。

小学中、高年级主要包括：帮助学生在学习生活中品尝解决困难的快乐，调整学习心态，提高学习兴趣和自信心，正确对待自己的学习成绩，培养面临毕业升学的进取态度；在班级活动中，善于与更多的同学交往，健全开朗、合群、乐学、自立的健康人格，培养自主、自动参与活动的能力。

初中年级主要包括：帮助学生适应中学的学习环境和学习要求，培养正确的学习观念，发展学习能力，改善学习方法；把握升学选择的方向；了解自己，学会克服青春期的烦恼，逐步学会调节和控制自己的情绪和意志，抑制自己的冲动行为；积极与同学、

老师和家长进行有效的沟通；逐步适应生活和社会的各种变化，培养对挫折的耐受能力。

高中年级主要包括：帮助学生具有适应高中学习环境的能力，发展创造性思维，充分开发学习潜能，在克服困难取得成绩的学习生活中获得情感体验；在了解自己的能力、特长、兴趣和社会就职条件的基础上，确立自己的职业志向，进行职业的选择和准备；正确认识自己的人际关系状况，正确对待和异性伙伴的交往，建立对他人的积极情感反应和体验；提高承受挫折和应对挫折的能力，形成良好的意志品质。

高中“优势学生”心理健康问题及教育对策

当前，随着基础教育课程改革的不断深入，我国基础教育已步入“核心素养”的素质教育正轨。但是，受长期以来“应试教育”惯性思维的影响，以分数高低衡量学生优劣的现象在一些高中学校仍然存在着，分数作为核心评价指标将学生分成了三六九等，分数高的学生常常得到学校的褒奖、教师的肯定、同学的追捧，被冠上“好学生”的标签，成为学校的标杆、家长的荣耀、同学的榜样，造就了一批“优势学生”。这些学生较之成绩一般的学生，承受着巨大的压力，背负着沉重的负担；较之学习成绩一般的学生更多的存在着对学习的焦虑、自责倾向、过敏倾向、孤独倾向、待人的焦虑等心理问题，直接困扰着他们的生活，影响着他们的健康，制约着他们健全人格的养成，对他们的健康成长和未来生活埋下了巨大的隐患。因此，重视并加强高中“优势学生”的心理健康教育，对全面落实核心素养教育目标、实现立德树人根本教育任务具有重要的价值和意义。

一、高中“优势学生”的心理健康问题

笔者二十多年高中重点班班主任工作及学科教学实践发现，高中“优势学生”较之一般学生更多的存在着，对考试的惧怕、紧张；对学习的焦虑、厌烦；对网络、游戏、异性的向往、迷恋；对家长和亲人的骄横、任性；与他人相处时的自闭、冷漠，等等的心理倾向和行为表现，严重困扰着他们的生活，影响着他们的学习。更为可怕的是“一俊遮百丑”，“优势学生”考试成绩的“一俊”遮盖了他们在思想品德、心理健康、行为习惯等方面的“百丑”，造成了教师和家长对他们的宽容与偏袒，淡化了教师和家长对他们心理问题的重视与关注，招致了教师和家长对他们更高的目标要求与更多的精心呵护，使得他们的心理问题不仅没有得到适时的疏导与化解，丧失了接受心理健康教育的最佳时机。反而使他们的心理问题不断地被强化与累积，久而久之，越来越严重，甚至出现心理崩溃、恐怖倾向等。笔者有一学生以本省前几名的成绩考上了北京大学，高考前由于极度的焦虑与厌学，曾休学两个月，一度有轻生的举动。

为了客观分析“优势学生”的心理健康状况，笔者以华东师范大学周步成教授主编的《中学生心理健康诊断测验》（MHT）为测验工具，对所在学校高中3个年级1800名

（每一级重点班和普通班各300名）学生的心理健康状况进行了问卷调查，并使用SPSS18.0对数据进行了统计。调查结果显示：笔者所在学校重点班学生有心理问题的占43.47%，心理问题严重的占7.16%；普通班学生有心理问题的占35.17%，心理问题严重的占5.16%。与国内其他同类研究相比（2001年天津社会科学院“青少年心理障碍实证与教育对策研究”课题组对天津市2000名中学生的心理健康状况调查显示，有心理问题的学生占35.31%，心里问题严重的学生占6.72%），笔者所在学校重点班学生存在着较为严重的心理问题，其中对学习的焦虑排在首位，其他依次是自责倾向、过敏倾向、孤独倾向及待人的焦虑、恐怖倾向等。

二、高中“优势学生”心理健康教育的基本策略

高中“优势学生”的心理健康教育，关键是增强他们的自我教育能力，重点是提升他们的自主学习能力。

（一）加强必备品格教育，增强自我教育能力

必备品格是指学生必须具备的非智力因素方面的综合，包括尊重、责任、自律、自信、诚实、正直、坚韧、乐观等。必备品格是学生自我教育、自主发展、健康成长的定向与动力系统，是基础教育的基本价值追求。片面追求升学率对必备品格教育的弱化，是造成高中“优势学生”心理健康问题的核心因素之一。高中“优势学生”心理健康教育的首要问题是加强必备品格教育，培育和发展他们良好的性格品质，提升他们的自我认知能力和自我教育能力。必备品格教育的关键是要处理好知、情、意、行的关系。

首先要解决认知问题。正确的认知是打开心结、悦纳自己、接受教育、自主发展的前提。教师要引导学生正确认识学习目的，端正学习态度，学会学习。要让学生明确，品优质高的高中学习是以知识习得过程为载体，以提升科学思维能力和科学探究能力、养成社会责任意识和情感态度价值观为核心的自主探究过程，而不仅仅是知识的获得与积累。教师要引导学生客观对待成绩和荣誉，正确评价自我。要帮助学生深入分析自己的学习品质和已取得成绩的含金量，反思成功与失败、优点与缺点，从成功中积累经验，从失败中吸取教训，做到胜不骄败不馁。教师要引导学生理性看待学习压力，学会化解、释放、转化压力。要帮助学生懂得压力是客观存在的社会常态，是每一位学生必然要面对的问题，没压力就没有动力；要帮助学生通过调整学习目标以减轻压力，通过提升学习能力以化解压力，通过多方面的兴趣活动以释放压力。

其次要解决情感问题。学生积极的情感态度是热爱学习、向往学习、享受学习、持久学习的内驱动力。教师要不断提升自己的教学能力水平，通过教学内容的科学之美、教学过程的艺术之美，带领学生享受快乐而幸福的学习过程，获得求知的乐趣，发展自主学习能力；要引导学生运用所学知识审视社会议题，培养正确的价值取向和强烈的社会责任；要帮助学生依据兴趣爱好规划职业生涯，确立人生远景目标，培养积极的学习情感和学习动机；要引导学生展望理想的高考中期目标，激发求知欲望；要引导学生不断通过“跳一跳”能够摘着桃子的近期目标尝试成功，强化求知欲望，进而形成稳定而

持久的学习兴趣。

再次要解决意志问题。顽强的意志毅力品质是不畏挫折、克服困难、锲而不舍、愈战愈勇、善作善成的基本保证。教师要了解和掌握“优势学生”顺境时激情高涨、逆境时心灰意冷、意志毅力稚嫩脆弱的特点，要帮助学生适当拔高学习目标，在亲历和体验克服困难、突破自我、超越自我、实现一个又一个新目标的过程中激发自己的潜力，提升解决问题的能力，增强学习自信；教师要有意设置各种有一定难度的实践活动，鼓励学生挑战自我、迎难而上，放手让学生经历挫折和失败，砥砺在困难面前不低头的坚定意志，在失败之下不气馁的顽强毅力。

最后要解决行为问题。行是知、情、意基础上的外显行为表现。一般而言，在知、情、意都具备的情况下，行则是自然天成。但是，行为体验又促进着认知、情感、意志的提升和发展，“知之真切笃实处，行之明觉精察处”。因此，进行必备品格教育，既要重视学生知、情、意的培养与提升，又要重视学生良好行为习惯的训练与养成。高中“优势学生”学习习惯上突出的弊病是眼高手低、拔高求难，贪大求全、粗枝大叶，生活行为上的缺陷是孤傲自负、固执己见、狂妄自大、自私任性。教师要引导学生脚踏实地，从基础与细节抓起，从过程与方法抓起，从生活小事与日常习惯抓起，一点一滴，坚持不懈，循序渐进，养成良好的学习习惯和生活习惯。

“知”是基础，“优势学生”有了正确的自我认知，他们就会悦纳自己，接受教育，提升自我调节能力。“情”是关键，“知之者不如好之者，好之者不如乐之者”。学生有了浓厚的学习兴趣和强烈的学习动机，就会热爱学习，向往学习，乐此不疲，为之奋斗。“意”是保障，学生具备了不怕艰难困苦的精神和坚韧不拔的毅力，就能够面对困难更加坚定，面对挫折更加坚毅，真正积累起对学习生活的美好向往。“行”是归宿，“细节决定成败，习惯决定命运”，学生养成了良好的学习习惯，就能积极主动的学习，自主发展，健康成长。

（二）深化关键能力培养，提升自主学习能力

能力是影响活动效率的个性心理特征，是各种智力因素的综合。关键能力是进行各种活动必须具备的基本能力，是支撑终身发展、适应时代要求的核心能力，包括认知能力、合作能力、创新能力等。“优势学生”心理问题的重要原因是他们关键能力的发展水平与期望的学习目标不匹配、不适应，也就是常说的“眼高手低”。现行高中教育尚未完全摆脱“应试教育”惯性思维的影响，知识的习得依然是教与学的核心目标，知识的授受依然是教与学的常态，知识的考查依然是教学评价的核心内容。“优势学生”凭借自己的刻苦努力取得了较好的成绩，但是他们的关键能力并未得到同步的提升。这样，一方面他们因已取得的成绩会产生更高的目标期望，但其认知能力水平不足以支撑更高目标的顺利实现，就会导致着急焦虑、矛盾困惑等心理问题；另一方面他们因已取得的成绩而自恃成功，坚信原有的经验和方法真实、有效，束缚了他们创新意识和创造性学习能力的提升，不敢挑战自我去探索、尝试更有效的方法，导致进入“高原期”而徘徊不前。经过一段时间更加刻苦的努力，仍然无法突破和超越自我，甚至成绩和名次

会有所下降，直接挫伤着他们的学习自信，加重和强化着他们对学习的焦虑；另外，“优势学生”往往把同学当作竞争对手，彼此之间少有合作互助与沟通交流，自我封闭的暗自竞争造成心理压力和矛盾困惑逐渐积累，自责倾向、孤独倾向、待人的焦虑等心理问题日益加重。因此，预防和化解“优势学生”心理问题的基本措施是培育智力活动习惯，深化关键能力培养，提升学习适应能力。

加强学生关键能力的培养，教师要树立先进的教育理念，把培养支撑学生终身发展的关键能力作为教学的核心任务；要不断提升教育教学能力水平，深入挖掘课程内容的历史维度、逻辑维度、创新维度，着力构建有利于关键能力培养的课堂教学情境和课外研究性学习活动。为此，教师要把探究性教学作为基本策略，着力于学生认知能力的培养。教师要重视运用学科观念整合教材内容，创设基于学生现实生活和已有知识结构的问题情境，引导学生在亲历提出问题、获取信息、寻找证据、检验假设、发现规律的探究性学习过程中自主构建、习得知识，领悟学科思想，掌握学科研究方法，养成独立思考、逻辑推理的思维习惯，形成质疑批判、尊重实证的科学态度，提升信息加工、语言表达能力，发展终身学习能力；教师要重视合作学习，加强对学生合作能力的培养。教师要精心设计和组织合作学习，实时监控和指导合作学习的各个环节，引导学生在交流、沟通、互动中进行思想方法的碰撞与知识技能的构建，在交往、共处、共享中学会与他人合作，培养团队精神和合作意识，提升合作互助能力和组织协调能力；教师要重视对学生自主学习能力的培养，加强对学生创新能力的培养。教师要鼓励学生勇于探索、大胆尝试、创新创造，积极开展各种科技创新活动和社会实践活动，践行知行合一。在解决实际问题的研究性学习活动中激发学生的好奇心、想象力和创新思维，养成创新人格，提升创新能力。

关键能力是学生自身发展的基本支撑，学生具备了良好的认知能力、合作能力、创新能力，就能适应日益加重的学习任务和不断提升的学习难度而轻松愉快地学习，就会享受到学习的快乐与幸福而健康成长。

（三）关注家校合作，优化育人环境

家庭和学校是学生成长的主要生活环境。家长不适当的教育方式，学校片面追求升学率的育人环境，是造成高中“优势学生”心理问题极为重要的外部因素。高中“优势学生”优秀的考试成绩，让家长对孩子的未来产生了无限的期望与憧憬，随着高考的日益逼近，家长把注意力和生活的重心全部集中到了孩子身上，对孩子的日常生活百依百顺，对孩子的学习成绩高度重视，对孩子的行为活动过度关注，无形中给孩子施加了极大的学习压力和沉重的心理负担，加重了孩子对考试的惧怕、对成绩的敏感、对学习的焦虑；有些家长教育方式方法简单粗暴，缺乏对孩子的理解和行之有效的沟通，孩子的心理压力和不良情绪不能及时的释放与宣泄，家长无休止的絮叨、指责、攀比，又严重挫伤着孩子的自信，造成了孩子的孤僻、抑郁、逆反甚至是心理崩溃的敌对行为。教师“为知识而教，为高考而教”的育人理念，学校“入校即静，落座即学”的环境氛围，使花样年华本该有的快乐、学习生活本应享受的幸福，被繁重的学业负担和激烈的竞争压力所替代，超负荷的强化训练碾压着学习兴趣，无休止的考试与评比刺痛着受伤的心理，厌学情绪与日俱增，情感态度逐渐冷漠，甚至导致人格上的扭曲。为此，关注家校合作，提升家长的教育素质，更新教师的教育理念，端正学校的办学思想，营造和睦的家庭氛围，构建宽松的学校环境，是减少高中学生心理问题的重要举措。

优化育人环境，首先，要改变家长的育人观念，提升家长的教育素质，积极配合学校开展学生的教育工作，减少或避免由于家庭教育不当引起的学生心理问题。要教育家长理解和掌握有关高中学生心理发展特点以及现代家庭教育方法等相关知识，营造温暖、舒适、轻松、愉快的家庭环境，让孩子无忧无虑、自由舒展、轻松快乐地生活。其次，要加强教师培训，更新教师的教育理念，改变教师“为知识而教、为升学考试而教”的陈旧观念，树立“为素养而教、为成就幸福人生而教”的素质教育理念，寓思想品德教育、心理健康教育于一切教育教学活动之中；要培养教师健全的人格，提升教师的心理健康水平，以健全的人格、健康的心理品质去影响教育学生；提升教师的教学管理能力，建立“尊重、民主、和谐”的师生关系，让学生在民主而平等、自由而融洽、优雅而有效的学习生活中，得到智力水平的开发与提升，获得精神生活的眷顾和人文素养的关怀，享受到学习的快乐和人格的尊重；建立和谐的班级环境，引导学生在集体活动中得到多方面的情趣培养，分享集体的欢乐，排解不良情绪，学会自我管理与自我调节，保持良好的心情状态。再次，学校要端正办学思想，树立素质教育理念，寻找切合中学生身心特点的校园文化要素，塑造基于生命成长的校园文化，加强生命教育、劳动教育；创建多种社团活动，促进学生多方面的兴趣发展，引导不同程度的学生都能健康成长。

总之，“优势学生”不是个别，而是一类，他们较为普遍的存在着。研究“优势学生”的成长规律，探讨“优势学生”的教育对策，促进“优势学生”身心健康成长，培养德智体美劳全面发展，实现“优势学生”全方位真正意义上的“优势”，是学校教育共同体共同的责任与义务。

（基金项目：天水师范学院教育硕士生指导教师基础教育研究立项项目“高中优势学生群体心理健康问题调查与教育教学对策研究”，No.TYXM2009）

国家教师科研基金“十二五”教育科研规划重点课题结题报告

高中优势学生群体心理健康问题调查与教育对策研究

笔者主持的课题项目“高中优势学生群体心理健康问题调查与教育对策研究”，于2012年8月经教育部中国教师发展基金会、国家教师科研基金管理办公室审核批准并通过立项，被列为国家教师科研基金“十二五”教育科研规划重点课题，课题编号为：CTF120664。五年来，课题组采用个案研究法，以甘肃省天水市第一中学学生为例，采用问卷调查法、访谈法、文献法对甘肃省天水市第一中学重点班和普通班学生的心理健康问题进行了调查、对比分析研究，并且提出了相应的教育对策；采用自然实验法进行了教育实践试验研究。结果表明，该课题调查结果具有很好的效度和信度；课题假设成立；教育对策效果良好。现就研究内容和结果进行总结、报告，并申请结题鉴定。

一、课题主要内容简介

高中阶段是一个人一生中心理发展的关键时期，也是最易产生困扰与障碍的敏感时期。目前，国内一些高中学校受“应试教育”惯性思维的影响，存在着片面追求高考升学率的现象，相应地造就了一批被社会、学校、家长、学生认可的只会考试的所谓“优势学生群体”，这部分学生在以分数论优劣的环境中，只因为学习成绩的优秀而得到肯定、受到追捧，长时间处在“好学生”的光环中，在相互竞争和来自各方面的赞扬与过高目标要求的压力下学习、生活，较之学习成绩一般的学生，他们承受着更大的压力，具有更多的危机感，导致在人际交往、自我意识、心理焦虑等方面出现了各种心理困惑和问题，同时又因其优秀的学习成绩一俊遮百丑，掩盖了他们身心上存在的心理问题，失去了引导的最好时机，也困扰着他们的生活，影响着他们的健康成长，甚至为他们未来的生活埋下了巨大的隐患。这种现象在一些重点高中，特别是在这些高中重点班中显得尤为突出。为了了解高中学生心理健康现状，特别是了解高中“优势学生群体”存在的心理健康问题，制定相应的教育对策，促进高中学生的健康成长，本研究采用了个案研究法，以甘肃省天水市第一中学为例，采用华东师范大学周步成教授主编的《中学生心理健康诊断测验》（MHT）为测验工具，并以访谈法、文献法等为辅助，对甘肃省天水市第一中学的高中学生按照重点班和普通班分别进行了测试，并使用SPSS 18.0对数据进行了统计。

本研究的结果，甘肃省天水市第一中学学生心理健康水平总体上是良好的。通过问卷调查，心理健康问题检出率分别为：学习焦虑，重点班占32.4%、普通班占12.5%；待人焦虑，重点班占12.6%、普通班占7.1%；自责倾向，重点班占28.2%、普通班占17.4%；过敏倾向，重点班占42.7%、普通班占28.6%；身体症状，重点班占6.6%、普通班占3.2%；恐怖倾向，重点班占7.2%、普通班占5.9%；冲动倾向，重点班占2.8%、普通班占1.7%。从调查与统计结果来分析，甘肃省天水市第一中学学生主要在过敏倾向、自责倾向、学习焦虑等方面存在不同程度的问题，各项指标中重点班学生显著高于普通班学生。

通过对调查结果和访谈问题的整理分析，得出影响高中生的心理健康的因素主要有以下四个方面：自身因素、家庭因素、学校因素和社会因素。本研究在现状调查及原因分析的基础上，依据高中生的认知特点和心理成长规律，提出了相应的教育对策，即努力构建家庭、学校和社会为一体的心理健康教育模式，并呼吁社会各界应该关心和重视“优势学生群体”的心理健康教育问题。

二、问题的提出

21世纪，社会发展日新月异，随之而来的就业压力、人才竞争也日趋激烈。竞争的结果势必聚焦于教育的竞争，导致家长和学生拼命追求重点名校，学校无休止的追求高考升学率。因此，尽管国家多次进行基础教育课程改革和高考制度改革，旨在引导素质教育的良性发展，但是，就目前而言，高中教育仍然存在着过分重视对学生的知识传授和智力因素培养、忽视或弱化对学生心理健康教育和非智力因素培养的现象。听课、做题、考试是学生整个高中阶段的主要任务，教师和学生的唯一目标就是把学生训练成娴熟的考试机器，在高考中正确作答获取高分，学生基本上接受不到基于人性的人文教育和良好人格的培养。在这样的教育环境中，学生只要能获得高分数，就会被学校、家庭、社会所认可、推崇，由此造成一部分只会考试的所谓“优势学生群体”，这部分学生的学习压力与精神压力较之普通学生更多更大。加之大众传媒对高考状元或“优势学生群体”的过度宣传、渲染，学校教育和家庭教育的推波助澜，以及媒体文化的开放和外来文化中某些不良内容的冲击、社会上不良行为习惯的影响，使得他们在身心发展的关键时期容易产生各种各样的心理矛盾与冲突，“优势学生群体”突出的闭锁心理和自尊心理使他们的心理问题不易暴露，不能引起教师、家长的关注，得不到及时地引导和纠正，自然会引发各种各样的心理问题。

高中阶段是一个人一生中极其重要的时期，是心理与生理由不成熟到成熟的过渡时期，是身心发展急剧变化的时期，是一生中性格发展的定型阶段，在人的一生中占据至关重要的地位。高中学生生理的巨大变化必然在心理上引起相应的变化，在发展过程中，其个体内部以及个体与外界之间充满着各种各样的矛盾与冲突，因而导致他们在心理和行为上的偏离。此时如果缺乏及时正确的引导，就会产生心理障碍和心理疾病。随着时代和社会的发展，以及世界多元文化的冲击，高中学生的心理健康状况也必将面临严峻的考验。心理问题出现的概率只会越来越大，如果不予重视，必将会发展成为心理疾病，势必会对他们的健康成长带来负面影响。目前，高中学生的心理健康问题已经引起了社会和有关部门的高度重视。《中国教育改革和发展纲要》指出，要全面提高学生的思想道德、文化科学、劳动技能和身体心理素质，促进学生生动活泼的发展。心理健康教育不仅是时代发展对教育的必然要求，而且是实施素质教育的目标之一。素质教育的三大任务是，培养学生的身体素质、心理素质和社会素质，其中心理素质是素质整体结构的核心。每一个学生都是通过自己的心理活动接受各种素质教育的，心理活动积极，就会主动地去接受教育，从而收到好的教育效果，否则反之。因此，良好的心理素质是人的全面素质中的重要组成部分。调查研究高中学生的心理健康问题，有针对性地采取适宜的心理健康教育工作，把心理健康教育作为学校教育的一个重要组成部分，有效地实施基于促进人的全面发展的素质教育，是新形势下全面贯彻党的教育方针、实施素质教育的重要举措，是促进高中学生全面发展的重要途径和手段，是有效实现素质教育目标的基本保证。

天水市是甘肃省第二大城市，位于甘肃省东南部，地处陕、甘、川三省交界，素有西北“小江南”之美称。天水市现辖两区五县，总人口370余万人。天水市第一中学的前身是创建于1876年的“陇南书院”，属于西北地区的百年名校，2000年被甘肃省教育厅评定为首批省级示范性普通高中，占地96亩，基础设施完善，布局合理，环境优美，功能齐全。学校现有56个教学班，在校学生3300多人，教职工353人。

春华秋实百余载，天水市第一中学秉承“苦志以求立，广学以求通”的校训，坚持“以学生发展为根本”的办学理念，以“甘肃领先、西北一流、全国知名”为目标，以师资强、校风正、质量高赢得了社会的广泛赞誉。该校连续多年因高考上线率、会考合格率、学科竞赛成绩大幅度提升，成为甘肃省重点名校之一。在省内外声名鹊起的同时，学生的心理健康教育却并没有引起足够的重视，学校虽有一个心理辅导室，但很少关注学生的心理健康教育，学校和教师也没有对学生的心理健康问题进行专项调查和研究，致使学生的心理健康问题隐性制约着学校办学质量的进一步提高和学生未来更好的发展。为此，本课题的研究旨在唤起学校、教师、家长对学生心理健康问题的关注，尤其是对重点班学生心理健康问题的重视上起到警醒和推动作用；在学生心理健康教育方法、策略上提供参考，以促进学生的全面发展和学校办学质量的全面提高。

天水市第一中学在天水市所辖两区五县选拔招生，生源相对较好。因此，该校全体学生在一定程度上均属于“优势学生”。近二十年来，该校秉着“因材施教”的原则，实施分层教学，每一级按照学生考试成绩分出6个重点班（包括1个尖子班、2个宏志班、1个珍珠班、2个辅导班，其中尖子班是各年级的前50名学生）和其余的普通班进行授课教学，重点班学生又是“重中之重”。本课题选取甘肃省天水市第一中学三个年级1800名学生作为被试，无论从整体还是局部意义上讲都属于对“优势学生群体”的研究。作为本课题负责人的笔者，一直担任尖子班和普通班教学工作，在教学实践中笔者观察到尖子班学生较之普通班学生更多地表现出考试焦虑、学习成绩不稳、心理承受力低、意志薄弱、人际关系紧张、社会交往困难等心理问题，有的学生甚至出现了逃课、厌学、自卑、焦虑、孤独、好斗、情绪波动、烦躁不安等心理不健康现象，严重困扰着他们的学习和生活。这一系列现象引发了笔者对高中优势学生心理健康问题的反思、关注与探究动机。为此，笔者确立并申报了本项研究课题。旨在通过本课题的研究，了解高中学生的心理健康状况，探寻高中学生心理健康教育的有效对策，为进一步加强高中学生的心理健康教育，促进学生心理健康水平，培养学生健康人格，提升教育质量，促进学生的全面发展打好基础。

三、研究目的和意义

本研究主要采用了华东师范大学周步成教授编制的心理健康诊断测验（MHT），对甘肃省天水市第一中学学生的心理健康状况进行科学的测量，结合访谈法和文献研究法，从整体上把握该校学生的心理健康状况和健康水平，分析他们的心理健康问题和影响他们心理健康的原因，探索解决学生心理健康问题的对策，以便开展有针对性的教育和心理疏导，培养学生健康健全的人格。

坚持立德树人的根本教育任务，全面提高学生素质，培养具有人文素养、科学素养和身心健康的合格人才，是现代社会、现代教育向所有教育工作者提出的要求。素质包括多方面的内容，其中心理素质是素质结构中的一个十分重要的成分。然而，当前高中学校对学生心理素质重要性的认识，还远远未达到像对知识的学习、成绩的提高那样的重视程度。而且，以追求高考升学率为硬性评价指标的教育机制，还在不断强化着学生的心理问题。相当一部分有心理问题的学生制约着学校整体成绩的提高，这部分学生的心理问题隐性潜伏影响着他们的未来发展。重视高中学生的心理健康状况，加强心理健康教育是促进学生全面发展的迫切需要。本课题的研究虽然属于个案研究，研究对象具有特殊性，但是“优势学生群体”在高中学校都普遍存在着，“优势学生群体”心理健康问题被“一俊遮百丑”掩盖和忽视的现象也具有很大的普遍性。为此，本课题研究的重要价值在于引起学校和家庭对“优势学生群体”心理健康问题的关注和重视，树立“全面发展、健康第一”的指导思想，改变重“教书”轻“育人”的现状，促进教师和家长对“优势学生群体”采取科学有效的教育策略，以期帮助“优势学生群体”形成健全的人格。这对构建家庭、学校、社会为一体的教育模式，具有理论上和实践上的指导意义。同时，本研究无疑可以为天水市第一中学学生心理健康教育提供理论指导和方法参考，可以为高中学生心理健康教育的理论研究提供补充材料。因此，本课题的研究成果对高中学生进行心理健康教育具有重要的理论意义和实践意义。

四、本课题相关概念的界定及研究的理论依据

（一）本课题相关概念的界定

1.优势学生群体

本课题中的“优势学生群体”仅指学习成绩优秀的学生，他们不是个别，而是一类

学生。天水市第一中学是甘肃省首批省级示范高中，属于甘肃省重点名校，在甘肃省普通中学中处于前三名的地位。该校在天水市所辖两区五县选拔招生，全体学生在天水市高中学生中均属于优势学生群体，重点班是年级的前300名学生（其中尖子班是年级前50名的学生），可视为该校的优势学生群体。

本课题选取甘肃省天水市第一中学3个年级1800名学生作为被试，基于两重含义的考虑，其一，对重点班学生的研究是作为该校的“优势学生群体”考虑；其二，对1800名学生的研究是作为天水市区域内“优势学生群体”考虑。本课题研究的重要目的在于唤起学校、教师、家长对“优势学生群体”心理健康问题的关注和有效实施心理健康教育。为了使课题研究成果具有区域内的推广应用价值，本课题着重基于第二层考虑，即更多偏重对天水市第一中学整体学生心理健康问题的调查研究。而对重点班与普通班的对照研究相对较少。

2.心理健康问题

本课题关于心理健康问题的界定，主要指由学习环境造成的各种心理困惑和矛盾。

3.教育对策

本课题关于教育对策的界定，主要指学校教育中对学生进行心理健康教育所实施的方法、策略。

（二）本课题研究的理论依据

1.高中教育的性质和任务

《普通高中课程方案（实验）》指出，普通高中的任务是为学生的终身发展奠定基础。普通高中教育不仅要关注人的社会性，同时又必须关注人的自然性和个性；教育的本质功能是育人，是为学生的终身学习和终身发展奠定基础。完整的人格中知识和理性的结合，就是新时代教育的试金石。

2.高中学生的心理特点

高中学生正处在个人成长的关键时期，也是人格重塑完善的关键期。高中教育应当面向未来，为学生的终身发展负责。对中学生进行心理健康教育，是保证学生正常健康发展的需要，是学生心理发展的需要，也是学生全面发展的需要。

3.高中教育的目的

2012年党的十八大提出了立德树人的根本教育任务。2017年党的十九大进一步强调，全面贯彻党的教育方针，落实立德树人的根本任务，发展素质教育，培养德、智、体、美、劳全面发展的社会主义建设者和接班人。高中教育除了要传授知识，更要重视引导孩子养成良好的性格和培养多方面的特长，重视培育学生具有丰富心灵和自主发展的能力，让学生具有丰富个性并充满活力，真正保持心理健康和身心快乐，培养完整的人，有思想、有追求的人，而不是“考试机器”。

4.教育与学生心理的发展是互相依存的辩证统一体

一方面，教育是学生心理发展的必要条件。因为学生心理的发展总是以掌握知识、技能和道德规范为中介的；另一方面，学生心理的发展又是进行教育的重要前提。学生掌握知识、技能和道德规范的快慢、深浅和牢固程度，又同他们自身的心理发展水平密切相关。所以，教育又必须从学生的实际出发，从学生心理的已有水平出发，才能发挥它的主导作用。

5.高中学生心理健康教育是学校德育工作的重要内容

2017年教育部印发的《中小学德育工作指南》提出，德育即政治、思想、道德、与心理健康教育，明确地把心理健康教育作为德育的一个重要组成部分。

（三）高中学生的生理及心理特点

1.高中学生的生理特点

高中学生在生理发育上正处于青春期，从生理学的角度来讲，处于青春期的人，各种生理机能逐步增强，身高、体重、骨骼、肌肉、皮下脂肪以及神经系统的发育处于儿童与成年人之间的水平。由于性腺的发育，生殖系统和第二性征已基本发育成熟，具有了性与生殖的能力。具体可以表现在以下几个方面：①内分泌机制完善。青少年期人体机能和形体上的巨大变化，是在体内激素的作用下发生的，下丘脑和垂体分泌的激素在体内不断增多，最终与成人接近。②生长激素、促肾上腺皮质激素、促甲状腺素、促性腺素等的分泌也达到了新的水平，这些激素是人体发育的催化剂，加速了高中学生生理上的变化。

2.高中学生的心理发展特点

青年初期是指14、15岁至17、18岁，这相当于高中时期。这是一个人开始独立决定自己生活道路，走向独立生活的时期。

3.高中学生心理的主要特点

高中学生是个体在生理上、心理上和社会性上向成人接近的时期。他们的身材已日臻成熟，神经系统发育基本完成。其智力的成熟，一方面表现在观察能力、记忆能力和想象能力的发展与完善，另一方面体现在思维能力的提高。高中学生的抽象逻辑思维已从“经验性”向“理论性”转化，他们能在头脑中进行完全属于抽象符号的推导，能以理论做指导去分析、解决各种问题。高中学生思维的独立性和批判性更加鲜明，片面性有所改善，开始出现辩证思维。

与智力发展相呼应，高中学生的各种个性品质也趋于稳定和成熟，而且随着认知水平的提高及生活经验的积累，高中学生在心理发展上出现了新特点，表现在自我意识的高度发展，要求深入地了解自己和关心自己的成长。青年学生对人生意义也有了新的理解，人生观初步形成，但是对人生和世界的评价带有明显的个性色彩。他们对未来充满理想，敢说敢干，意志的坚强性与行动的自觉性有了较大的发展，但有时也会出现与生活相脱节的幻想。高中学生心理的主要特点有：

（1）过渡性心理。学生在进入中学以前仍处于幼稚期，要更多地依靠成人的照顾、保护，他们的独立性和自觉性都较差。进入中学阶段后就进入了少年时期，而中学后期则处于青年初期，是个体逐步发展成熟的时期，它标志着个体真正开始逐步成为独立的社会成员。

中学生心理发展的过渡性，反映出中学初期（少年期）和中学后期（青年初期）过渡状态的两种不同特点。前一时期，即少年期，是一个半幼稚、半成熟的时期，是独立性和依赖性、自觉性和幼稚性错综复杂、充满矛盾的时期；后一时期，即青年初期，是一个逐步趋于成熟的时期，是独立的走向社会生活的准备时期。前一时期，还保留着一定的幼稚性；后一时期，却包含着成熟后的独立性和自觉性。即使如此，他们也只是刚刚达到成熟时期，他们的认识能力、水平还是不高的，他们的个性倾向还不稳定，还需要教师、家长对其关怀和指导，以便加强他们的自我修养，使其真正趋向成熟。

（2）闭锁性心理。中学生的心理逐渐显示出闭锁性，即他们的内心世界逐渐复杂，开始不大轻易将内心世界表露出来。中学生处于青春发育期，生理上的一系列变化也必将引起情感上的变化，并且这些变化一般是不会轻易流露的。即使引起了情感上的波动，由于这个时期相应的意志力的发展，他们往往也会控制住而不表现出来，更不愿意与长辈或教师真心交流，而愿意对同龄、同性别的人，特别是对知己暴露真正的思想，这就要求教师和学生生活在一起，和学生打成一片，成为学生的好朋友（但要注意“度”的问题，否则，学生会因为跟教师太亲近而不服从教师的管理，家长感到孩子难管的道理就在于此），才能了解学生的内心世界，针对性的对学生实施教育管理。

（3）自尊心理。高中学生自尊心强，爱面子。他们非常注重自己是否受人尊重，也很在意别人对自己的看法，这就要求教师在教育管理学生时，一定要注意维护学生的自尊心和面子，否则，就会事与愿违。

高中学生的自尊心更多地表现在要求别人把他当成一个平等的个体来看，这就要求教师在日常生活中，一定要尊重学生的人格，接受学生所犯的错误，以一颗平常心和宽容心来对待发生在学生身上的一切。

（4）自我为中心的心理。现在的中学生，绝大多数是独生子女，再加上现如今优越的生活条件，家庭的宠惯，几乎事事以自我为中心，遇事时他们的自尊心极强，大多表现为一种高高在上、盛气凌人的态度。对待此类学生，我们可以采用“打一打，揉一揉”（软硬兼施）的方法，才能既达到教育的目的，又不会疏远师生关系。

（5）摇摆性心理。中学生希望受人重视，把他们当成大人，当成社会的一员，他们思想单纯，很少有保守思想，敢想、敢说、敢作、敢为。但在他们心中，什么是正确的幸福观、友谊观、英雄观、自由观和人生观，还都是个谜。他们的自尊心和自信心在增强，对于别人的评价十分敏感，好斗好胜，但思维的片面性却很大，容易偏激、容易摇摆。他们热情，也重感情，但有极大的波动性，激情常常占有相当地位。他们的意志特征也在发展，但在克服困难时毅力还不够，往往把坚定与执拗，勇敢与蛮干混同起来，他们的精力充沛，能力也在发展，但性格未最后定型，尚未找到正确的活动路径。总之，这个年龄阶段的学生心理特点很不稳定，是心理成熟前动荡不稳的时期，可塑性大。因此，我们常会看到发生在中学生身上的“三天打鱼，两天晒网”“一曝十寒”的现象。今天，他们可能因为心血来潮学习到深夜，明天有可能将学习抛到九霄云外……所以，这就要求教师注意观察学生的日常行为，时时提醒他们，帮助他们在不断的摇摆中选择出一条正确的道路。

（6）模仿性心理。在教育与接受教育这个过程中，可以说，学生无时无刻不在注视着教师的表现，教师的表现直接会对学生的做法产生巨大的影响，学生会以教师为表率，去模仿教师的一举一动。学生的这种模仿心理就要求教师必须以身作则，率先垂范。

4.高中学生心理发展的矛盾与教育

高中学生心理特点的发展是不平衡的，各种心理矛盾更加复杂交错，表现在：

（1）心理的闭锁性与交往需要的矛盾。如果说，小学生是睁大好奇的眼睛注视着外部世界，那么中学生则睁大好奇的眼睛注视着自己的内心世界。随着内心秘密的增多，自尊心的增强，他们已不像少年那样“坦率”，他们不愿意把自己内心的秘密轻易透露给不了解自己的人，“写日记”就成了这个时期学生的典型行为。但是，他们的诸多苦恼又使自己倍感孤独和寂寞，很希望与他人交流、沟通，并得到他人的理解。这种心态和愿望促使他们很愿意向同龄朋友推心置腹。

（2）求知欲和识别力之间的矛盾。青年学生求知欲旺盛，勤于探究、钻研，但辨别力不高，良莠不分。解决这一矛盾的根本办法，是帮助他们提高认识，培养分析能力和鉴赏能力。同时，开展丰富多彩的活动，充实他们的精神生活，形成向往文明的风气。

（3）情绪与理智的矛盾。青年学生容易感情用事，常常因一点小事而争吵不休，而且，情绪容易在两个极端摇摆。帮助青年解决这一矛盾，最重要的是提高其思想水平与发挥理智的作用。

（4）理想的“我”与现实的“我”的矛盾。青年热烈地向往着未来，往往离开现实条件构想自己未来的前景，这就形成了一个理想的“我”。但如果理想的我与现实的“我”差距太大，或者求之过急，就会产生过激行为或急躁情绪，甚至放弃理想。解决这一矛盾的关键在于，启发他们把远大志向与求实精神结合起来，帮助他们确定恰当的抱负水平，引导他们更多地参加各种实际活动。

（四）心理健康的概念和标准

1.心理健康的概念

心理健康是健康的一个重要组成部分，但由于国内外心理学家所处的社会文化背景不同，研究问题的立场、观点和方法相异，迄今为止尚未形成统一的意见。

（1）国外的观点。1929年在美国召开的第三次全美儿童健康及保护会议上，与会学者认为，心理健康是指个人在其适应过程中，能发挥其最高的知能而获得满足、感觉愉快的心理状态，同时在其社会中，能谨慎其行为，并有敢于面对现实人生的能力。

世界心理卫生联合会则将心理健康定义为，身体、智力、情绪十分调和；适应环境，人际关系中彼此能谦让；有幸福感；在工作和职业中，能充分发挥自己的能力，过着有效率的生活。

1948年，第三届国际心理卫生大会为心理健康下的定义，所谓心理健康是指在身体、智能以及在情感上与他人心理不相矛盾的范围内，将个人的心境发展到最佳的状态。

《简明不列颠百科全书》指出，心理健康是指个体心理在本身及环境条件许可范围内所能达到的最佳功能状态，但不是指十全十美的绝对状态。

《心理学百科全书》（1995）对心理健康的定义，心理健康又称心理卫生，它有两方面含义，第一个方面是心理健康状态，个体处于这种状态时，不仅自我情况良好，而且与社会契合和谐；第二个方面是维持心理健康、减少行为问题和精神疾病的原则和措施。

英格里士认为，心理健康是指一种持续的心理情况，当事者在那种情况下能作良好适应，具有生命的活力，能充分发展其身心的潜能；这是一种积极的、丰富的情况，不仅是免于心理疾病而已。

精神病学家麦灵格认为，心理健康是指人们对于环境及相互间，具有最高效率及快乐的适应情况。不仅要有效率，也不仅要有满足之感，或是能愉快地接受生活的规范，而是需要三者俱备。心理健康的人应能保持平静的情绪、敏锐的智能，适于社会环境的行为和愉快的气质。

美国学者马斯洛，将理想的心理状态称为自我实现，即人的所有潜能的充分实现与人的不断成长。马斯洛认为心理健康的人要具备下列品质：①对现实具有有效率的知觉；②具有自发而不流俗的思想；③既能悦纳本身，也能悦纳他人；④在环境中能保持独立，欣赏宁静；⑤注意哲学与道德的理论；⑥对于平常事物，甚至每天的例行工作，能经常保持兴趣；⑦能与少数人建立深厚的感情，具有助人为乐的精神；⑧具有民主态度，创造性的观念和幽默感；⑨能经受欢乐与受伤的体验。

日本学者松田岩男认为，所谓心理健康是指人对内部环境具有安全感，对外部环境能以社会认可的形式适应的这样一种心理状态。心理健康既是一种状态，又是一个过程；心理健康说到底是一种人生态度。

（2）国内的观点。国内学者陈家麟认为，心理健康是指在充分发挥个体潜能的内部心理协调与外部行为适应相统一的良好状态。

樊富珉认为，心理健康可以从广义与狭义的角度去理解。从广义上讲，心理健康是指一种高效而满意的、持续的心理状态，在这种状态下，人能做出良好的反应，具有生命的活力，而且能充分发挥其身心潜能；从狭义上讲，心理健康是指人的心理活动的基本过程内容完整、协调一致，即认识、情感、意志、人格、行为的完整和协调，能适应社会。

张玲认为，对于心理健康的理解，可以有三个不同的层次。最低层次，克服心理疾病；中间层次，超越‘第三状态’；理想层次，自我实现。所以，心理健康不是指某种固定的状态，而是富有弹性伸缩的一个相对状态。

刘华山在其承担的《中小学心理健康状况的评估与教育对策研究》课题中，提出心理健康概念的四点新认识，即，确立心理健康标准要兼顾内外两个方面；心理健康应有消极的（低层次）与积极的（高层次的）心理健康之分；心理健康既是一种状态，又是一个过程；心理健康说到底是一种人生态度。

李蔚认为，所谓心理健康并不是消极的维持正常状态，治疗、矫正和预防心理疾病或心理障碍的一门学科，而是有意识地控制自己，正确地了解自己，立足于现在，朝向未来，渴望在生活中的挑战和新的奋斗目标，从而推动自我成长的最佳心理状态。

因此，笔者认为，第三届国际心理卫生大会关于心理健康的定义更被广泛承认和引用，故本文采用此定义。

2.心理健康的标准

（1）国外学者的心理健康标准。美国学者坎布斯认为，一个心理健康、人格健全的人应有的四种特质：①积极的自我观念。能悦纳自己，接受自己，也能为他人所容纳，能体验到自己存在的价值，能面对和处理好日常生活中遇到的各种挑战。尽管有时也可能会觉得不顺心，也并非总为他人所喜爱，但是肯定的、积极的自我观念总是占优势的。②恰当地认同他人。能认可别人的存在和重要性，即能认同别人而不依赖或强求别人，能体验自己在许多方面和大家都是相同的、相通的，能和别人分享爱和恨、乐与忧以及对未来美好的憧憬，并且不会因此而失去自我，仍保持着自我的独立性。③面对和接受现实。能面对和接受现实，不论其是好是坏、对自己有利或不利，即使现实不符合自己的希望与信念，也能设身处地、实事求是地去面对和接受现实的考验；能够多方面寻求信息，善于倾听不同的意见，正确把握事实的真相，相信自己的力量，随时接受挑战。④主观经验丰富，可供利用。能对自己，周围的事物、人物及环境有较清楚的知觉，不会迷惑和彷徨；在自己的主观经验世界里，储存着各种可资利用的信息、知识和技能，并能随时提取使用。善于发现和利用自己的长处和优点，同时也能借鉴和学习别人的长处、优点，以此来解决自身所遇到的问题，从而增进自己行为的有效性，并且不断丰富自己的经验、知识库。

现代心理健康观念认为，仅仅没有神经症和精神疾病是不够的。一个人没有心理疾病，并不能证明他具有健康的人格。处于一般心理健康水平的人，只有向更高水平发展，其生活才能更充实、幸福、有价值。为此，国内外学者提出了许多有价值的看法。

（2）国内学者的心理健康标准。台湾学者黄坚厚（1982）提出的心理健康标准，首先，心理健康的人是乐于工作的，能将本身的知识与能力在工作中发挥出来，同时能从工作中获得满足之感。其次，心理健康的人是有朋友的，能与他人建立和谐的关系，在与人交往与人相处时，正面的积极态度（喜悦、依赖、友爱、尊敬等）常多于反面消极的态度（仇恨、敌视、嫉妒、怀疑、畏惧等）。再次，对本身有适当的了解，并能悦纳自己，愿意努力发展其身心的潜能；对无法补救的缺陷也能安然接受，不以为羞，不做无谓的怨尤。最后，能与现实环境有良好的接触，对现实环境有正确、客观的观察，并能作有效地适应；对生活中的各种问题，能以切实有效的方法谋求解决，而不企图逃避。

国内的著名心理学家王登峰（1992）等，根据各方面的研究结果进行归纳总结，较为详细地提出了有关心理健康的指标：了解自我，悦纳自我；接受他人，善与人处；热爱生活，乐于工作；面对现实，接受现实，适应现实，改变现实；能协调与控制情绪，心境良好；人格和谐完整；智力正常；心理行为符合年龄特征。

综上所述，可以看出心理健康标准是多维度、多层次的，医学、社会学和教育学等都从各自需要的角度提出属于自己的标准。因此，建立一个统一的标准是无法实现的，但是依据年龄层次的特殊性确定心理健康标准是必要的。

（3）高中学生心理健康的标准。高中学生心理健康的衡量标准有以下十条：具有充分的适应力；能充分地了解自己，并对自己的能力做出适度的评价；生活的目标切合实际；不脱离现实环境；能保持人格的完整与和谐；善于从经验中学习；能保持良好的人际关系；能适度地发泄情绪和控制情绪；在不违背集体利益的前提下，能有限度地发挥个性；在不违背社会规范的前提下，能恰当地满足个人的基本需求。

在本研究中，笔者试图通过学习活动、人际交往、自我意识、情绪调控、人格发展、社会适应等方面进行调查分析，结合高中学生的身心特征与学习生活特点，提出一些行之有效的对策和建议，为学生的健康成长提供力所能及的帮助。

3.高中学生常见的心理问题

中学阶段是青春期身体和心理发育最为剧烈的时期，是最充满激情、浪漫，最有创造力、最少保守思想、最活跃的时期，这是他们从幼稚走向成熟、从依赖走向独立的过渡时期，也是对人生、社会和未来充满幻想与好奇的“多梦季节”。国外有学者形容这一阶段是“骚动的、矛盾的、动荡的、暴风雨式的时期”。这个时期的中学生正处在个体发展的特殊时期，是心理功能受阻的易发期和多发期，伴随着成长的欣喜、生活的苦恼、学习的压力、情感的吸引，种种感情交织在一起，年轻的心变得十分敏感和冲动，花季少年既有绽放的欣喜，也有凋落的忧伤。他们渴望友谊、渴望理解、渴望自由，有时太多的渴望也容易产生一系列的心理问题。中学生常见的心理问题大致有以下十五种：

（1）自卑心理。自卑心理是指对自己的品质和能力做出过低的评价，感到己不如人的心理感受。适当的自卑感可以激发自己去弥补自己的不足，超越自己，但过度自卑会导致抑郁，严重影响我们的身心健康。部分中学生由于学习成绩不好，屡犯错误，所以无论在家庭还是在学校，他们受到的批评多于表扬、指责多于鼓励、惩罚多于引导，于是自认为无药可救、低人一等，变得心灰意冷、萎靡不振、自暴自弃、消极颓废，形成一种“我不如人”的自卑心理。

（2）逆反心理。所谓逆反心理就是指受教育者在接受教育的过程中，因自身固有的传统定势和思维模式与特定教育情境下所产生的与认知信息相对立的并与一般常态教育要求相反的对立情绪和行为意向。不少中学生由于辨别是非的能力较差、疑虑心理重，往往不能正确对待家长的一片苦心以及老师的批评教育，他们怀疑一切、目空一切，对正面宣传作反面思考，对榜样及先进人物无端否定，对不良倾向产生情感认同，对思想教育、遵章守纪的要求消极抵抗，主要表现是在认知上的敌对、情绪上的反感和行为上的疏远。这类学生把老师和同学的帮助看成是跟自己过不去，常做别人所不高兴的事情，逆反心理极强，其行为总是与家长、教师、学校的要求相悖。

（3）孤独心理。人是社会性的动物，所以人离不开群体，同样也离不开人与人之间的交往。孤独是一种认为自己被世人所拒绝、所遗忘，心理上与世人隔绝开来的主观心理感受，孤独感正是个人在群体中所产生的一种孤单、寂寞、无助的不愉快感受的心理状态。孤独是缺乏与人交往的结果，又是难以与人良好交往的心理问题。许多中学生性格孤僻、害怕交往，常常觉得自己是茫茫大海上的一叶孤舟，或顾影自怜，或无病呻吟，他们不愿投入火热的生活，却又抱怨别人不了解自己，不接纳自己。一些中学生很少和别人交往，常常一个人背着大家独自活动、寡言少语，他们把人际关系疏远化和淡化，崇尚做“超人”和“怪人”，而他们的内心却感到孤独、压抑、苦闷，给身心带来危害。

（4）嫉妒心理。嫉妒是一种社会心理和意识。有人把嫉妒说成是一种根本的、普通的、强烈的心理现象。心理工作者认为，嫉妒是一种有针对性的感觉，是忍着痛苦去看待别人的幸福的一种倾向。嫉妒产生在当现实的和期望的各种关系受到威胁之时，是一种既羡慕又敌视的矛盾的情感。在中学阶段，一部分学生漂亮的容貌、优异的学习成绩、优越的家庭条件、受到老师的宠爱等，常常会引发另一部分学生的嫉妒之心。他们越是关注和重视嫉妒的对象，越有可能会被绝望与恐惧感所击中，从而发展为憎恶、敌意、怨恨和复仇等一些恶劣的情绪。

（5）唯我独尊心理。一些中学生只沉湎于自我实现和个人奋斗的状态，处处都得以自己为核心，遇到稍不顺心的事就会大发雷霆、躺倒不干，或触犯到个人一点点利益就斤斤计较，对集体麻木不仁，对社会漠不关心。为人处世时，只有别人关心他（她），他（她）却从不去关心别人，一旦个人欲望满足不了，就不惜损害他人和社会的利益，以至于走上了犯罪的道路。

（6）厌学心理。厌学是学生对学校的生活失去兴趣，产生厌倦情绪，持冷漠态度等心理状态及其在行动中的不良表现方式。据本课题组的调查显示，厌学学生高达30.14%。主要表现为，学习动力不足，感到学习没劲，丧失上进的信心，学习欲望低下，重者甚至对学习丧失兴趣，把学习视为苦差事，上课懒得看课本，作业不能独立完成，盼望着早点毕业以求解脱，更严重者根本不学习，终日浑浑噩噩，看到课本就头痛，坐进教室就犯困，经常迟到、早退、旷课，对老师缺乏感情，对学习缺乏热情。

（7）惧怕心理。惧怕可以说是人类情绪之冠，往往会决定一个人一生的命运，甚至会影响社会和历史的发展进程。就中学生群体来说，存在着优等生惧怕同学的竞争、中间生惧怕掉队、后进生感到前途无望等现象。就中学生个体来说，存在着惧怕数学或作文、惧怕父母的期望落空、惧怕记忆力突然衰退等现象，一旦惧怕惯了，往往就会形成性格上过于胆怯和羞涩，从而产生心理障碍。他们可能处处疑心，事事戒备，缺乏自信心和主动性；在学习上，也常常会表现为随大流，缺乏闯劲和创新精神。

（8）矛盾心理。中学阶段是学生长身体、长知识、长智慧的时期，也是其道德品质与世界观逐步形成的时期。在这一时期，中学生面临着生理、心理上的急剧变化，加上紧张的学习和陌生的环境，很容易产生心理上的不适应，引起矛盾心理。主要表现为，认识到学习的重要性和必要性，应该努力学习好各门功课，但又缺乏踏踏实实学习的决心和毅力；自认为是块学习的料，但一遇到具体问题，又觉得自己缺乏读好书的才能，结果发现自己一无是处。

（9）早恋问题。所谓早恋即青春期恋爱，是指青少年之间过早地发生或发展着的恋爱现象。判断是否早恋的依据大致有两点，一是生活自立的程度；二是恋爱的年龄与法定最低婚龄相差的程度。早恋是青春发育期容易出现的一种现象，伴随着身体的发育成长、生殖系统的成熟，中学生会在心理上产生对异性的好奇与向往，男女生之间易产生朦胧的好感，加上流行歌曲、言情小说、影视媒体的推波助澜，对中学生的性心理发育来说是种催熟剂，再加上家长、教师过于严厉的批评和监督，使学生产生了较强的逆反心理，这更容易使学生走入早恋的误区。

（10）迷恋网络问题。随着社会的发展，网络越来越多地走进了我们的生活，网络在给我们带来很多方便的同时也给我们带来了很多的弊端。比如，中学生迷恋网络的问题，有的中学生自制能力很差，一旦接触到网络就吸引了，就会迷恋上网络。

（11）“追星”问题。当五彩的追光辉映着荧屏、舞台上富有青春生机活力的歌星、舞星、影星以及体星、作家等成功者的身影时，一双双发自内心的崇拜目光，也在紧跟不舍地随着这些“星级”人物的身影，这成为青少年文化现象之一——“追星族”的涌现和“青春偶像热”的掀起。

（12）考试焦虑问题。考试焦虑是一种很复杂的情绪现象。它是由一定的应考情境引起，以担心为基本特征，以防御或逃避为行为方式，受个体的认知评价、人格因素和其他身心因素制约的考试时常见的一种心理现象。主要表现为，听到要考试就紧张起来，考前睡不好觉，考场情绪紧张、心慌意乱、记忆卡壳等现象，某些平时学习成绩不错的学生，一到考试就慌了手脚，无法发挥自己应有的水平。据本课题组的调查显示，对考试具有明显的焦虑症状的约占11.18%。严重的考试焦虑不仅对学习具有极大的危害，对中学生的身心健康也会造成潜在威胁。

（13）情绪方面问题。中学生的情绪丰富而强烈，但情绪起伏变化很大。主要表现为，情绪不稳定而且容易冲动，往往不善于调节和控制自己的情绪，有时可能会为一点点小事而情绪激动，也可能为一点点小事而灰心丧气。多变的情绪，常常使他们难以专心致志、善始善终地做好某一件事，学习、生活也因此受到干扰。放任的情绪往往又会影响同学之间的友爱和团结。由于中学生情绪起伏变化大，加上自我控制力较弱，很容易成为不良情绪的俘虏，以致影响自己的精神状态，妨碍了自己积极向上的进取心，甚至违反校规，触犯法律。美国心理学家艾利斯认为，人之所以有不愉快的情绪，是因为人们对待事件有许多不合理的信念。导致我们不愉快的往往不是事件本身，而是我们对事件的不合理的看法。

（14）学业不良问题。学业不良现象在学校教学中是很普遍的，其实质是学生的学习结果未能达到教学的基本要求，离教学的基本要求尚有一段差距。一般来说成绩极差的学生，其学业显然是不良的。这类学生就是我们常说的“差生”，也叫“后进生”。在学习过程中看重分数，这已是一个不争的事实，学习不应该是一件痛苦的事情，学生时代是学习知识的黄金时光，为什么学生却如此痛苦呢？把学习的结果简单地用分数来评价，学生不得不把学习看作获取分数的一次竞赛，在竞赛中注定大多数是失败者，使学生觉得学习是痛苦的，因而也失去了对学习的乐趣，这不能不让人痛心。成绩不好的学生有着最敏感的心灵，老师、家长、同学一些随意的行为，一些无意的话语，都会伤害到他们的自尊。

（15）考试作弊问题。作弊好比是偷东西，不同的是我们偷的是知识。一旦养成作弊的习惯，就会使学生终身受害，因为偷来的知识毕竟不是自己的，学生在学校里将学无所成，踏入社会后学生拿什么来面对工作和生活。考试是衡量和评价教学工作成败得失的重要手段，同时考试还是古今中外择优选才的主要方式。“考试定终生，分数论英雄”已成为惯例。分数的重要性众所周知，学生都想获得理想的分数，于是便出现了形形色色的作弊现象。就一般学校而言，从平日测验到期中、期末考试，甚至升学考试，都有作弊行为的发生，并且作弊方法千变万化、形式花样百出。中学生中也不免存在着作弊的问题。

五、心理健康的研究动态

（一）国外关于青少年心理健康的研究动态

国外对青少年心理健康状况的研究早在20世纪就开始了，许多心理学家、社会学家认识到心理健康对人、对社会发展的重要性，于是进行了大量的专门研究。

世界上许多发达国家对心理学、包括学校心理学的研究都比较早，同时，对青少年的心理健康研究也非常重视，美国在青少年心理健康研究这个领域一直处于领先地位。美国主要以儿童为主要对象，治疗学生在心理、行为和智力方面的缺陷。1907年，戴维斯在公立学校首创了系统化的心理辅导计划；到了1940年，美国就已经在学校教育中开展心理辅导工作。美国健康委员会在1967年公布了三个数字，说明了心理障碍和心理疾病的普遍性和严重性：美国每10个人中就有一个患有心理疾病；美国18岁以下的青少年和儿童约有140万人需要进行心理治疗；美国有15%的人一生中需要精神方面的照顾，25%的人患有轻度的中度的抑郁和焦虑等精神问题。

1980年，据美国最保守的估计，全国约有11%的人口，即约2300万人患有不同程度的心理障碍和心理疾病；在1980年以前，美国心理健康的重点放在个别有心理问题的学生身上；1980年以后，从事心理辅导的心理学工作者开始将注意力转移到全体学生身上，特别是注意学生心理的健康教育，有关中学生的心理机能训练课程相继推出，有关的心理健康教育活动也相继出现。

关心学生心理健康问题是全球性的趋势。在英国心理学会审查认定受训者的资格水平，英国心理学会规定了工作者的最低资格条件，具备研究生以上学历，拥有教师资格证书，有两年以上的青少年教学经验，至少两年的研究学习心理学训练等。英国和法国的一些报告指出，约20%的儿童在校期间出现过学习障碍。由此可见，西方发达国家对学生的心理健康问题高度重视。

总之，国外对青少年心理健康研究的发展已经非常成熟，这对我国的青少年心理健康的研究有很大的借鉴作用。

（二）国内关于青少年心理健康的研究动态

与国外相比，我国的心理健康研究相对滞后，起步也较晚。20世纪80年代，关于心理健康的研究成为我国卫生界、教育界关注的热点问题之一，许多心理学家和教育家开始探索，并开展了多种形式的青少年心理健康的研究实验。

研究表明初一至初二、高三至大一为心理问题发生的两个高峰期，有16.97%的学生存在较为严重的心理问题。全国中小学心理健康教育课题组人员对1000多名高中学生的调查发现，高中学生存在各种心理问题，总检出率为10.53%；还有研究者对1562名高中学生的心理健康调查结果发现，心理偏离检出率为7.51%～26.53%，中度以上占19.41%，其中有7.64%有自杀倾向。有研究表明，青少年的心理素质是影响学习成绩的重要因素（王极盛，1999）。

青少年的心理健康问题，如不及时加以引导，势必对他们的学习和生活都会有一定的影响。

20世纪90年代以后，学术界相关研究成果愈来愈多，并从原来比较笼统的研究分化为若干领域和系列专题研究，其中关于心理健康的基本理论和大学生心理健康研究最为丰富；1994年，黑龙江省牡丹江市的调查报告显示，在所调查的1414名中学生中，心理疾病的发生率为26.17%；1997年至1998年，中科院心理所的专家对北京市8869名青少年的调查发现，存在心理行为问题的比率为32.0%。

进入21世纪以来，高中生心理健康受关注的程度越来越高。

吴念阳等人（2003）对上海市中学生心理健康状况进行的调查表明：高中生中强迫、焦虑、偏执、敌对和人际关系敏感五项不良心理反应的人数最多，分别是41.38%、35.33%、30.99%、29.89%和29.26%。

张晓玲等（2004）采用心理健康诊断标准，调查了494名初二和高二学生，发现在恐怖倾向上女生检出率比男生的高。

张秋菊（2005）利用心理健康诊断测验，对河南省五个地区874名高中生进行调查，发现只有19.68%的学生心理健康状况是好的，77.8%的学生处于中等焦虑水平，有2.52%的学生需要接受重点咨询。

岳颂华（2006）利用心理健康诊断测验，对广州地区1431名中学生做了调查，结果发现青少年心理健康状况总体上处于中等水平。

李英华等的（2007）《北京市东城区高中生心理健康状况及其影响因素分析》结果显示，高中生的心理问题以学习焦虑、过敏倾向、躯体症状较为多见，其检出率分别为50.19%、19.1%和18.7%，即一半的学生有学习焦虑。

姚德雯（2009）对乌鲁木齐市的500名高中生进行调查，结果表明，他们的心理问题主要表现在学习焦虑、过敏倾向、孤独倾向、自责倾向等方面。

关于影响高中生心理健康的原因分析方面的研究也很多。如关于家庭因素方面比较有代表性的观点有：张志英（1998）认为留守儿童常常有一种孤僻心理，表现为沉默寡言、喜欢独来独往、我行我素、胆小、自私、不合群；林静等人（1999）认为单亲家庭子女学习成绩明显低于一般家庭子女成绩；薛桂英等人（2006）认为离异单亲家庭子女道德教育存在问题，这主要与父亲或母亲的教育态度和对子女的期望值有关。沈杰等人（2006）认为家庭结构、父母亲的文化程度、家庭教养方式、是否独生子女等，都会在某些程度上影响学生的心理健康。

尽管上述研究调查采用的量表和问卷各不相同，得到的数据也有较大差异，但从中可以看出，青少年存在明显的心理行为问题是客观事实。青少年的心理问题主要可以概括为以下几个方面：情绪上的紧张、焦虑和抑郁；人际关系上的敏感和退缩；性关系上的压抑；攻击、敌对和仇视行为；不良嗜好；身心反应；精神疾患早期症状；学习障碍。

可见，虽然近几年来心理学研究进展势头良好，但对高中生心理状态的研究无论从涉及的范围还是深度来讲，都与广大高中生的复杂的实际心理状态仍有较大的距离，研究基础和研究力量都非常薄弱，研究成果数量少，质量不好（傅文第，2001）。到目前为止，对高中生心理健康的研究仅限于筛查和诊断，高中生对心理健康知识的迫切需要与研究的匮乏之间存在很大差距。因此，加强对高中生的心理健康研究与教育已经成为我们教育工作者必须重视的一项任务，时代需要我们对高中生的心理健康做出全面系统的调查和分析，以期为学生的健康成长提出一些理论和实践上的方法。

六、研究方法及程序

（一）研究假设

根据国内外已有文献的研究，通过被试的问卷调查，我们做了以下假设：

假设1：高中生的心理健康水平存在学习成绩差异。

假设2：高中生的心理健康水平存在年级差异。

假设3：高中生的心理健康水平存在性别差异。

假设4：高中生的心理健康水平存在年龄差异。

假设5：是否独生会影响高中生的心理健康水平。

假设6：是否寄宿会影响高中生的心理健康水平。

（二）被试选取

课题组于2013年9—12月，在甘肃省天水市第一中学的高一、高二、高三的三个年级，采用随机抽样的方法，每一级分别抽取600名（其中重点班和普通班各300名）学生作为被试。

（三）测量工具

1.心理健康诊断测验量表

心理健康状况评定工具采用心理健康诊断测验量表（MHT），该测验量表是由华东师范大学心理学系周步成教授和其他心理学科研人员，根据日本铃木清等人编制的“不安倾向诊断测验”，并对其进行修订，制定出适应于我国中小学生标准化的《心理健康诊断测验》。该量表包括100个条目，每一条都有“是”和“否”两种可供选择答案，要求被试根据自己的真实情况进行选择。全量表由学习焦虑倾向、待人焦虑倾向、孤独倾向、自责倾向、过敏倾向、身体症状、恐怖倾向和冲动倾向等8个内容量表组成，8个内容量表累积得分就是总得分。分量表从整体上表示焦虑程度的强度，而总得分则表示个人焦虑的一般倾向。该量表答案为“是”者记1分，答案为“否”者记0分。该测验以整个量表在65分以上、各个内容量表上超过8分，作为指标来考察其心理健康状况。如果一个学生的总分超过65分，说明该生情绪状况总体上不良，焦虑情绪较严重，有适应障碍，需要给予特别辅导。8个内容量表中，任何一项标准分达到8分以上时，表明该生在此方面的心理健康问题已到了有针对性辅导的程度。如果一项标准分低于8分，属于低分，说明学生在该项目属正常。全量表的分值半信度系数为0.91，说明该量表的试题之间具有较高的一致性；重测系数为0.667～0.863（$P < 0.01$），证明该量表具有较高的稳定性。该问卷覆盖面广，筛选率高，题量较少，用时较短；适合团体测验，也适用于中学生测验。在整个问卷中，剔出效度量表得分大于7分的被试，因该被试可以认为是为了获得高分而作假的，其测验结果不可信。本测验对教师和家长了解和指导孩子，以及对高中生的心理健康教育进行科学研究都非常有价值。

2.编制高中生心理健康状况调查表

一般情况下，高中生心理健康状况调查表系自行设计，包括学习成绩、年级、性别、年龄、是否独生子女、是否寄宿制学生等。

3.编制高中生心理健康状况访谈题目

共编制五个题目，采用随机抽样法，共抽取60名学生（重点班和普通班各30名）进行访谈，对存在的问题进行分析，并提出相应的对策。

（四）研究程序

采用问卷调查方式收集资料。首先，对课题组成员进行研究目的、施测方法及有关注意事项向的培训；然后，统一安排时间，由课题组成员以班为单位，按统一指导语发放问卷、进行团体测试。以不记名的方式答卷，要求学生独立完成，并向学生讲明保密原则，消除学生心理顾虑，问卷填答完毕当场收回。将所有有效问卷的数据结果换算成标准分值，录入Excel 2000数据库，运用SPSS 18.0软件包进行数据统计处理和分析。

七、研究发现及讨论

本研究采用了心理健康诊断测验（MHT）量表，对甘肃省天水市第一中学重点班和普通班进行了测试，根据已有的假设，从该校高中生心理健康基本状况、学习成绩差异、不同性别、不同年级、不同年龄、独生和非独生子女、寄宿制和非寄宿制等方面进行了心理健康状况统计分析。

（一）天水市第一中学高中生心理健康基本状况（见表1）

被测1800名学生在MHT各项目得分情况，依次为过敏倾向513人，占28.6%；自责倾向312人，占17.4%；学习焦虑215人，占12.5%；待人焦虑129人，占7.1%；恐怖倾向105人，占5.9%；孤独倾向90人，占5.1%；身体症状57人，占3.2%；冲动倾向30人，占1.7%。

表1 天水市第一中学高中生心理健康基本状况

因子	平均分	标准差	偏常人数	百分比	排序
学习焦虑	5.24	2.04	74	12.5%	3
待人焦虑	4.12	2.22	42	7.1%	4
孤独倾向	2.93	2.26	30	5.1%	6
自责倾向	5.21	2.14	103	17.4%	2
过敏倾向	6.17	2.03	169	28.6%	1
身体症状	3.94	1.85	19	3.2%	7
恐怖倾向	2.66	2.49	35	5.9%	5
冲动倾向	4.36	1.36	10	1.7%	8

从统计结果来看，该校学生心理健康总体水平比较好，但是心理健康具体问题偏常人数的百分比居前四位的依次是过敏倾向、自责倾向、学习焦虑和待人焦虑，其余分别是恐怖倾向、孤独倾向、身体症状和冲动倾向。

（二）天水市第一中学高中生心理健康学习成绩差异检验（见表2）

表2 天水市第一中学高中生心理健康学习成绩差异检验

因子	成绩	M	SD	F值	P值
学习焦虑	优	4.07	2.11	4.691	0.003**
	良	4.98	2.10		
	中	5.44	1.82		
	差	5.55	2.40		
待人焦虑	优	3.44	2.50	2.636	0.049*
	良	4.07	2.28		
	中	4.04	2.09		
	差	4.72	2.34		
孤独倾向	优	2.89	3.32	1.809	0.144
	良	2.97	2.12		
	中	2.76	2.30		
	差	3.42	2.20		

续表2

因子	成绩	M	SD	F值	P值
自责倾向	优	4.22	2.42	2.204	0.087
	良	5.09	2.14		
	中	5.29	2.03		
	差	5.53	2.40		
过敏倾向	优	5.22	2.16	1.477	0.220
	良	6.16	2.05		
	中	6.26	1.98		
	差	6.14	2.11		
身体症状	优	3.11	1.93	3.547	0.014*
	良	3.81	1.93		
	中	3.96	1.71		
	差	4.44	1.97		
恐怖倾向	优	2.22	2.80	0.840	0.472
	良	2.79	2.54		
	中	2.52	2.44		
	差	2.87	2.48		
冲动倾向	优	4.14	1.01	0.473	0.701
	良	4.43	1.34		
	中	4.32	1.36		
	差	4.38	1.44		
综合分数	优	29.32	13.36	2.864	0.036*
	良	34.30	11.19		
	中	34.56	9.59		
	差	37.05	12.34		

注：*P<0.05，**P<0.01，***P<0.001

从统计结果来看，学习成绩不同的高中生在学习焦虑方面的P值为0.003，小于0.01，存在显著性差异。学习成绩不同的高中生在待人焦虑方面的P值为0.049，小于0.05，存在显著性差异。学习成绩不同的高中生在身体症状方面的P值为0.014，小于0.05，存在显著性差异。学习成绩不同的高中生在综合分数上的P值为0.036，小于0.05，存在显著性差异。

从表中，可以看出学习成绩优、良、中、差的学生在学习焦虑方面的平均分分别为4.07分、4.98分、5.44分、5.55分。说明学习成绩越不好的学生在学习焦虑方面的得分越高；学习成绩优、良、中、差的学生在待人焦虑方面的平均分分别为3.44分、4.07分、4.04分、4.72分，说明学习差的学生比学习优的学生在待人焦虑方面得分高；学习成绩优、良、中、差的学生在身体症状方面的平均分分别为3.11分、3.96分、3.81分、4.44分，说明学习差的学生比学习优的学生在身体症状方面得分高；学习成绩优、良、中、差的学生在综合分数上的平均分为29.32分、34.30分、34.56分、37.05分，说明学习差的学生比学习优的学生在综合分数上得分高。

（三）天水市第一中学高中生心理健康年级差异检验（见表3）

表3 天水市第一中学高中生心理健康年级差异检验

因子	年级	M	SD	F值	P值
学习焦虑	1	5.18	2.17	1.199	0.3022
	2	5.42	1.93		
	3	5.12	1.99		
待人焦虑	1	3.80	2.16	6.046	0.003**
	2	4.56	2.22		
	3	4.03	2.22		
孤独倾向	1	2.81	2.38	1.486	0.227
	2	3.17	2.21		
	3	2.83	2.18		
自责倾向	1	5.18	2.16	0.734	0.480
	2	5.36	2.16		
	3	5.10	2.11		
过敏倾向	1	6.11	2.26	0.139	0.870
	2	6.19	1.92		
	3	6.22	1.90		
身体症状	1	3.73	1.82	4.355	0.013*
	2	4.26	1.84		
	3	3.85	1.87		
恐怖倾向	1	2.50	2.56	0.942	0.390
	2	2.85	2.44		
	3	2.64	2.47		
冲动倾向	1	4.39	1.31	0.045	0.956
	2	4.36	1.44		
	3	4.35	1.32		

注：* $P<0.05$，** $P<0.01$，***$P<0.001$。

从统计结果来看，不同年级高中生的心理健康综合比较分析，在待人焦虑方面P值为0.003，小于0.01，存在显著性差异。在身体症状方面P值为0.013，小于0.05，存在显著性差异。

从表中可以看出，在待人焦虑方面，高一、高二、高三年级平均分分别为3.80分、4.56分、4.03分，高二年级显著高于高一年级、高三年级；身体症状方面，高一、高二、高三年级平均分分别为3.73分、4.26分、3.85分，各年级学生存在显著性差异，高二年级得分明显高于高一、高三年级。

（四）天水市第一中学高中生心理健康性别差异检验（见表4）

表4 天水市第一中学高中生心理健康性别差异检验

因子	男生		女生		T值	P值
	M	SD	M	SD		
学习焦虑	4.86	1.98	5.63	2.02	−4.667	0.744
待人焦虑	3.85	2.18	4.40	2.23	-3.059	0.942
孤独倾向	2.79	2.13	3.08	2.38	-1.576	0.187
自责倾向	5.06	2.15	5.36	2.13	-1.721	0.866
过敏倾向	5.91	2.02	6.45	2.01	-3.252	0.761
身体症状	3.66	1.89	4.23	1.77	-3.793	0.264
恐怖倾向	1.81	1.98	3.53	2.66	-8.894	0.000***
冲动倾向	4.20	1.40	4.53	1.29	-3.043	0.115
综合分数	32.12	10.15	37.20	10.82	-5.891	0.232

注：* P<0.05，**P<0.01，***P<0.001。

表4数据表明，各项指标在性别方面都存在着显著的差异。

（五）天水市第一中学高中生心理健康不同年龄差异检验（见表5）

表5 天水市第一中学高中生心理健康不同年龄差异检验

因子	年龄段	M	SD	F值	P值
学习焦虑	15岁及以下	5.28	2.61	0.373	0.828
	16岁	5.12	2.08		
	17岁	5.17	2.02		
	18岁	5.37	1.98		
	19岁及以上	5.33	1.67		
待人焦虑	15岁及以下	4.28	2.14	3.008	0.018*
	16岁	3.57	1.98		
	17岁	4.32	2.34		
	18岁	4.32	2.21		
	19岁及以上	3.83	2.15		
孤独倾向	15岁及以下	3.08	2.55	1.473	0.209
	16岁	2.61	2.29		
	17岁	2.95	2.11		
	18岁	3.20	2.39		
	19岁及以上	2.64	2.09		

续表5

因子	年龄段	M	SD	F值	P值
自责倾向	15岁及以下	5.38	2.50	0.719	0.579
	16岁	5.01	2.03		
	17岁	5.28	2.08		
	18岁	5.31	2.29		
	19岁及以上	4.91	1.86		
过敏倾向	15岁及以下	6.03	2.65	0.325	0.861
	16岁	6.10	2.11		
	17岁	6.29	1.84		
	18岁	6.10	2.14		
	19岁及以上	6.15	1.69		
身体症状	15岁及以下	4.38	2.08	33.183	0.013*
	16岁	3.51	1.63		
	17岁	4.14	1.87		
	18岁	3.83	1.89		
	19岁及以上	4.16	1.82		
恐怖倾向	15岁及以下	2.79	2.74	0.565	0.688
	16岁	2.60	2.51		
	17岁	2.70	2.41		
	18岁	2.50	2.45		
	19岁及以上	3.09	2.80		
冲动倾向	15岁及以下	4.45	1.40	0.676	0.609
	16岁	4.26	1.30		
	17岁	4.47	1.32		
	18岁	4.30	1.43		
	19岁及以上	4.31	1.35		
综合分数	15岁及以下	35.67	12.26	1.275	0.278
	16岁	32.78	9.92		
	17岁	35.32	10.56		
	18岁	34.94	11.77		
	19岁及以上	34.41	8.78		

注：*P<0.05，**P<0.01，***P<0.001。

从表5中可以看出，待人焦虑方面的P值为0.018，小于0.05，存在显著性差异。身体症状方面的P值为0.013，小于0.05，存在显著性差异。而其他方面不存在显著差异。

在待人焦虑方面15岁及以下、16岁、17岁、18岁、19岁及以上学生的平均分分别为4.28分、3.57分、4.32分、3.83分，结果表明，15岁、17岁、18岁的学生在待人焦虑方面的得分高于16岁、19岁的学生；在身体症状方面五个年龄段学生的平均分分别为4.38分、3.51分、4.14分、3.83分、4.16分，结果表明，15岁、17岁、19岁的学生在身体症状方面的得分高于16岁、18岁的学生。

（六）天水市第一中学高中生心理健康独生与非独生子女差异检验（见表6）

表6 天水市第一中学高中生心理健康独生与非独生子女差异检验

因子	独生		非独生		T值	P值
	M	SD	M	SD		
学习焦虑	5.01	2.15	5.29	2.01	-1.273	0.351
待人焦虑	3.87	2.33	4.18	2.19	-1.294	0.193
孤独倾向	2.68	2.26	2.99	2.26	-1.256	0.866
自责倾向	4.85	2.23	5.29	2.12	-1.922	0.949
过敏倾向	6.10	2.09	6.19	2.02	-0.393	0.541
身体症状	3.70	1.79	3.99	1.86	-1.471	0.832
恐怖倾向	2.28	2.24	2.74	2.54	-1.743	0.028*
冲动倾向	4.19	1.34	4.40	1.36	-1.454	0.903
综合分数	10.64	1.03	10.77	0.49	-2.069	0.804

注：$^{*}P<0.05$，$^{**}P<0.01$，$^{***}P<0.001$。

从表6数据可以看出，在恐怖倾向方面独生子女的平均分为2.28分，非独生子女的平均分为2.74分，结果表明非独生子女在恐怖倾向方面的得分高于独生子女。

（七）天水市第一中学高中生心理健康寄宿与非寄宿差异检验（见表7）

表7 天水市第一中学高中生心理健康寄宿与非寄宿差异检验

因子	寄宿		非寄宿		T值	P值
	M	SD	M	SD		
学习焦虑	5.38	1.89	5.11	2.16	1.592	0.026*
待人焦虑	4.28	2.23	3.97	2.20	1.677	0.685
孤独倾向	2.93	2.16	2.93	2.36	-0.016	0.141
自责倾向	5.39	2.07	5.05	2.20	1.959	0.394
过敏倾向	6.07	1.96	6.27	2.09	-1.163	0.120
身体症状	4.00	1.87	3.88	1.84	0.763	0.704
恐怖倾向	2.86	2.57	2.48	2.41	1.884	0.062
冲动倾向	4.28	1.33	4.44	1.37	-1.404	0.634
综合分数	32.69	10.64	35.06	10.77	-2.069	0.804

注：$^{*}P<0.05$，$^{**}P<0.01$，$^{***}P<0.001$。

从表7中可以看出，学习焦虑方面的P值为0.026，小于0.05，存在显著性差异。其他方面不存在显著差异。在学习焦虑方面寄宿学生的平均分为5.38分，非寄宿学生的平均分为5.11分，结果表明寄宿学生在学习焦虑方面的得分高于非寄宿制学生。

（八）影响天水市第一中学高中生心理健康的因素分析

通过对天水市第一中学三个年级的1800名（每一级600名，重点班和普通班各300名）学生的心理健康状况调查，发现该校学生偏常心理检出率主要表现在：过敏倾向513人，占28.6%；自责倾向312人，占17.4%；学习焦虑215人，占12.5%；待人焦虑129人，占7.1%；恐怖倾向105人，占5.9%；孤独倾向90人，占5.1%；身体症状57人，占3.2%；冲动倾向30人，占1.7%。

具有一项因子得分超过8分的为偏常心理，也就是存在心理健康问题。即该校高中生的心理偏常率在1.4%～28.6%之间，而学习焦虑是学生该面对的主要问题。

与国内其他同类研究相比，2001年天津社会科学院“青少年心理障碍实证与教育对策研究”课题组对天津市2000名中学生的心理健康状况调查，结果显示有心理问题的学生占35.31%，心理问题严重的学生占6.72%。

从本次调查的统计结果看，天水市第一中学学生的心理健康水平整体状况较好，但是，在过敏倾向、自责倾向和学习焦虑方面存在较大问题，而以过敏倾向问题排在第一位，应该引起足够重视。

本研究在量表调查的基础上进一步对该校60名高中学生进行了心理访谈，通过对访谈资料的分析整理，总结出影响该校高中学生心理健康的因素主要有个人因素、家庭因素、学校因素和社会因素。具体分析如下：

1.学生自身因素

外因是变化的条件，内因是变化的根据，外因通过内因而起作用。中学生心理健康问题产生的内在原因是学生的自身因素。心理学家认为，中学阶段是个体发展的“危机期”或“心理断乳期”阶段。这个阶段正处在人生的十字路口，一方面这个阶段是理想、信念迅速变化的时期，是价值观、人生观、世界观从萌芽趋于形成的时期，是开始以道德意识、道德观念指导自己行为的时期。另一方面这个阶段又是生理迅速发育成熟的青春期，心理发展跟不上生理的发育；逻辑思维发展很快，但思维的批判性尚未成熟，容易造成主观和片面；情绪情感日渐发展，但两极性严重，自控性差，使逆反、对抗心理容易出现。这是一个幼稚与成熟、冲动与控制、独立性和依赖性错综复杂的时期。因此，中学阶段必然是学生心理发展两极分化严重的阶段。这个阶段的主要任务之一是处理好幼稚向成熟、童年向青年过渡的各种矛盾，使之日渐趋于成熟化，处理不好必然会产生这样或那样的心理问题。影响高中学生心理健康的个人因素有：

（1）承受挫折能力低下。衡量一个人心理是否健康的标志之一，就是能否承受挫折的打击，保持身心平衡。一个心理健康、容忍力强的人，能够正确认识现实生活中的挫折，并能勇敢地面对现实，经受失败和挫折考验，采取切实可行的方法加以克服。个人受挫折后，积极的反应包括继续努力以达到目标、不断调整目标降低期望值、改变目标以代替或补偿等；消极的反应包括攻击性行为、退化行为、退缩行为、固执行为等。个人受挫后的反应常会成为引发学生心理和行为问题的直接原因。

（2）早期创伤经验。早期家庭环境和个人成长经历会影响孩子的一生，孤儿或生活在不完整家庭的孩子，因从小没有得到父母足够的关爱，会有强烈的不安全感，这种不安全感可能会影响孩子的一生，使其更容易处于焦虑状态；一个人在童年时期若遭遇到重大的打击或创伤性体验（如被遗弃等），无疑会在其幼小的心灵留下深刻的烙印，会影响其一生的心理或行为。

（3）应对方式不当。应对方式是指个体遇到挫折或不如意的时候，采取怎样的方式、方法去应对。积极的应对方式，如采用倾诉法、适当的合理化、情感的升华等，有利于心理健康；而消极的应对方式，如幻想、压抑、酗酒、浏览不健康网页，甚至暴饮暴食，嗜睡，吸毒等，则不利于心理健康。

2.家庭因素

家庭是孩子的第一学校，父母是孩子的第一任老师，孩子是父母的影子，父母的一言一行、一举一动，对孩子的行为大多会产生深刻的影响，因此，家庭教育对孩子的心理发展起着至关重要的作用。可以说，父母不只是孩子生命的创造者，同样也是孩子心灵的塑造者，所以说，不良的家庭教育是孩子产生心理问题的温床。不良的家庭教育主要包括以下几个方面：

（1）家庭环境的制约。家庭是个人生活环境中最基本、最重要的社会环境。家庭环境对高中生心理健康的影响是无处不在的，家长的文化程度可以影响子女的学习成绩以及品德面貌；家庭的经济状况和物质生活条件可以影响对子女的教育以及身心发展；家庭结构对子女的性格特点及习惯养成有重要的影响。

（2）家庭教育的影响。如今独生子女越来越多，导致一些家长的教养方式出现了问题，有的家长对孩子过分溺爱，使孩子自私、任性、孤傲等心理问题较为严重；有的家长教育方法简单、粗暴，使孩子形成胆怯、孤僻、自卑等异常心理；有的家长对孩子的放任自流，使孩子无所畏惧、张狂横虐。

（3）父母的过高期望。有的父母“望子成龙，望女成凤”，把自己没有实现的愿望强加到学生身上，无形中增加了学生的压力，使学生对学习产生焦虑、恐惧、甚至厌学。在竞争日益激烈的今天，可以理解父母希望子女成才的心情，为了督促孩子进取，父母总是向孩子提出过高的期望，常常把孩子与周围表现优秀的人进行对比，希望孩子能像他们一样或者比他们更成功。但父母对孩子的期望可能超出了孩子的能力，使得孩子难以适应，心理背负着沉重的压力。

（4）家长自身不良的素质。有的家长自身的不良行为，往往会对学生产生不良的影响，使学生在不知不觉中染上某些不良习气。

通过访谈发现，家庭因素是制约高中学生心理健康的重要因素之一，如果忽略家庭教育，学校不与家长建立良好的联系机制，高中学生的心理健康教育则不完善。

3.学校因素

学校因素对高中学生心理问题的形成主要有以下几个方面的影响：

（1）教师素质和教育艺术水平的影响。一般来说，教师具备良好的素质，包括良好的思想政治素质、扎实的专业知识和良好的人格，就能让学生尊其师而信其道，保持旺盛的求知欲和积极的情绪，否则教师就会在学生中失去威信，学生也容易产生焦虑和厌学等多种心理问题。而且教师的教育艺术水平对学生是否产生心理问题是最直接的，例如，在教学中，教师对学生过分赞扬，学生就会产生骄傲自满、自高自大的心理；相反，过头的批评会使学生丧失信心，自卑感加强，让学生产生强烈的不满。甚至于一些不了解学生心理特点和教育方法的教师，对学习成绩不好的学生，动辄采取讽刺、训斥，甚至责骂、侮辱等简单、粗暴的方法，也会造成学生的心理不健康。

（2）学校办学方向和管理模式的影响。目前社会各界评价学校的主要标准还是考试成绩和升学率，致使许多学校并没有真正贯彻党和国家提出的变“应试教育”为素质教育的号召，在“应试教育”体制下，学校是围绕高考指挥棒开展教学活动，导致素质教育力度不够，从而忽视了学生的心理健康教育。

（3）对心理健康教育的忽视。学校在心理健康师资、课程、经费投入等方面不够重视，导致心理健康教育未能纳入学校教育管理的体系中来。

4.社会因素

当今社会正处在大变革时期，由于生活节奏不断加快，竞争愈来愈激烈，影响人们心理健康的因素也越来越多。面对错综复杂的社会现状，是非分辨能力尚不够成熟的中学生，在猎奇心理的驱使下，往往会去其精华、取其糟粕。社会因素对中学生的影响主要表现在以下几个方面：

（1）社会环境的影响。随着经济的快速发展，各种娱乐场所随之出现，台球室、歌舞厅、电子游戏厅、网吧等，这对高中生的诱惑是巨大的。黄、赌、毒等不健康因素在某种程度上将直接影响高中学生的身心健康。

（2）社会风气的影响。随着改革开放的深入和社会主义市场经济体制的逐步建立，社会上出现了一些不正之风，如走后门、请客送礼、以权谋私等，在不同程度地污染着单纯的中学生的心灵，社会上不断滋长的“一切向钱看”“及时行乐”等拜金主义、享乐主义和极端个人主义等思潮，会严重地妨碍中学生树立正确的人生观和价值观，影响中学生的健康成长。

（3）大众传媒的影响。开放的信息化社会，网络文化和多样的信息获取方式会对学生造成很大的影响，而且家长和老师无法及时规范、监督和管理。其中，网络游戏容易让学生上瘾，对学生危害最大；一些文艺、影视广播、出版等部门，以“拳头”加“枕头”的内容，对中学生起到教唆作用，尤其一些内容腐朽的非法出版物，会严重地毒害中学生的心灵，使他们心理变态，甚至误入歧途。

（4）片面的人才观。“唯分数论”的概念深入人心，无论是学校、家庭，还是社会，最关注的都是学生的学业成绩。这种片面的人才观，使一些学困生承受着巨大的心理压力，导致他们的心理受到创伤，以致变得情感冷漠，甚至人格扭曲。

（5）不良的同伴关系。有些高中生自制能力较差，易受他人影响或因结交社会上不良的朋友，致使一些同学出现骂人、打架、厌学，甚至出轨、外逃、辍学等现象，都势必会影响他们的心理健康。

（九）结论

本研究一方面以华东师范大学周步成教授《心理健康诊断测验》为研究工具，以1800名来自甘肃省天水市第一中学的被试为研究对象，进行调查与研究；另一方面还对该校60名学生进行了问题访谈。研究结果表明，本研究的假设成立，即甘肃省天水市第一中学学生整体心理健康状况良好，但是程度不同地存在着一些心理问题，而且学习成绩不同的学生在心理问题方面存在着显著差异。其结论如下：

结论1：甘肃省天水市第一中学学生心理健康整体水平比较好，但是仍然程度不同地存在着一些心理偏常问题，心理偏常检出率居前四位的依次是过敏倾向、自责倾向、学习焦虑和对人焦虑，其余分别是恐怖倾向、孤独倾向、身体症状和冲动倾向。

结论2：在学习焦虑方面，学习成绩不同的学生存在显著性差异。

结论3：不同年级学生的心理健康状况存在显著差异，在待人焦虑方面，高二年级显著高于高一年级；身体症状方面，各年级高中生存在显著性差异，高二年级得分明显高于高一、高三年级，说明高二学生在这个因子方面有显著性差异。

结论4：在恐怖倾向方面，女生显著高于男生，在其他方面不存在显著性差异。

结论5：在自责倾向和恐怖倾向这两个因子方面，非独生子女得分高于独生子女。

结论6：在寄宿与非寄宿方面，除了在自责倾向这一因子方面存在显著差异，其他方面不具有显著差异。

八、高中学生开展心理健康教育的基本原则和策略

（一）高中学生开展心理健康教育的基本原则

中学生心理健康教育是一项科学性、实践性很强的教育工作。为使心理健康教育能顺利开展并取得预期的效果，教育部在《中学心理健康教育指导纲要》中指出，开展中学心理健康教育，要立足教育、重在指导，要遵循学生身心发展规律，保证心理健康教育的实践性与实效性。为此，必须坚持以下基本原则：根据学生心理发展的特点和身心发展规律，有针对性地实施教育；面向全体学生，通过普遍开展教育活动，使学生对心理健康教育有积极的认识，使心理素质逐步得到提高；关注个别差异，根据不同学生的不同需要，开展多种形式的教育和辅导，提高他们的心理健康水平；尊重学生，以学生为主体，充分启发和调动学生自我教育的积极性。对于中学生的心理健康教育要做到科学性与针对性相结合，面向全体学生与关注个别差异相结合，尊重、理解与真诚同感相结合，预防、矫治和发展相结合，教师的科学辅导与学生的主动参与相结合，助人与自助相结合。

1.面向全体学生的原则

高中教育既是基础教育，也是国民教育，是以提高全体国民的素质为宗旨的教育。高中教育要着眼于受教育者及社会长远发展的要求，以全面提高全体受教育者的基本素质为根本目的。高中学生心理健康教育是素质教育的重要组成部分，是根据中学生身心发展的规律和特点，运用心理健康教育的方法和手段，以培养学生良好的心理素质，促

进学生身心全面和谐地发展和素质全面提高的教育。高中学生心理健康教育，必须面向全体中学生，以全体中学生为服务对象，全面普及有关心理健康的基本知识，以减少心理和行为问题发生的概率，增进全体学生心理健康水平的全面提升。

2.学生主体性原则

学生主体性原则直接、集中地体现着学校心理健康教育的本质特征。学生主体性原则的基本含义包括两个方面：一方面，学校心理健康教育是以全体学生为出发点，以增进其心理健康为目的，一切教育的内容和形式都是根据学生不同年龄阶段设计、组织和安排的；另一方面，学校心理健康教育的任何内容和形式，唯有被学生所喜闻乐见、所认可、所接纳、所内化，亦即通过学生的主体活动，才能充分调动他们的积极性和主动性，才能形成其智慧和潜力，从而形成健康的心理。离开了学生的主体地位，任何形式的心理健康教育都是毫无意义的。

3.参与性原则

学校心理健康教育是以学生和教师双方的充分参与为条件。参与是学生个体自我表现和社会交往的需要，也是心理健康教育有效性的需要。唯有通过参与，才能使教师在心理健康教育中的科学辅导与学生对心理健康教育的实际需要相结合，才能收到理想的效果。任何健康心理都只有在参与活动的过程中才能形成和发展起来，所以重在参与，参与的概率和程度，直接影响着心理健康教育成效的大小。

4.民主性原则

心理健康教育的重要任务之一就是全面地了解学生，增进学生的心理健康。在学校教育中，尽管教师和学生所处的位置不同、所扮演的角色不同，但他们在人格上是平等的，应该互相尊重、互相理解，应遵循民主和平等的原则。民主性原则和学生主体性的原则是相辅相成的，因为只有在民主性的师生关系中进行心理健康教育，才能真正体现学生的主体性。只有坚持民主性的原则，以真诚、友爱和平等的态度对待每一个中学生，成为中学生的知心朋友或良师益友，中学生才愿意亲近教师，对教师说心里话，才能了解和掌握学生真实的心理，心理健康教育才有针对性，才能在轻松愉快和乐观向上的气氛中进行，才能收到理想的效果。为此，教师在从事心理健康教育的过程中，必须充分尊重每一个中学生的权利、意见和人格尊严。一切居高临下的说教、一切形式的讽刺挖苦或嘲弄学生的行为都是不可取的，都不利于中学生心理健康教育的顺利进行。

5.差异性原则

差异性原则，也叫个性化原则。中学生心理发展的差异包括群体差异和个体差异。一般来说同一年龄段的中学生群体，其心理发展具有大体相同和相对稳定的心理特点，而不同年龄段或不同年级的中学生群体则无论是智力因素和非智力因素都存在着明显的差异性。比如，低年级中学生的观察和注意力具有较大的无意性，而高年级中学生的观察和注意力则具有较大的有意性和目的性；再比如，中学阶段思维的发展总体而言处于由具体形象思维向抽象逻辑思维过渡阶段，低年级中学生虽然抽象思维已开始发展，但具体形象思维仍居相对优势，而高年级中学生其抽象逻辑思维已渐居相对优势。智力因素如此，非智力因素的发展同样如此。比如，低年级中学生的理想具有更多的直观性和具体性，多为周围的人和事，而高年级中学生的理想则具有相当程度的抽象性和社会性，如立志成为“四有”人才等。中学生群体心理发展的层次和水平上的这种差异性，要求我们在中学生心理健康教育的过程中，教育的内容和形式都必须有针对性，必须符合不同年龄段或不同年级中学生心理发展的特点，否则就难以收到理想的教育效果。

6.预防、发展和矫治相结合的原则

学校心理健康教育的根本目的在于面向全体学生，预防心理疾病，增进心理健康，促进心理发展，全面提高心理素质，因而必须坚持预防、发展和矫治相结合的原则，重在预防和发展。只有坚持预防和促进发展，才能大面积、有效地帮助中学生在其自身条件允许的范围内，达到心理功能的最佳状态，心理潜能得到最大的发挥，人格得到健全和谐的发展，形成对学习、生活和社会环境的良好适应能力。同时，对少数中学生面对学习、生活和社会交往等方面存在的困扰和成长中出现的心理危机及时、有效地给予帮助和调节，对于极个别有心理问题的中学生给予积极有效的咨询指导和适当的矫治，对出现心理障碍或患有心理疾病的中学生要及时与家长联系，并建议到医疗性心理咨询和心理治疗机构，由专业人员给予治疗，以保障其心理健康。

（二）高中学生开展心理健康教育的基本策略

1.注意高中学生学习上的心理平衡

片面强调文化知识的学习，追求升学率，以及来自家长、老师、学校等诸多因素的影响，势必给学生造成太大的压力，会挫伤许多学生的学习积极性，并产生心理不平衡和心理冲突，表现出异常的行为方式和行为习惯。因此，国家一再强调，全面推进素质教育，要坚持面向全体学生，为学生的全面发展创造相应条件。

2.增进自我了解，培养高中学生自我接受的态度

要引导高中学生不断地了解自己的品质、优点和缺点、成功与失败，在学习中扬长避短，从失败中吸取教训。这样不仅能使他们的身心得到健康的发展，而且对今后的工作成就和社会适应都将起到举足轻重的作用。

3.建立良好的人际关系，培养高中学生健全的情绪生活

主要从以下四个方面着手：帮助高中学生置身于集体之中，分享集体的欢乐；帮助高中学生树立为人民服务的人生观，把精力集中到学习和集体的各项活动中去；引导高中学生适度地宣泄；培养高中学生多方面的情趣，学会自我调节，善于驾驭个人情感，有效排除不良情绪，使自己经常保持好心情。

4.建立和谐的师生关系和班级环境

（1）建立和谐的师生关系。师生之间的情感在学生时代的感情生活中占据了非常重要的位置，每个学生都会猜测自己在老师心目中的地位，而老师对每个学生也会有自己的评价。在和老师打交道的几年时间里，对老师的各种感情都会一直伴随着学生，老师在学生心目中的地位在一定程度上甚至会高于父母。因此，师生之间的情感交流是非常

重要的。这就需要老师在严格要求学生的同时，一定要对学生表现出宽容和理解，表现出对学生的关爱之情，尤其是对成绩比较差的学生。那么，应当怎样建立和谐的师生关系呢？首先，以正确的态度来看待每一个学生。作为高中学生而言，他们有自己的情感，有他们特有的心理世界，作为教师仍然要以平等的态度，友好地对待他们，因为师生关系应该是一种在平等基础上的相互尊重与信任的朋友关系。其次，平时与学生交往时要投入感情。素质教育首先是一种感情的教育，离开了感情与爱心，我们的教育便只是一种知识的灌输与传递。因此，教师不仅要在生活中去感受学生的心灵，而且还要尽量使自己具备"学生的心灵"，走进学生的情感世界，并体验现实的生活。

（2）建立和谐的班级环境。心理学家认为，人的情绪、情感、态度都是环境在个体身上的体现与反映。一般地，一种环境如果能满足或符合我们的需要，我们便会产生好感与积极的情绪；反之，就会引起相反的情感。没有任何一种心理的内容不来源于现实，没有任何一种心理现象的产生没有它的客观原因。因此，建立一个和谐的班级环境无疑有助于学生保持心理健康，形成良好的心理品质，并且将可能出现的心理问题减小到最低程度。

5.开设专题讲座

开设专题讲座，对高中学生进行包括健康在内的教育，有它的特殊重要性。从现实意义上讲，由于生活水平的提高，青春发育的年龄已大大提前，生理上成熟了，而社会性成熟却尚未达到，许多生活方式正处于成型的时期，需要正确的认识和培养。因此，在这段时期将有关的生理学知识和心理的保健方法传授给他们，引导他们在注意生理健康的同时，积极、主动和科学地健全自己的心理素质无疑是很重要的。而这种讲座的内容则应该多针对一些他们往往觉得难以启齿的话题，如爱情、性意识的正确处理等。

6.利用现代网络手段对高中生进行心理健康教育

对于处在青春期的中学生来说，有时交谈并不一定就是心灵沟通的最好方法。在这种情况下，利用网络的隐蔽与便捷，使用现代通信技术和互联网进行交流便成了师生对话的合适途径。对学生（尤其是对一些性格内向的学生）来讲，这样做既避免了面谈的局促不安，又能与自己信任的教师进行心灵的交流；对教师来讲，能与学生保持适度的交流，就已经意味着他赢得了学生的信任，这本身就是一种教育的成功。更重要的是，通过现代网络手段的途径，教师可以比当面谈话更全面、更真诚、更细腻地感受到学生的内心世界及其变化，从而更主动、更有效地对学生进行心理上的指导。

利用现代网络手段还可以开展一些网上学生问卷调查，学生可通过网络向"知心朋友"写信，诉说一些心理问题，这样有些难以启齿的问题可以很隐秘的得到解决。同时，教师可开设心理咨询信箱，运用E-mail与学生交流。教师要理解并尊重来访者，要取得来访者的信任，这是心理咨询取得良好效果的先决条件。教师要遵循聆听、保密、疏导、交友的原则。而网上的交流，恰恰能满足这些条件，使来访者能正确看待挫折和磨难，能及时解决一些心理问题，能达到心理平衡，能促进心理的健康发展。

7.转变教育观念，创设良好的育人氛围

学校要端正办学思想，树立素质教育的理念，努力更新教师的教育观念，提高教师心理健康水平，以健康的心理品质、健全的人格去影响和教育学生。要建立“尊重、民主、和谐”的师生关系，教师不光要以身立教，还要做学生的“心理保健医生”，及时清除学生的心理问题。

8.建立起心理健康教育的运行模式

要有效地开展心理健康教育，实现全员、全程、全方位的具体操作，必须建立起一套学校心理健康教育的运行模式。学校心理健康教育的模式是预防为主的模式，由于学生心理发展的多样性和突发性，学校心理健康教育基本上没有固定的内容。因此，心理健康教育教师的作用不是将预先确定的知识传授给学生，而是要围绕学生中容易出现的一些问题，利用语言、图像、影视、表演等手段创设情景，让学生去体验、领悟、感受、实践，并努力激发起学生对这些问题探讨的热情，让学生在交流、讨论及活动中提高认识、转变态度、澄清是非、培养情感、陶冶性情，养成积极的个性品质。

9.介绍科学的方法，让学生懂得学会自我保健并培养能力

在没有开设心理健康教育课的学校，班主任和学科教师要注重对学生进行心理健康自我保健方面的心理辅导。可指导学生阅读心理类杂志和书籍等，从中汲取营养，开展有针对性的自我教育和训练，培养良好的个性品质，并锻炼心理承受能力。重点学习自我心理调适的方法，努力引导学生在生活、学习中不断健康成长，在实践中不断总结经验。如多角度思考问题，全方位进行分析；想一些令自己愉悦的事，并及时排除不良的情绪。笔者认为，可以通过深呼吸法、闭目养神法、音乐欣赏法、体育锻炼法、合理宣泄法等方法，引导学生自我调适和学会心理保健，正确地看待挫折，提高承受能力。

10.举办家长学校，普及心理健康教育知识，提高家长教育素质

通过举办家长学校，向家长讲授有关中学生心理发展特点以及现代家庭教育方法等相关知识，提升家长的教育素质和家庭教育的效果，减少或避免由于家庭教育不当引起的中学生心理问题，配合学校开展对中学生进行的教育工作，这是减少中学生产生心理问题不可缺少的重要对策之一。总之，由于造成心理健康因素的多方面性，决定了高中学生心理问题表现的多样性。要预防和减少高中学生心理问题的产生，必需动员各方面的力量，采取相应的措施和对策；要培养和塑造身心都健康的年轻一代，这是全社会共同的责任。

11.提高教师的心理辅导能力和素质

教师是人类灵魂的工程师，从事的是太阳下最光辉的职业。教师的一言一行都会对学生产生影响，所以对高中学生进行心理辅导，教师的素质是至关重要的。学校领导要用素质教育的要求规范教师，为教师提供掌握心理素质教育专业技术的进修机会，提高教师的业务素质，推进学生的心理素质教育。学生心理素质教育的专业技术应成为从事中学教育教师的必备素养，应成为考核教师教育教学能力的条件和作为加强基础教育的手段之一。在实施素质教育的今天，广大中学教师非常有必要全面深入地学习教育心理

学，并逐步自觉地运用教育心理学的理论去指导、解决学生中存在的各种错综复杂的心理现象。每一位中学教师都应注重提高自己的素质，力争成为一名合格的心理健康教育的辅导员。

12.采取各种形式开展心理健康教育

采取的形式主要有：一是开设心理辅导课，进行普及心理学常识的教育。现阶段，高中学校可开设一个学年的心理辅导课，使学生了解心理常识，特别是掌握心理健康的若干标准，掌握出现心理问题时的矫治方法。二是开设心理咨询、咨询信箱、热线电话，进行一对一的心理咨询活动。三是在学生中广泛开展打开心灵窗户说“悄悄话”的活动，因为同龄人通过互相倾诉、互相沟通、共同分忧，极易达到心理疏通的目的。四是家校联手开展心理辅导。学校应利用家长会这个渠道做些宣传，让家长对心理辅导有所了解，并协助学校开展工作，家校联手形成的合力，会使心理健康教育取得更好的效果。

13.优化课程结构

中学要优化课程结构，提高课堂教学效率，减轻学业负担。优化课程结构包含两个方面：一是根据一定的经济与社会发展对学生基本素质的需求，充实并丰富选修课和活动课的内容；二是删减目前中学教材的某些内容，降低某些要求，这不仅有利于拓宽学生的知识面，培养学生的能力，更有利于提高学生的心理素质。其中选修课、活动课的设置，可提高学生的学习兴趣，因为这种学习是在比较轻松的氛围中吸纳知识与技艺，不会有过重的负担。

14.对高中学生的心理健康教育应该有针对性地开展

从研究结果可以看出，性别、年级、家庭结构等因素对高中学生的心理健康状况有明显的影响，尽管这些因素对高中学生心理健康状况的影响程度有一定的差异，但是他们对高中学生心理健康状况所造成的影响都应该引起足够的重视。同时，我们应该根据影响高中学生心理健康的不同因素，采取相应措施和对策进行心理健康教育活动。

（1）性别因素方面。对高中学生心理健康所造成的影响在许多研究和文章中已经提到了，随着社会的发展和人们思想观念的进步，传统的一些性别观念正在慢慢消失，但是传统文化对不同性别的心理健康状况的影响还是不容忽视的。这就要求我们在进行高中学生心理健康教育时应该考虑到性别的差异性，并进行有针对性的教育。

（2）年级因素方面。高一年级是各种心理问题的多发期，这主要是因为高一学生刚刚告别初中生活，进入一个新的学校，对新的环境不太适应，因而产生一些情境性、状态性的心理问题。对于学校、老师、同学都不太适应，对新的教学内容、教学方法、学习策略等尚不适应，再加上一些学生由于家离得远不得不住校，导致一些生活上的不适应。因此，加强对高一年级新生的心理健康教育是迫切的，应该引起家长、学校和学生的高度重视。当然，随着进入高二年级的生活，学习上容易产生两极分化，在知识掌握程度上已较明显地分出层次，即教师和家长心目中的尖子生和学困生。尖子生因之前学习较好，并有良好的学习自觉性，他们在学习实践中掌握了适合自己的学习策略。因此，他们的自信心得以强化，并获得了愉悦的心理体验。而学困生在高中一年级的学习中，遭受了这样那样的挫折，于是会出现学习兴趣转移，甚至严重偏科等倾向。

部分高一、高二年级学生因各种烦恼会求助于老师，而到了高三就没有这种现象。学生有心理问题时，先会与同学交流，特别是同性同学。通过对学生的访谈发现，学生不愿与老师沟通的原因主要有：首先，不敢跟老师倾诉，怕老师发现后会告诉同学和家长，从而使自己难堪，影响老师和同学对自己的看法；其次，觉得难以启齿，一些学生不愿意把自己的心理问题告诉老师，也不知从何谈起；最后，高三阶段学业任务繁重，升学压力大，课后师生见面次数较少，导致没有时间交流。

对中等水平的学生来说，学习目的较模糊，学习动机不强，处于一种淡漠的被动状态。高中三年级的学生，面对沉重的学业压力，特别是升学压力、压抑失望、烦躁不安等不良心理因素表现较突出，同时将汇集成班级文化的主流。面对这种情况，如何引导学生逐步养成良好的高三心理，营造出适度的高三班级文化氛围，确保学生最终自信地走进高考考场，超常发挥自己应有的水平，是至关重要的。

（3）家庭结构因素方面。家庭因素已经成为影响高中学生心理健康水平的重要因素之一，因家庭是高中学生成长极为重要的环境。随着社会、经济、文化等多领域的发展日新月异，对子女教育的重视程度也日趋高涨，众多家长教育心切，将自己未能实现的人生理想转移到子女身上，无形中给高中学生这一群体施加了极大的压力。再加上有些家长缺乏科学有效的教育策略，方式方法简单粗暴，缺乏行之有效的沟通，很容易造成高中学生产生逆反心理，甚至心理崩溃的后果。此外，有些高中学生受家境贫寒、父母离异、双亲外出打工等原因的影响，从而缺少家庭温暖、缺乏亲人的关爱，无法及时合理宣泄不良的情绪，以致产生自卑、孤僻、抑郁、敌对等不良心理。

15.社会各界应该关心和重视高中学生的心理健康状况

从实际情况来分析，高中学生正处于心理社会化的关键时期，这一时期的心理健康状况将直接影响到学生走向社会以后的心理状况。让新时期的高中学生能够明辨是非、认清主流，学会积极的适应社会，则要把学生的生理健康与心理健康摆在同等重要的位置上来。这不仅仅是摆在教育界面前的任务，也需要社会各界的关心与支持。

社会除了为高中学生提供必要的学习和生活资源以外，更应创设更好的氛围。可兴建适合高中学生年龄特征的游乐场所；加大对公众的教育力度，建立合理的舆论导向；“条条大道通罗马”，不一定读大学、接受高等教育才是学生的唯一出路；要让家长充分考虑学生的个性特质，按照学生的性格、特长、兴趣、爱好等来选择人生道路。只要拥有一技之长，同样能够施展自己的聪明才华。

总之，随着素质教育的深入开展，中学生心理健康教育已成为目前学校德育教育中的一项重要内容。学生心理承受能力的高低，处世时心态平衡、健康与否，将事关他们适应挑战的成败、事关中华民族前途命运的兴衰与存亡，青少年是祖国的明天和希望。因此，在学校素质教育不断深入发展的今天，研究和探索高中学生心理健康问题具有十分重要的意义。

九、研究的局限性及展望

（一）研究的局限性

1.课题组对高中学生心理健康水平的研究，主要还是停留在以调查研究为主，访谈较少，选用研究方法不够全面。

2.本研究中，研究样本只选取了一所学校的学生，缺少不同层次学生的对照研究，代表性仍显不足。

3.笔者研究水平有限，在研究建议和对策方面，还需进一步补充和完善。

（二）研究的展望

1.利用更丰富的研究手段

除了利用量表测查，还可采用观察、个案和跨校、跨区域比较研究，以丰富对高中生的心理状况的特点和发展变化规律的认识，以及相关因素的作用机制。

2.在今后的研究中，应扩大样本容量，使测验的结果更加科学。

心理健康诊断测验量表

本诊断测验量表共100道题。适用于对中小学生心理健康的整体测查，它由一个效度量表和八个内容量表构成。八个内容量分别是学习焦虑、待人焦虑、孤独倾向、自责倾向、过敏倾向、身体症状、恐怖倾向和冲动倾向。

本测验属于团体测验（也可个别实施）。测验实施时，先发给每人一份“MHT回答用纸”，要求填写好省、市、区、县、学校、年级、班级、学号、姓名、性别、测验日期等。上述各项，务必要求准确无误填写，待填写好后，再发测试题，同学们按指导语（2）、（3）、（4）项进行正式测试。

【指导语】

这个测验是调查你的心情和感受的，不是测验智力和学习能力，与学习成绩无关，答案也没有好坏之分，请按照你平常所想如实作答。本测验每一个问题都只有“是”和“不是”两种可供选择的答案，如果选“是”则打“√”，如果选“不是”则打“×”，请将你所选择的答案填写在题目后面的括号内即可。另外需要注意如下事项：

（1）按你平时所想如实回答。

（2）每一个问题都要回答，但只能选择一个答案。难以决定时，请选与你所想最接近的答案。

（3）有不明白的地方可以举手问老师。

（4）修改答案时，要用橡皮擦干净。

（5）回答时间没有限制，但不要过分考虑，请写出你最初想到的答案。

【测试题】

1.夜里睡觉时，你是否总是想着明天的功课。（　　）

2.老师向全班提问时，你是否会觉得是在提问自己而感到不安。（　　）

3.一听说“要考试”，你是否心里就紧张。（　　）

4.考试成绩不好时，你心里是否总是感到不安。（　　）

5.学习成绩不好时，你是否总是提心吊胆。（　　）

6.当考试想不起来原先掌握的知识时，你是否会感到焦急。（　　）

7.考试结束，在没有知道成绩之前，你是否总是放心不下。（　　）

8.一遇到考试，你是否就担心会考砸。（ ）
9.你是否希望考试能顺利通过。（ ）
10.在没有完成任务之前，你们是否总担心完不成任务。（ ）
11.当着大家朗读课文时，你是否总是怕读错。（ ）
12.你是否认为学校里取得的学习成绩总是不大可靠。（ ）
13.你是否认为自己比别人更担心学习。（ ）
14.你是否做过考试考砸了的梦。（ ）
15，学习成绩不好时，你是否做过受到爸爸妈妈或老师训斥的梦。（ ）
16.你是否经常觉得有同学在背后说你坏话。（ ）
17.受到父母批评后，你是否总是想不开，放在心上。（ ）
18.在游戏或别的竞赛中输给了对方，你是否就不想再干了。（ ）
19.人家在背后议论你，你是否感到讨厌。（ ）
20.在大家面前或被老师提问时，你是否会脸红。（ ）
21.你是否很担心让你担任班级工作。（ ）
22.你是否总觉得好像有人注意你。（ ）
23.在工作或学习时，如果有人在注意你，你心里是否紧张。（ ）
24.受到批评时，你心情是否不愉快。（ ）
25.受到老师批评时，你心里是否总是不安。（ ）
26.同学们在笑时，你是否也不大会笑。（ ）
27.你是否觉得到同学家里去玩不如在自己家里玩。（ ）
28.和大家在一起时，你是否也觉得自己是孤单的一个。（ ）
29.你是否觉得和同学一起玩，不如自己一个人玩。（ ）
30.同学们在交谈时，你是否不想加入。（ ）
31.和大家在一起时，你是否觉得自己是多余的人。（ ）
32.你是否讨厌参加运动会和文艺演出会。（ ）
33.你的朋友是否很少。（ ）
34.你是否不喜欢同别人谈话。（ ）
35.在人多的地方，你是否觉得很怕。（ ）
36.在踢足球、拔河、广播操等体育比赛输了时，你心里是否一直认为自己不好。（ ）
37.受到批评后，你是否总认为是自己不好。（ ）
38.别人笑你的时候，你是否会认为是自己做错了什么事。（ ）
39.学习成绩不好时，你是否总是认为是自己不用功的缘故。（ ）
40.失败的时候，你是否总是认为是自己的责任。（ ）
41.大家受到责备时，你是否认为主要是自己的过错。（ ）
42.在打篮球、踢足球、拔河、广播操等体育比赛时，你是否一旦出错就特别留神。

(　　)

43. 碰到为难的事时，你是否认为自己难以应付。(　　)

44. 你是否有时会后悔，那件事不做就好了。(　　)

45. 和同学吵架以后，你是否总是认为是自己的错。(　　)

46. 你心里是否总想为班级做点好事。(　　)

47. 学习的时候，你是否经常思想开小差。(　　)

48. 把东西借给别人时，你是否担心别人会把东西弄坏。(　　)

49. 碰到不顺利的事情时，你的心里是否很烦躁。(　　)

50. 你是否非常担心家里有人生病或死去。(　　)

51. 你是否在梦里见到过死去的人。(　　)

52. 你对收音机和汽车的声音是否特别敏感。(　　)

53. 你心里是否总觉得好像有什么事没有做好。(　　)

54. 你是否担心会发生什么意外的事。(　　)

55. 在决定要做什么事的时候，你是否总是犹豫不决。(　　)

56. 你手上是否经常出汗。(　　)

57，你害羞时是否脸红。(　　)

58. 你是否经常头痛。(　　)

59. 被老师提问时，你的心里是否总是很紧张。(　　)

60. 没有参加运动，你的心脏是否经常扑通地跳。(　　)

61. 你是否很容易疲劳。(　　)

62. 你是否很不愿意吃药。(　　)

63. 夜里你是否很难入睡。(　　)

64. 你是否总觉得身体好像有什么毛病。(　　)

65. 你是否经常认为自己的体型和面孔比别人难看。(　　)

66. 你是否经常觉得肠胃不好。(　　)

67. 你是否经常咬指甲。(　　)

68. 你是否喜欢舔手指头。(　　)

69. 你是否经常感到呼吸困难。(　　)

70. 你去厕所的次数是否比别人多。(　　)

71. 你是否很怕到高的地方去。(　　)

72. 你是否害怕很多东西。(　　)

73. 你是否常做噩梦。(　　)

74. 你胆子是否很小。(　　)

75. 夜里，你是否很怕一个人在房间里睡觉。(　　)

76. 乘车穿过隧道或路过高桥时，你是否害怕。(　　)

77. 你是否喜欢整夜开着灯睡觉。(　　)

78.听到打雷声，你是否非常害怕。(　　)

79.你是否非常害怕黑暗。(　　)

80.你是否经常感到有人在后面跟着你。(　　)

81.你是否经常生气。(　　)

82.你是否不想得到好的成绩。(　　)

83.你是否经常会突然想哭。(　　)

84.你以前是否说过谎话。(　　)

85.你有时是否会觉得，还是死了好。(　　)

86.你是否一次也没有失约过。(　　)

87.你是否经常想大声喊叫。(　　)

88.你是否不愿说出别人不让说的事。(　　)

89.你有时是否想过自己一个人到遥远的地方去。(　　)

90.你是否总是很有礼貌。(　　)

91.被人说了坏话，你是否想立即采取报复行动。(　　)

92.老师或父母说的话，你是否都照办。(　　)

93.心里不开心时，你是否会乱丢、乱砸东西。(　　)

94.你是否发过怒。(　　)

95.想要的东西，你是否就一定要拿到手。(　　)

96.不喜欢的功课老师提前下课，你是否会感到特别高兴。(　　)

97.你是否经常想从高的地方跳下来。(　　)

98.你是否无论对谁都很亲热。(　　)

99.你是否会经常急躁得坐立不安。(　　)

100.对不认识的人，你是否会都喜欢。(　　)

【记分法】

凡是选“是”得1分；选“否”得0分。除去效度量表项目，将余下的全部问卷项目得分累加起来，即可得到全量表分。八个内容量表及效度量表所包括的题目分别如下：

效度量表：第82、84、86、88、90、92、94、96、98、100项；

学习焦虑：第1、2、3、4、5、6、7、8、9、10、11、12、13、14、15项；

待人焦虑：第16、17、18、19、20、21、22、23、24、25项；

孤独倾向：第26、27、28、29、30、31、32、33、34、35项；

自责倾向：第36、37、38、39、40、41、42、43、44、45项；

过敏倾向：第46、47、48、49、50、51、52、53、54、55项；

身体症状：第56、57、58、59、60、61、62、63、64、65、66、67、68、69，70项；

恐怖倾向：第71、72、73、74、75、76、77、78、79、80项；

冲动倾向：第81、83、85、87、89、91、93、95、97、99项。

【结果解释】

效度量表：如果此量表合计得分比较高，则可以认为该受测者是为了获得好成绩而作假的，所以测验结果不可信。得分在7分以上者，可考虑将该份答卷作废，并在适当的时候重新进行测验。

学习焦虑：8分以上说明被测试者可能对考试怀有恐惧心理，无法安心学习，十分关心考试分数。这类人必须接受为他制订的有针对性的特别指导计划。3分以下说明被测试者可能学习不会受到困扰，能正确对待考试成绩。

待人焦虑：8分以上说明被测试者可能过分注重自己的形象，害怕与人交往，退缩。这类人必须接受为他制订的有针对性的特别指导计划。3分以下说明被测试者可能热情，大方，容易结交朋友。

孤独倾向：8分以上说明被测试者可能过于孤独、抑郁，不善于与人交往，自我封闭。这类人必须接受为他制订的有针对性的特别指导计划。3分以下说明被测试者可能爱好社交，喜欢寻求刺激，喜欢与他人在一起。

自责倾向：8分以上说明被测试者可能过于自卑，常怀疑自己的能力，常将失败、过失归咎于自己。这类人必须接受为他制订的有针对性的特别指导计划。3分以下说明被测试者可能自信，能正确看待失败。

过敏倾向：8分以上说明被测试者可能过于敏感，容易为一些小事而烦恼。这类人必须接受为他制订的有针对性的特别指导计划。3分以下说明被测试者可能敏感性较低，能较好地处理日常事务。

身体症状：8分以上说明被测试者可能在极度焦虑的时候，会出现呕吐失眠、小便失禁等明显症状。这类人必须接受为他制订的有针对性的特别指导计划。3分以下说明被测试者可能基本没有身体异常表现。

恐怖倾向：8分以上说明被测试者可能对某些日常事务（如黑暗等），有较严重的恐怖感。这类人必须接受为他制订的有针对性的特别指导计划。3分以下说明被测试者可能基本没有恐怖感。

冲动倾向：8分以上说明被测试者可能十分冲动，自制力较差。这类人必须接受为他制订的有针对性的特别指导计划。3分以下说明被测试者可能基本没有冲动。

高中学生心理健康状况调查结果分析

——以天水市第一中学学生为例

一、问卷调查对象和样本数量

本研究的调查对象是甘肃省天水市第一中学的高一、高二、高三3个年级的1800名学生，每一级分别抽取600名（其中重点班和普通班各300名）学生作为被试。共发放问卷1800份，经过筛选回收有效问卷1746份（高一年级589份，高二年级576份，高三年级581份）。

二、研究方法

不记名的问卷调查，抽样进行心理访谈。

三、调查结果及其分析

1.学习方面的问题

（1）问卷调查结果显示，高中学生心理健康问题中因学习而产生的心理问题占到了76.65%，其主要问题有：

①学生学习的心理压力越来越大，造成精神上的萎靡不振，从而导致食欲不振、失眠、神经衰弱、记忆效果下降、思维迟缓等。调查统计结果显示，高一、高二、高三3个年级的学生感到压力过大的高一年级为28%，高二年级为34%，高三年级为67%。

②厌学是目前学习活动中比较突出的问题，不仅是学习成绩差的同学不愿意学习，一些成绩较好的同学亦出现厌学情绪。国家教育委员会的一位负责同志在某次会议上说，中学生厌学的有30%，有的县甚至高达60%。本次调查结果显示，有厌学情绪的高一年级占29%，高二年占36%，高三年级占54%。

③考试焦虑，特别是遇到较为重要的考试时焦虑更为严重，甚至出现焦虑泛化现象。本次调查结果显示，出现考试焦虑的高一年级有23%，高二年级有17%，高三年级有51%

（2）心理访谈中发现，高中学生的心理困惑大部分由学习问题而引起。尽管不同学生的表述方式和着重点会有所不同，但是绝大部分学生都十分重视自己的学习，把学习当作自己的首要任务，心理问题基本上都集中在学习方面。简单举例如下：

①如何掌握好的学习方法？

②学习压力过大，各方面都施加压力，太烦了。

③如何提高学习成绩？

④为什么自己下了功夫，学习还是不好呢？

⑤成绩一定代表我们的学习吗？

⑥为什么教师总以成绩取人，把成绩看得很重？

⑦听课时注意力不能集中。

⑧教师布置的作业太多，写不完，没有时间做其他的事情。

⑨如何更好地安排学习和娱乐时间？

⑩怎样能在最短的时间里提高自己的成绩？

⑪如何调整考前的心态？

⑫怎样学好数学和英语？

⑬如何成为最优秀的学生？

⑭如何制定学习计划？

⑮如何安排学习时间？

学习方面的问题与学校课程结构、学校办学思想、学校教育方法有一定的关系。现行普通高中学生在校所学的知识基本上是为考大学而准备的，一些大学生毕业后又面临着就业难、出路窄的问题。但是，如果高中学生毕业后不考大学，更是没有出路，这些情况反映到学校和学生的学习上，势必滋生和助长应试教育现象。教育结构的不合理性还表现在教学内容相对过难，“据人民教育出版社调查，80%的中学生学习理科教材有困难”。这种情况导致了一些学生由厌恶学习发展到逃避学习，甚至脱离学校去寻求不正当刺激，从而形成一系列品行障碍。许多教育家强调指出，过难的教材将对学生的心理健康产生不利的影响。学校教育指导思想正确与否也对学生的心理健康发生很大的影响。目前，一些高中学校在应试教育思想影响下，班级分好、中、差，学生按考试成绩排名榜示，教学上存在满堂灌输和题海战术等现象，诸多违反心理健康原则的教育方法、教学手段和教育措施，一方面，使学生的心理整天处于一种智力超负荷的高度紧张状态之中，致使学生脑神经衰弱、失眠、记忆力减退、注意力涣散，出现一些异常的学习行为与习惯；另一方面，对分数的错误看法造成学生心理上的痛苦，教师的嘲讽，同学的轻视甚至家长的埋怨和打骂，给学生的心理造成了很大的压力。于是厌学出现了，焦虑产生了。另外，个别教师的体罚、惩罚等不当的教育方法也会给学生的心理造成种种问题。

2.人际关系问题

（1）问卷调查结果显示，人际关系问题也是高中学生反映较多的问题，仅次于学习方面的问题，占到了8.38%。其问题有以下几个方面：

①与教师的关系问题。主要是教师对学生的不理解、不信任而使学生产生的对抗心理，以及教师的认知偏差等情况给学生造成的压抑心理，攻击行为等问题。高中阶段，教师仍然是学生的理想目标、公正代表，他们希望得到教师的理解与关爱。如果教师缺乏理解、耐心与爱心，不能以热情的态度给予指导帮助，反而横加指责，学生则会失望。特别是如果教师缺乏对学生的尊敬，以贬低其价值的不良态度对待学生，会使学生的心理遭到严重的创伤，造成师生之间的剧烈冲突和紧张关系，导致差生产生压抑感和消极情绪。

②同学间的关系问题。高中学生除了希望得到老师的理解与支持外，也希望在班级、同学间有被接纳的归属感，寻求同学、朋友的理解与信任。现在的高中学生基本上都是独生子女，家长的娇惯与溺爱，滋长了他们的自私与骄横，导致在学校与同学关系不融洽，造成了孤独等心理问题。

③与父母的关系问题。民主、和睦的家庭环境会给孩子一个温暖的归属感，专制、武断的父母往往与子女之间不能进行正常的沟通、交流，会造成孩子孤僻、专横性格。家庭的种种伤痕，会给高中学生造成不同程度的心理伤害。有研究认为，父母不和比父母一方死亡，会给儿童在心理问题上造成更大伤害，因为他们在父母那里看到了人际关系的恶劣性。父母不和对高中学生的心理影响是多方面的，有被抛弃感和愤怒感；并且有可能变得抑郁、敌对、富于破坏性……还常常使得他们对学习和社会生活不感兴趣。他们会认为是父母给自己带来并制造了痛苦，会憎恨父母和家庭，因为家庭是不幸的一切所在。

（2）心理访谈中发现，学生较多的谈到了人际关系问题对他们的困扰，归纳起来主要包括以下一些问题：

①交友问题。

②与老师怎样沟通？

③父母基本上不了解我，我没法与他们敞开心扉地交谈？

④害怕老师批评，受到批评后心里很压抑。

⑤教师偏爱好学生，觉得老师不喜欢我。

⑥父母的唠叨，使自己很烦。

⑦父母的严格让我无法忍受，只许学习，不能干别的事情。

⑧好朋友真难找，我想有朋友。

⑨家长只看重学习，考好了把儿女当宝，考不好则指责、打骂。

⑩讨厌某学科和某老师。

3.情绪与适应问题

（1）问卷调查结果显示，情绪与对环境的适应问题占4.58%。

高中学生的挫折是多方面的，有学习方面的、人际关系方面的、兴趣和愿望方面的以及自我尊重方面的，其原因有客观因素、社会环境因素以及个人主观因素。面对挫折造成的困难与痛苦，高中学生的反应方式有两类：消极的情绪反应与积极的情绪反应。

消极的挫折适应方式一旦习惯化、稳固化，在一定的情境中挫折状态即使有所改变，其行为却仍以习惯化的适应方式如影随形地出现。于是，消极的挫折适应方式也就转化为较严重的、需要长期耐心教育的心理健康问题了。

（2）心理访谈中发现，高二年级学生的情绪状态和挫折适应能力比高一、高三年级学生的都强。高中学生的情绪与适应问题主要有如下一些问题：

①我为什么不能控制自己的情绪。

②感觉自己很无能，一无是处。

③不知为什么自己总是不开心。

④害怕别人不理我。

⑤家庭对我期望很高，我感到力不从心。

⑥为什么老有人欺负我。

⑦改善考试失利的情绪问题。

⑧我的家庭太复杂了，我不知道该如何面对。

⑨面对家长会，我的情绪就不好，紧张害怕。

⑩时间安排太紧了，我无法放松。

4.青春期心理问题

（1）问卷调查结果显示，青春期心理问题占2.83%。主要包括以下一些问题：

①青春期闭锁心理。主要表现是趋于关闭封锁的外在表现和日益丰富、复杂的内心活动并存于同一个体，可以说封闭心理是青春期心理的一个普遍存在而又特殊的标志。因而闭锁心理问题主要是指处于消极情况下的心理而言的，中学生若在消极情绪控制之下，封闭与外界的任何心理交流，将是一个值得注意的征兆。

②情绪情感激荡，表露而又内隐。青春发育期的生理剧变，必然引起高中学生情感上的激荡，这种动荡的情感有时表露有时内隐。一个微笑可以使情绪飞扬，彻夜兴奋，然而他们内心里激动、高兴或苦恼、消沉而表面上似乎很平静；他们有话、有秘密想与别人倾吐，但碰到父母或老师时却又缄默不言，这种情况如果得不到理解，便会出现压抑心理，出现焦虑与抑郁。

③早恋。高中学生一般尚未成年，我们把高中学生这种未成年男女的恋爱称为早恋。中学时代，特别是高中学生，正值青春发育期，而这一时期最突出的矛盾之一是性发育迅速成熟与性心理相对幼稚的矛盾。高中学生由于受认识能力和个性发展的限制，特别是在教育引导不及时、不得力的情况下，使得高中学生的性心理的发展表现出相对的幼稚性，所以自认为认真的、朦胧状态下的恋爱出现了，尽管这种恋爱带有好奇和模仿成分，但却是一个值得特别关注的问题。

（2）心理访谈中发现，高中学生青春期心理问题有如下一些问题：

①异性交往问题。

②男生、女生之间存在真正的友谊吗?

③认为学校不应该扼杀早恋。

④我暗恋一个人，不知道如何是好？

⑤如何摆脱喜欢我的人，让他死心？

⑥想靠打架和早恋出名的心理十分严重。

⑦如何面对早恋行为？

⑧喜欢一个人就代表学坏吗？

⑨对异性产生好感，该怎么办？

⑩早恋有哪些危害？

5.其他方面问题

由于心理访谈是在教师引导下的不设限的交流、交谈，旨在暴露学生的真实心态和心理问题。因此，涉及范围较广，除上述几类问题之外的问题都笼统地归集到其他方面的问题中，占到了7.56%。主要归纳有如下一些问题：

①课余活动不丰富。

②如何戒除网瘾。

③学习环境应该有所改善。

④学费问题。

⑤自己控制不住想玩，注意力无法集中。做什么都没有意志。

⑥面对身边不文明的事情，我该怎么办？

⑦时间为什么过得这么慢？

⑧环保，不要破坏环境。

⑨需要多一些自由。

⑩想每天都有一个好心情。

四、高中学生心理健康教育的建议及对策

1.对高中学生进行专门的心理健康教育

在高中开设专门的心理健康教育课程，帮助学生了解心理科学知识，掌握一定的心理调节技术。课程可分为两部分：心理卫生与健康理论部分和实际训练操作部分。前一部分为心理健康知识普及，后一部分是在学生中开展心理健康教育的有效方法。实际训练活动操作内容包括角色扮演、相互询问、人际交往训练，掌握一些转移情绪、宣泄痛苦、发泄愤怒、克服自卑、树立自信心的心理调节手段，防患于未然。

2.设立悄悄话热线信箱

实践证明，热线信箱十分有利于与高中学生进行交谈，这种方式对一些尚不善于进行面对面谈话的学生十分方便，而有些话又是碍于颜面的，所以信箱可省去害羞的忧虑，而且高中学生又可以把自己的想法在信中组织得更为严密，这样可以使老师更有针对性地解决心理健康问题。

3.设立心理服务室，进行心理咨询与治疗

由于学生们对提高心理健康水平的要求日益迫切，心理咨询服务室的建立也就势在

必行。无论初中、高中，城市、乡村，高中学生们已开始从拘束、害羞地进门到落落大方、自然地进行心理咨询；从以试探性的心情谈话到充分倾吐心中之烦闷。时代的发展显示出，开展心理咨询与治疗服务已不仅仅是个别高中学生的要求，而是一种时代的趋势。

心理咨询要取得良好的效果，关键在于咨询老师要信任、理解学生。同时遵循聆听、保密、疏导、交友性原则，这样就能建立起一种信任关系。信任关系是咨询取得成功的基础，只有在信任的基础上双方的情感与心理的交流才能得以充分地展开，也才能达到心理转化的效果。对于有特殊要求的学生进行心理治疗，心理咨询老师要有意识地和困于心理问题的同学建立起关心、尊重、了解和指导的关系，并依据问题的需要使用适当的心理治疗方法，减轻或消除学生的不适应的心理现象及行为，培养适应习惯，促进心理的健全发展。

4.融心理健康教育于学科教学之中

心理健康教育要立足课堂，融心理健康教育于学科教学之中，利用学科教育素材创设适切的教育教学情境，向学生传授心理知识，可通过角色扮演、表演、问题辩论等形式对学生进行心理健康教育。心理健康教育还要渗透到班级活动、学校活动以及班主任的一切教育工作中，在活动中加强与学生的沟通，了解学生的心理需求，适时、适切的进行针对性教育，提高学生的心理素质，促进学生健康成长。

5.兼顾对学生家长及其他方面进行心理宣传

研究表明，学生的心理健康问题与家庭的教养方式和家庭的人际关系有直接或间接的关系，有些甚至是家庭问题的表现和延续。无论是了解学生心理与行为偏异的原因，还是咨询、矫治计划的制订和实施，都需取得家长的积极支持和配合。因此，学校心理健康方面的教育要兼顾对学生家长及其他方面的宣传，加强与家长的沟通，构建家校一体化的心理健康教育环境，做好学生的心理辅导。

五、高中学生心理健康教育的意义

1.高中学生心理健康问题是当前教育面临的新课题、新任务

当前，国际上的各种竞争（例如经济、科技、军事等的竞争）说到底是人才的竞争，而人才又赖于教育去培养，所以尽快造就具有良好心理素质和广泛适应能力的各种人才就成为教育改革和现代学校关注的中心课题。

而今，我国的高中学生正处于信息化社会，信息技术的快速发展和普及，人们价值取向的多元化，社会的包容和多种意识观念的并存，社会环境的某些消极影响等直接干扰和影响着中学生健康心理与核心价值观的形成和培养。一些高中学校受应试教育惯性思维的影响，片面追求升学率，忽视或轻视了对学生的心理健康教育和核心价值观教育，造成了学生的种种心理问题。面对中学生存在的各种心理健康问题，仅仅靠原有的教育教学与德育工作难于应付局面，为了改变学校教育的被动状态，社会、学校、家长都在呼唤心理学直接参与学校教育工作。陈学诗、沈渔村、李心天等一批专家、学者呼

吁“为促进人们的心理健康，建立健全人格、预防心理疾病”应“广泛开展心理卫生科普宣传和社会教育、学校教育，中小学增加心理卫生课”，所以中学生心理健康问题是教育面临的新课题、新任务。

2.维护高中学生心理健康是全面素质教育的要求

我国改革开放和市场经济的建立，科教兴国、提高全民族素质等一系列战略方针的确立，都对人的素质提出了更新、更高的要求，时代呼唤高素质、个性健康的人才。素质的核心是心理素质，素质教育的核心问题是要培养学生良好的心理素质。《教育发展纲要》明确了心理素质是素质结构的有机组成部分。因此研究维护心理健康是全面素质教育的要求。

3.有利于促进高中学生心理健康，大面积提高教育教学质量

通过有效的途径维护学生的心理健康，促进高中学生的心理正常、健康发展，是全面提升教育教学质量的前提和保障。心理健康教育就是使学生的心理困惑得到及时的疏导，不良心理与行为得到及时的矫治，引导学生形成良好的心理素质。学生具备了健全的个性心理品质，就能够适应学校、社会的要求，轻松愉快、积极主动地投入到学习过程中，热爱学习，享受学习，不断完善自我。

附录

第一部分　调查问卷

高中学生心理健康问题调查问卷（一）

说明：为了全面、客观、公正地了解我校学生的心理健康状况及其心理健康问题形成的原因，并进行分析，以改进教育教学方法，提高质量，我们特制定了如下调查问卷。请同学们根据自己的真实想法认真填写，你的信息将对我们的研究具有十分重要的参考价值，望你给予配合，谢谢你的参与！

本问卷只做研究之用，有关内容绝对保密，不会给你带来任何影响。请你认真、如实填写。从各选项中选择一个，填在每个题目后面的括号里。

年级：_______ 年龄：_______ 性别：_______

1.你觉得自己自信吗（　　）

A.非常自信　　B.自信　　C.有时不太自信

D.不自信　　E.常常感到自卑

2.你认为自己是一个有价值的人，至少和同龄人不相上下吗（　　）

A.比一般人更有价值　　B.相当

C.好像总觉得没有别人能干　　D.没什么价值

3.如果你能改变自己，你最希望改变的是什么（　　）

A.知识　　B.出身　　C.财富

D.性格　　E.外貌　　F.其他

4.上中学后，你觉得最大的挫折是什么（　　）

A.成绩不理想　　B.不适应宿舍生活　　C.经济困难

D.好朋友对自己的背弃　　E.家里不支持自己的学业

F.家庭变故　　G.其他

5.你每个月的生活费用够用吗（　　）

A.有剩余　　B.基本够用　　C.不太够用　　D.经常负债

6.你业余时间主要做些什么（　　）

A.阅读课外书籍　　B.体育运动　　C.帮家里干活

D.娱乐玩耍　　E.其他

7.你是否认为自己经常不被关心（　　）

A.是　　B.不是

8.你是否觉得大多数人都不可信任（　　）

A.无　　B.偶尔　　C.时有

D.经常　　E.总是

9.你感到老师或同学歧视你吗（　　）

A.常常感到　　B.很少感到　　C.没有感到

10.你最不喜欢老师哪一种做法（　　）

A.找家长　　B.当众批评　　C.罚站　　D.其他

11.你总感觉别的同学穿得比自己好，自己会感到不舒服吗（　　）

A.是　　B.不是　　C.偶尔

12.你是否觉得家里的环境干扰你的学习和生活（　　）

A.是　　B.不是

13.你是否希望在班级中当班干部（　　）

A.非常希望　　B.希望　　C.无所谓

14.你学习成绩不够理想的原因是（　　）

A.自己努力不够　　B.学习环境不好　　C.老师讲课不好

D.自己的学习方法不对　　E.其他

15.上课时，你能否集中注意学习（　　）

A.能　　B.有时能　　C.不能

16.遇到困难或烦恼时，你会（　　）

A.在心里憋着　　B.向同学诉说　　C.告诉老师

D.向父母说　　E.其他

17.你父（母）亲最关心你的（　　）

A.学习成绩　　B.身体健康　　C.情绪变化

18.你是否感到苦闷（　　）

A.无　　B.偶尔　　C.时有　　D.经常　　D.总是

19.你是否对现在的学校生活感到不适应（　　）

A.无　　B.偶尔　　C.时有　　D.经常　　E.总是

20.你是否感到学习负担很重（　　）

A.无　　B.偶尔　　C.时有　　D.经常　　E.总是

21.你是否有自杀的念头（　　）

A.无　　B.偶尔　　C.时有　　D.经常　　E.总是

22.你是否对父母时而亲热、时而冷淡（　　）

A.无　　B.偶尔　　C.时有　　D.经常　　E.总是

23.你是否愿意按时完成老师布置的作业（　　）

A.无　　B.偶尔　　C.时有　　D.经常　　E.总是

24.你是否讨厌上学（　　）

A.无　　B.偶尔　　C.时有　　D.经常　　E.总是

25.你是否讨厌考试（　　）

A.无　　B.偶尔　　C.经常　　D.总是

26.你是否感觉同学考试成绩比你高，但能力并不比你强（　　）

A.无　　B.偶尔　　C.经常　　D.总是

27.同学考试成绩比你高，你感到难过（　　）

A.无　　B.偶尔　　C.经常　　D.总是

28.你是否觉得需要心理老师的帮助（　　）

A.无所谓　　B.一点点　　C.很需要　　D.我心理健康，不需要

29.你是否有信心改变自己的缺点（　　）

A.无　　B.一点点　　C.很有信心

高中学生心理健康问题调查问卷（二）

说明：为了全面、客观、公正地了解我校学生的心理健康状况及其心理健康问题形成的原因，并进行分析，以改进教育教学方法，提高质量，我们特制定了如下调查问卷。请同学们根据自己的真实想法认真填写，你的信息将对我们的研究具有十分重要的参考价值，望你给予配合，谢谢你的参与！

本问卷只做研究之用，有关内容绝对保密，不会给你带来任何影响。请你认真、如实填写。从各选项中选择一个，填在每个题目后面的括号里。

年级：_______　年龄：_______　性别：_______

1.你觉得关心心理健康发展对你的成长重要吗（　　）

A.很重要　　B.不重要，没用　　C.我不关心这些

D.可有可无，不怎么重要

2.你对本校的心理健康教育工作满意吗（　　）

A.总体不错，基本满意　　B.很差，不满意
C.我不关心这些　　D.很好，很满意
3.你父母对你的心理健康发展与学习成绩的关心是（　　）
A.经常过问学习，从不关心心理健康情况
B.关心学习与关心心理健康发展一样重视
C.我不关心这些，没感觉
D.对心理健康情况的关心比学习情况还重视
4.你经常和父母沟通吗（　　）
A.无　　B.偶尔　　C.经常　　D.总是
5.你喜欢把心事写下来吗（　　）
A.无　　B.偶尔　　C.经常　　D.总是
6.你觉得自己的心理素质怎么样（　　）
A.还可以，基本满意　　B.很差，不满意
C.我不关心这些，没感觉　　D.很好，很满意
7.考试时，你的心理感受是（　　）
A.很轻松，从容应对　　B.有点紧张
C.很紧张、很焦虑　　D.紧张焦虑的晕场
8.如果你能改变自己，你最希望改变的是什么（　　）
A.知识　　B.出身　　C.财富　　D.性格　　E.外貌
9.在学校学习与生活，你觉得自己愉快吗（　　）
A.非常愉快　　B.比较愉快　　C.一般
D.不开心　　E.非常不开心
10.遇到心理上的烦恼，通常你是如何处理的（　　）
A.向好朋友诉说排解　　B.向家长诉说
C.向教师诉说　　D.压在心底生闷气，不能处理，任凭折磨自己
11.你遇到过的烦恼的原因主要是什么（　　）
A.学习紧张，压力大　　B.父母对我期望值高
C.缺少教师的关爱　　D.缺少家长的关爱
12.你对当前个别同学“穿名牌”以及“相互攀比”消费的看法是（　　）
A.赞同　　B.反对　　C.无所谓
13.你喜欢与人交往吗？（　　）
A.喜欢　　B.不喜欢　　C.一般
14.选出下列你经常发生的行为（　　）
A.时常焦虑不安　　B.自卑
C.逆反心理　　D.精神抑郁
15.你如何看男女同学间的亲密交往（所谓谈恋爱）（　　）

A.青涩的果实最好别尝　　B.是一件难为情的事情
C.两情相悦可以促进学习　　D.给予理解，但不提倡
16.你希望通过什么途径接受更多的青春期性知识教育（　　）
A.书本　　B.网络　　C.课堂
D.医生　　E.同学或朋友
17.你所在的学校主要通过什么手段培养学生心理健康素质（　　）
A.心理教育课　　B.讲座或报告会
C.组织班会或主体团会等　　D.组织外出实践活动
18.你希望通过心理健康教育课学习哪方面的内容，请选出你最喜欢的内容（　　）
A.迫切希望解决的问题　　B.学习心理及障碍调试
C.有效学习方法与技巧　　D.了解你想解决的问题

高中学生心理健康问题调查问卷（三）

说明：为了全面、客观、公正地了解我校学生的心理健康状况及其心理健康问题形成的原因，并进行分析，以改进教育教学方法，提高质量，我们特制定了如下调查问卷。请同学们根据自己的真实想法认真填写，你的信息将对我们的研究具有十分重要的参考价值，望你给予配合，谢谢你的参与！

本问卷只做研究之用，有关内容绝对保密，不会给你带来任何影响。请你认真、如实填写。从各选项中选择一个，填在每个题目后面的括号里。

年级：_______ 年龄：_______ 性别：_______

1.进入高中后，对紧张的学习生活，你是否感到不太适应（　　）
A.从来没有　　B.有时　　C.总是如此
2.你现在的学习压力（　　）
A.过大　　B.过小　　C.还可以
3.认为目前的学习任务让你已经感到力不从心（　　）
A.是　　B.有时觉得　　C.从没有
4.你认为目前的压力来自（　　）
A.老师的期望　　B.家庭的期望　　C.自己的期望
5.一般情况下，你会如何缓解自己的压力（　　）
A.与别人面对面交谈　　B.电话　　C.书信　　D.网络
6.你认为高中与初中的关系（　　）
A.有很大联系　　B.基本没联系　　C.没想过
7.如果别人不督促，你是否会主动学习（　　）
A.会　　B.极少　　C.不会
8.你能长时间做一件重要但枯燥无味的事情吗（　　）
A.能　　B.偶尔可以　　C.不能

9.你认为高中同初中的学习方法（　　）
A.相同　　B.不同　　C.没想过
10.一次考试失利，对你会有怎样的影响（　　）
A.情绪波动很大　　B.和以前一样
C.更加努力　　D.认为自己很无能
11.除了老师指定的作业外，你会（　　）
A.阅读文学或科技书籍　　B.额外配套训练
C.体育活动　　D.上网
12.你是否会想自己不用花太多时间成绩也能超过别人（　　）
A.经常　　B.偶尔　　C.从不
13.你能独立完成老师布置的作业吗（　　）
A.完全可以　　B.只能完成某几门　　C.只能选择性地完成每门课部分作业
14.总是觉得别人没有充分认识自己，没有给自己足够的评价（　　）
A.是　　B.没想过　　C.从没有
15.你常为短时间内成绩没有提高而苦恼不已（　　）
A.总是　　B.有时　　C.从不
16.为了及时完成某项作业，你会（　　）
A.完全照抄别人的　　B.参考别人的　　C.废寝忘食，通宵达旦
17.你认为学习是（　　）
A.乐趣　　B.不得不做的事　　C.没有意义的事
18.在学习和娱乐发生冲突时，你会（　　）
A.学习　　B.拿不定主意　　C.娱乐
19.为了把功课学好，你会不会放弃许多感兴趣的活动（　　）
A.会　　B.二者兼顾　　C.不会
20.考上高中，你觉得（　　）
A.终于可以放松了　　B.先休息一阵再学习　　C.马上投入更紧张的学习
21.你认为高中的学习大多是（　　）
A.记忆性学习　　B.理解性学习　　C.理解记忆性学习
22.你常认为课本的基础知识（　　）
A.很重要　　B.据老师安排而定　　C.没啥好学
23.你认为怎样学习效果会好点（　　）
A.共同学习　　B.孤军奋战　　C.没想过
24.你对自己刚开始的高中生活（　　）
A.有详细的规划　　B.有了大致的想法　　C.没想过，先过着再说
25.你在学习上的时间分配（　　）
A.平均分配　　B.对不喜欢的放任自流　　C.对喜欢的科目下狠功夫

26.空闲的时候一般你会（ ）

A.睡觉 B.聊天 C.上网 D.学习

27.给自己定的学习目标遇到困难可能做不到时，你会（ ）

A.继续努力 B.缩小目标 C.完全放弃

28.你总是为同时实现几个学习目标忙得焦头烂额（ ）

A.会 B.有时 C.不会

29.为了实现一个大目标，你会给自己制定循序渐进的小目标（ ）

A.会 B.有时会 C.不会

30.你是否很想学习，但总是无法集中精力学进去（ ）

A.经常 B.偶尔 C.从没有

31.你总是莫名其妙感到烦躁，情绪低落，浑身无力（ ）

A.经常 B.偶尔 C.从没有

32.当大家注视你时，你会（ ）

A.不好意思 B.无所谓 C.自豪

33.对着镜子时，你注意的是自己的（ ）

A.优点 B.缺点 C.没想过

34.当别人和你意见不同时，你会（ ）

A.坚持己见 B.聆听别人意见 C.无所谓

35.别人批评你时，你会（ ）

A.接受批评 B.为自己辩解 C.不知所措

36.考完试后你最关心的是（ ）

A.自己的成绩 B.别人的成绩 C.无所谓

37.好友获奖了，你会感觉（ ）

A.和他一样高兴 B.不舒服 C.与自己无关

38.你心目中的高中生活与现实中的（ ）

A.差别很大 B.基本一致 C.没想过

39.上网时你一般会（ ）

A.聊天 B.找资料 C.打游戏

40.假如遇到不顺心的事，你通常会向谁倾诉（ ）

A.家长 B.老师 C.朋友

D.其他（网友，心理医生）

41.若开设了心理咨询点，你是否会去咨询（ ）

A.会 B.不会 C.不知道 D.其他（看情况）

42.如果你愿意去咨询，希望用什么方式（ ）

A.面对面交谈 B.电话 C.书信 D.网络 E.随便

43.如果有考前心理辅导，你希望的形式是（ ）

A.讲座　　　　　　B.个别辅导　　　C.团体辅导

44.如果有一场考前心理讲座，你希望的内容是（　　）

A.情绪调节　　　　B.学习方法　　　C.其他（请填写）________

45.开放性题目：你认为目前最需要解决的问题是什么？

高中学生心理健康问题调查问卷（四）

测试说明：对以下40道题，如果感到“常常是”，请在前面的括号内画“√”号；“偶尔”是，画“△”号；“完全没有”，画“×”号。

年级：________ 年龄：________ 性别：________

（　　）1.平时不知为什么总觉得心慌意乱，坐立不安。

（　　）2.上床后，怎么也睡不着，即使睡着也容易惊醒。

（　　）3.经常噩梦，惊恐不安，早晨醒来就感到倦怠无力、焦虑烦躁。

（　　）4.经常早醒1～2小时，醒后很难再入睡。

（　　）5.学习的压力常使自己感到非常烦躁，讨厌学习。

（　　）6.读书看报甚至在课堂上也不能专心一致，往往自己也搞不清在想什么。

（　　）7.遇到不称心的事情便较长时间沉默少言。

（　　）8.感到很多事情不称心，无端发火。

（　　）9.哪怕是一件小事情，也总是很放不开，整日思索。

（　　）10.感到现实生活中没有什么事情能引起自己的乐趣，郁郁寡欢。

（　　）11.老师讲概念，常常听不懂，有时懂得快忘得也快。

（　　）12.遇到问题常常举棋不定、迟疑再三。

（　　）13.经常与人争吵发火，过后又后悔不已。

（　　）14.经常追悔自己做过的事，有负疚感。

（　　）15.一遇到考试，即使有准备也紧张焦虑。

（　　）16.一遇挫折，便心灰意冷，丧失信心。

（　　）17.非常害怕失败，行动前总是提心吊胆、畏首畏尾。

（　　）18.感情脆弱，稍不顺心，就暗自流泪。

（　　）19.自己瞧不起自己，觉得别人总在嘲笑自己。

（　　）20.喜欢跟自己年幼或能力不如自己的人一起玩或比赛。

（　　）21.感到没有人理解自己，烦闷时别人很难使自己高兴。

（　　）22.发现别人在窃窃私语，便怀疑是在背后议论自己。

（　　）23.对别人取得的成绩和荣誉常常表示怀疑，甚至嫉妒。

（　　）24.缺乏安全感，总觉得别人要加害自己。

（　　）25.参加春游等集体活动时，总有孤独感。

（　　）26.害怕见陌生人，人多时说话就脸红。

（　　）27.在黑夜行走或独自在家时有恐惧感。

（　　）28.一旦离开父母，心里就不踏实。

（　　）29.经常怀疑自己接触的东西不干净，反复洗手或换衣服，对清洁极端注意。

（　　）30.经常担心是否锁门和可能着火，会反复检查，经常躺在床上又起来确认，或刚一出门又返回检查。

（　　）31.站在经常有人自杀的场所、悬崖边、大厦顶、阳台上，有摇摇晃晃要跳下去的感觉。

（　　）32.对他人的疾病非常敏感，经常打听，生怕自己也身患相同的病。

（　　）33.对特定的事物、交通工具（电车、公共汽车等）、尖状物及白色墙壁等稍微奇怪的东西有恐怖倾向。

（　　）34.经常怀疑自己发育不良。

（　　）35.一旦与异性交往就脸红心慌或想入非非。

（　　）36.对某个异性伙伴的每一个细微行为都很注意。

（　　）37.怀疑自己患了癌症等严重不治之症，反复看医书或去医院检查。

（　　）38.经常无端头痛，并依赖止痛或镇静药。

（　　）39.经常有离家出走或脱离集体的想法。

（　　）40.感到内心痛苦无法解脱，只能自伤或自杀。

测评方法：“√”得2分，“△”得1分，“×”得0分。

评价参考：

0～8分，心理非常健康，请你放心。

9～16分，大致还属于健康的范围，但应有所注意，也可以找老师或同学聊聊。

17～30分，心理方面有了一些障碍，应采取适当的方法进行调适，或找心理辅导老师帮助你。

31～40分，黄牌警告，有可能患了某些心理疾病，应找专门的心理医生进行检查治疗。

41分以上，有较严重的心理障碍，应及时找专门的心理医生治疗。

高中学生自信心调查问卷

请你仔细阅读每一道题目，若“是”，在该题目前打“√”；若“不是”，则无须做任何标记。一定如实地作答，不要花太长时间思考，要尽可能按看完题目的第一印象作答。

年级：_______ 年龄：_______ 性别：_______

（　　）1.家人都期待你在考试中取得成功。

(　　) 2.重大考试前后，你不想吃东西。

(　　) 3.在你看来，考试过程似乎不应搞得太正规，因为那样容易使人紧张。

(　　) 4.一般来说，考试成绩好的人将来必定在社会上取得更好的地位。

(　　) 5.重大考试之前或考试期间，你常常会想到其他人比自己强得多。

(　　) 6.如果你考糟了，即使自己不会老是记挂着它，也会担心别人对自己的评价。

(　　) 7.对考试结果的担忧，在考试前妨碍你准备，在考试中干扰你答题。

(　　) 8.面临一场必须参加的重大考试，你会紧张得睡不好觉。

(　　) 9.如果考试被废除，你的功课实际上会学得更好。

(　　) 10.当了解到考试结果的好坏将在一定程度上影响你的前途时，你会心烦意乱。

(　　) 11.如果你考得不好，人们将对你的能力产生怀疑。

(　　) 12.面对重大考试，你的大脑好像凝固了一样，考场中的噪音使你烦恼。

(　　) 13.考试前，你有一种空虚、不安的感觉。

(　　) 14.考试使你对能否达到自己的目标产生怀疑。

(　　) 15.考试前，你常常感到还需要再充实一些知识。

(　　) 16.在即将得知考试结果前，你会感到十分焦虑或不安。

(　　) 17.假如在这次考试中你考得不好，这意味着自己并不像原来所想象的那样聪明。

(　　) 18.如果你的考试分数低，父母将会感到非常失望。

(　　) 19.应试时常常发现自己的手指在哆嗦、双腿在打战。

(　　) 20.考试过后，常常感到本来自己应考得更好些。

(　　) 21.考试时，你情绪紧张，妨碍了注意力的集中。

(　　) 22.如果你考糟了，且不说别人会对你有看法，就是自己也会失去信心。

(　　) 23.考试之前，你感到缺乏信心，精神紧张。

(　　) 24.在考前，你所存在的问题之一是不能确知自己是否做好了准备。

(　　) 25.当必须参加一次确实很重要的考试时，你常常感到恐慌。

(　　) 26.公布考分之前，你很想知道别人考得怎样。

(　　) 27.如果你得低分数，认识你的某些人将会感到快活，这使你心烦意乱。

(　　) 28.如果你能单独进行考试，或者没有时限压力，你的成绩便会好得多。

(　　) 29.考试成绩直接关系到你的前途和命运。

(　　) 30.考试期间，有时你会非常紧张，以致忘记了自己本来知道的东西。

第二部分　访谈纲要

下面是几个关于高中学生实际生活的问题，需要你来帮助回答，由于本调查只用于科学研究，不对老师和其他同学公布，请你根据你的实际情况回答。谢谢你！

一、基本信息：

1.班级：__________ 2.性别：_______ 3.年龄：_______ 4.民族：_______

5.你是否住校？（是 / 否） 6.你是否独生子女？（是 /否） 7.你觉得你的学习成绩怎么样？（优 / 良 / 中 / 差 ）

二、请回答下列问题：

1.每个人都有焦虑的时候，你常感到焦虑吗？主要原因是什么？能谈一谈吗？

2.你和同学及父母关系如何？有什么问题吗？

3.你对异性同学有何认识？如何处理和他（她）们的关系？

4.你认为自己的学习成绩怎么样？学习成绩好（不好）的原因是什么？能分析一下吗？

5.如果重新分班，在最初的一周内，你一般如何面对新老师和新同学？

非常感谢同学们的合作！

高中学生价值观与心理健康问题的调查及相关性分析

——以天水市第一中学高一年级学生为例

价值观是个人对周围世界中的人、事、物的基本看法，是人们在自身价值取向上关于价值的一定信念、倾向、主张和态度的系统观点，也是人们在对社会现象和思想意识进行是或非、有意义或无意义、值得接纳或不值得接纳的判断时，所依据的一系列最基本的准则或尺度，即主体对客体价值的选择倾向，以信念的方式稳定持久地存在于个体或群体的认识体系中的观念。价值观是有别于事实判断和科学知识的另一类认识形式，是判断是非曲直、真善美与假丑恶的价值准则。价值观作为一种观念系统，对人的思想和行为具有导向、评价、调节等方面的作用，它是推动并指引一个人采取决定和行动的信念和标准。个体的价值观不同则对同一事物或同一行为的价值评价也就不同，因为人们的行动受到价值观的指导或影响，在方向各异的行动背后基本上可以看到价值观的差异。

心理健康，是指能够充分发挥个人最大潜能，以及妥善处理和适应人与人之间、人与社会环境之间的相互关系，同时又是一种高效、满意、持续的心理状态，是认知、情感和人格等内在心理活动与外部行为的和谐、协调状态。个体在这种状态下能够适应当前和未来发展，能够愉快而积极地学习、工作和生活，具有生命活力，能够充分发挥其身心潜能。心理健康对于人有着重要的意义，它不仅可以有效地预防心理疾病，使人免受心理疾患之苦，而且能更好地促进人的成长和发展，可以激发人的潜能并使人提高生活质量与幸福感。

价值观与心理健康的关系非常密切，心理健康的问题归根到底是一个人生价值观的问题，心理问题的背后通常存在着价值观冲突。进一步说，在许多心理失衡现象的背后，主要是价值观失衡在起作用，许多青年学生心理状态的失衡其实就是价值失衡的表象，解决心理健康问题说到底还是要解决一个人的价值观问题。影响心理健康的因素有很多，价值世界对人的心理健康的影响远重于物质世界。独立、稳定、成熟的价值体系既可以产生道德愉快，又有助于消除自卑自贬情绪，这对维护人的心理健康至关重要。

高中阶段是一个人成长的关键时期，由于生理心理上的急剧变化和现代社会环境的日益复杂，使得高中学生的心理极易出现各种各样的问题。而高中学生又即将走上社会或升入高一级学校，他们心理健康状况的好坏直接影响其今后的工作、学习和生活。培养他们树立正确的价值观和人生观，对于促进他们心理健康的全面成长具有重要意义。

为了了解当今高中学生的人生追求、生活态度及对社会现状的看法，使学生对照自我，正视自我，为自己树立正确的人生观、价值观，开展了本项研究。本项研究属于“高中优势学生群体心理健康问题调查与教育教学对策研究”的子课题，是对高中学生价值观和心理健康之间关系的初步探讨，通过对高中学生价值观和心理健康之间的关系及其相关因素研究，为高中学生的心理健康教育和价值观教育提供有价值的参考。

本研究采用《高中学生价值观调查问卷》，于2014年3月对天水市第一中学高一学生进行了有关价值观的心理问卷调查，共发问卷450份，回收有效问卷411份。调查结果显示：

1. 在爱国思想方面，情况比较乐观，近70%的学生认为升国旗、唱国歌时有强烈的自豪感和爱国情感。

2. 在社会责任方面，近80%的学生重视个人价值的实现，而忽视对社会的责任。结果表明：被调查学生利己思想比较严重。

3. 在学习方面，98%的学生认为学习是为了考大学；46%的学生认为自己学习是为了增长个人知识、锻炼能力；40%的学生是为了将来找个好工作，赚大钱。

4. 在交友方面，95%的学生至少有1～2个知心朋友，而且交友的标准是情趣相投、性格相近，选择朋友的态度较为慎重。

5. 在人生目标维度方面，男生比女生更看重身体健康价值目标；安全而满意的人际关系方面，男女生不存在显著差异。

6. 在社会目标维度方面，女生比男生更看重和谐与平等价值目标。

这次调查仅仅是一地一校的个案研究，但是在一定程度上对于初步了解当代高中学生的人生观、价值观有一定的作用。通过调查研究，为准确地把握当前高中学生的心理动向，深化教学改革，加强教育教学的针对性，提高教育教学的实效性，提供了客观依据和帮助。

附录

高中学生价值观调查问卷

亲爱的同学，您好！感谢你在百忙之中抽出时间来回答问卷，这份问卷是为了了解高中学生的价值观而设计的。答题前请你认真阅读答题方式，题目答案没有对错之分，你的回答对我们的研究很重要，望你如实回答，感谢你的配合和支持。

本次调查为匿名调查，调查结果仅为研究所用，我们将为你保密，请放心作答！答案可以是单选也可以是多选。

性别：________ 年龄：_______

你的长期居住地（　　）：A. 农村　　B. 城市

1. 你对理想的看法（　　）

A.有促进作用，让生活更有动力　　B.只是偶尔想起，对生活影响不大
C.理想过于遥远，没有现实意义　　D.不能达到，让人郁闷
2.你现在拥有理想吗（　　）
A.有短期理想，并没有意识地去达成
B.有短期理想，但没有特别的计划去实行
C.有长远的理想，并一直为之准备着，完善自我去达成
D.有长远理想，但没有相应计划，凭感觉
E.没有理想
3.在实现理想的过程中，什么是你的主要阻力（　　）
A.缺乏艰苦奋斗的精神和坚持的毅力
B.父母的压力，学习的压力，理想和现实的差距
C.无法自主安排自己的学习和生活
D.未来的不确定性　　E.其他
4.你认为自己的未来是怎样的（　　）
A.未来非常美好，充满希望　　B.未来前景一般，没多大改变
C.未来顺其自然，该怎样就怎样　　D.未来前景模糊，充满忧虑
E.未来非常糟糕，看不到希望
5.你觉得接受教育是为了什么（　　）
A.为国家和社会做贡献　　B.为了找个好工作
C.提高自己的修养　　D.光宗耀祖等其他考虑
E.其他
6.你是如何诠释“爱国主义”精神的，它是对自己故土、家园、民族、文化的（　　）
A.归属感　　B.认同感
C.尊严感　　D.荣誉感
E.以上全都是
7.你认为，自己是否具备足够的“爱国主义”意识（　　）
A.是　　B.否
8.你认为现实中，中学生的“爱国主义”精神还可以从哪些具体行动中表现出来（　　）
A.自觉履行公民义务　　B.学好科学文化知识
C.关注社会新闻　　D.积极投身社会实践
E.其他
9.你认为应采取什么方式提高当代中学生的“爱国主义”意识（　　）
A.发传单，网上宣传　　B.开设主题讲座，开展知识竞赛
C.组织观看爱国主义题材影片　　D.参观文化遗址，陶冶爱国情操

E.学校组织的爱国主义活动　　F.其他

10.你对“抵制家乐福”的事件有何看法（　　）

A.很应该，让他们尝尝中国人的厉害　　B.有必要，表达了我们中国人的感情

C.不支持也不反对，但自己不会去做　　D.有点反对，对法国对中国都没有好处

E.非常反对，影响到了中国员工的生活也体现不出中国宽容大度的形象

11.提到“政治”，你最先会想到下列哪个词（　　）

A.革命　　B.管理

C.利益　　D.其他

12.你认为社会上“大学生就业难”主要是因为（　　）

A.学校里所学的知识在社会上没有多大用处　　B.没有过硬的人际关系

C.毕业生太多，社会需求不足，工作难找　　D.其他

13.青年人适应社会需求，你认为最需要（　　）

A.获得高学历　　B.掌握一门技术

C.增强人际交往能力　　D.提高自己的综合素质

E.其他

14.对你而言，哪种宣传方式你更容易接受（　　）

A.纸质类宣传（如传单、横幅、海报等）B.网上宣传（如开设主题网站、发群邮）

C.喜闻乐见的活动　　D.自主学习（书籍、报刊等）

E.其他

15.如血库急需某种配型，而你正是这种配型的持有者，你会怎么办（　　）

A.一定不去　　B.看情况

C.必定去献

16.你经常参与集体活动吗（　　）

A.完全不参与　　B.偶尔　　C.经常参与

17.你对中学生谈恋爱的看法是（　　）

A.应该谈恋爱，朋友都在谈　　B.遇到合意的就谈恋爱

C.应该以学习为主，不应该谈恋爱

D.恋爱是为了缓解学习压力、排遣内心孤独

E.无所谓

18.你是如何看待金钱的（　　）

A.越多越好，金钱是万能的　　B.有一定资产，能过上安定富裕的生活

C.不需要太多，能养家糊口足矣　　D.多少无所谓，钱乃身外之物

E.越少越好，钱是万恶之源

19.你觉得中国传统文化对现代社会的影响力如何（　　）

A.传统文化是精华，特别具有指导意义，应当完全吸收

B.传统文化中精华多于糟粕，对现代人的生活仍然具有相当指导意义

C.视情况而定，有些地方仍有积极作用，有些地方不合时宜
D.传统文化糟粕多于精华，运用于现代社会生活时应慎重选择
E.传统文化已经过时，属于老古董了
20.如果按以下地域来分的话，你最喜欢看哪类影视作品（　　）
A.欧美影视、日韩影视　　B.港台影视
C.大陆影视　　D.其他
21.你认为网络的最主要功能是（　　）
A.传播主流思想，实现政治引导　　B.提供崭新平台，制造创富机会
C.营造娱乐环境，丰富文化生活　　D.民意表达途径，社会稳定缓冲
22.以下网络服务中，你最常使用的是（　　）
A.获取信息（如看新闻、逛论坛等）
B.实现交流（如发邮件、开博客、网聊等）
C.丰富生活（如玩网游、看电影等）
D.应用工具（如地图查询、网上购物等）
23.你最看重偶像身上的什么特质（　　）
A.成功与财富　　B.崇高的精神
C.相貌　　D.才能
E.其他
24.当自己的想法观念与长辈或者权威发生冲突时，你一般怎么做（　　）
A.当然是听长辈的，他们毕竟是过来人
B.跟着自己的感觉走，他们已经不适应时代发展要求了
C.综合分析，取长补短　　D.说不清楚
25.你怎么看待我国当前的教育情况（　　）
A.完全与社会需求脱节　　B.很多方面还需要改革
C.较能满足社会，但还需进行局部改革　　D.完全能满足社会需要
26.你身边拜金主义现象严重吗（　　）
A.根本没有　　B.有，较少
C.多，非常严重　　D.不清楚
27.你认可本国当前的主旋律文化吗（　　）
A.非常不认可　　B.还行
C.非常认可
28.你对西方文明持什么态度（　　）
A.本国文化足够优秀，没必要借鉴　　B.吸取精华，为我所用
C.非常好，本国应该全盘吸收
29.你的偶像是（　　）
A.历史上的伟人　　B.对社会有贡献的人

C.有钱人或有权人
D.在某一方面有成就的人
E.娱乐明星
F.父母
G.老师

30.你对出国的考虑是（　　）

A.会出国，且考虑改变国籍，移民定居
B.会出国学习工作，但不会改变国籍
C.会出国学习，但回国工作，不改变国籍
D.不出国

高中学生学习心理调查及分析

——以天水市第一中学学生为例

甘肃省天水市第一中学是一所育人环境优美，校园文化氛围浓郁，师资力量雄厚，教学设施完善的甘肃省首批省级示范高中，近一百五十年的办学历史和文化传承，形成了一套完善的教学评价体系和严格的学生管理制度。但是随着近年来办学规模和生源范围的不断扩大，学生的基本素质出现了一些分化，学生在学习、心理等方面暴露出许多问题。为了更好地了解学生，特别是更好地了解高一年级学生现阶段的学习、心理状况，我们课题组利用《高中学生心理调查问卷》对高一年级学生进行了一次抽样心理调查工作。(调查问卷样式附后)

本次抽样调查采取无记名的方式进行，调查对象为天水市第一中学高一年级3个班186名学生，发放问卷186份，收回有效的问卷165份；另外在调查方式上还采取与部分学生谈话的形式来了解学生的基本情况，保证了调查的有效性和准确性。在调查研究的基础上，就高一年级学生在学习方面存在的问题及原因进行了分析：

一、高中学生学习压力状况

（一）高中学生学习压力状况

1.调查问卷统计显示，有34.4%的学生认为学生压力过大，58.8%的学生觉得“还可以”；对于当前的学习任务，有87.5%的学生感到力不从心；对进入高中后的学习生活是否感到不太适应这个问题上，有71.5%的学生选择的是“有时”，18.4%的学生选择的是“总是如此”，这表明高一年级学生的学习压力已经超负荷。

2.学习压力过大的原因，主要来自各方面的期望以及生活和学习环境方面的改变。

（1）调查中发现，有83.3%的学生对自己学习成绩特别关注，由于短时间内学习成绩没有提高苦恼不已而选择“总是”和“有时”的选项分别达到17.4%和64.5%。成绩是学习效果的反映，高一年级学生对于成绩的关心和获得高分的愿望十分强烈，在与学生进行访谈中了解到，有90%的学生畏惧成绩的排名，特别是尖子班的学生，对成绩排名的抗拒感更加强烈。因为成绩排名对于成绩优秀的学生固然是激励与肯定，同时也会给他们造成巨大的危机感和心理负担，他们必须争取更好的名次或始终保持领先地位，否则，被教师、家长视为不正常；而成绩排名对于成绩较差的学生更多的是一次又一次地被打击和否定，因此被老师冷落、同学歧视、家长责备，背上沉重的心理负担，甚至会自暴自弃。可见，成绩排名对于大多数学生来说是一种压力，这种压力不仅仅是在学习上的，它最大的影响是在心理上的。

（2）调查结果表明，76.8%的学生学习压力来自于对新的学习环境与生活环境的不适应。对于“进入高中后，对紧张的学习生活你是否感到不太适应”选择“总是如此”“有时”选项的分别达到66.7%和14.8%。初中学习内容大多与学生的具体形象思维相关联，高中学习内容更多地与学生的抽象逻辑思维相关联，是否掌握相适应的有效的学习方法也是造成学习压力的重要因素。在开放性问题的回答上，有60.5%的学生对学习上提出自己的疑惑，为没有适合自己的有效的学习方法而感到苦恼。

（3）学习的压力也有来自自身的要求。调查数据表明，有65%的形式认为目前的学习压力来自“自己的期望”，32%来自家庭的压力，来自“老师的期待”则仅仅为2%。对于“进入高中后，对新的生活环境你是否感到不太适应”有71.5%的学生选择的是“有时”；18.4%的学生选择的是“总是如此”。高一年级是学生成长过程中的一个“心理断乳期”，是心理问题的多发期和易发期。

（二）实施对策

高中阶段学生属于青春期，正处在一个独立走向社会生活的准备时期，他们的身心发展是初中阶段的继续，因而具有许多与初中生相似的特点。但其随着年龄的增长、知识的增加，阅历的丰富，显得相对成熟、老练些，在表现程度及关注的焦点上也有所差别；另外，高中阶段的学生对未来有无限美好的憧憬，他们的想象丰富但又常脱离实际，他们都期望拥有一个理想的、完美的“自我”，这种理想在一定的时期内，确实也能调动他们的积极性，对他们的学习、生活具有指明方向、产生动力的作用。但现实是不以人的主观意志为转移的。由于其期望值过高，使理想的“我”与现实的“我”存在距离，或急于求成，于是常因此而产生心理挫折，使自己处于矛盾痛苦之中，久而久之出现悲观消极的现象。因此，针对上述的情况，我们可以从以下方面来解决他们目前的困惑：

首先，提高学生的自我认知能力。知是情、意、行的前提，学生只有在充分认知自我的基础上才能悦纳自己，明确自己的发展方向，产生自我发展的内驱动力，投入积极的情感和意志行为。班主任在开展日常的辅导工作时，关键是要做到如何引导学生正确认知自己，了解自己，对自己做出一个适中的评价。通过对学生进行“责任理想”的教育，培养他们独立自主生活的能力，教育学生处理同学关系的技巧，班主任应该多到学生宿舍等群体活动的地方，密切了解和注意学生的心理动向，给予学生更多的人文关怀，让学生在新的生活环境中，消除陌生感，提升他们对环境的适应度。

其次，学校建立与家庭相互沟通的制度。家庭、学校都是学生成长的重要环境，学校与家长的沟通对于学生的成长起着十分重要的作用。家庭对孩子的期待永远都是高的，这就造成学生在学习上产生一种无形的压力，若处理不好，对学生的学习心理会产生不良的后果。为此，在家庭教育上，家长要主动联系学校，主动与班主任沟通，密切了解学生的学习、生活、心理状态的发展，对孩子提出适切的要求，进行适宜的教育。学校在教育的过程中，保持严格的管理制度对于有效的教学管理有着很大的作用，但是过于苛刻的规章制度有时会适得其反，学校要慎重考虑。虽然学生都基本认同并能认真遵守学校的各项规章制度，但是处在青春期的高中学生，对新事物敏感，接受快、思想活跃，爱赶时髦、追潮流，这也是各种观念和意识逐步形成的一个阶段，当世界观初步形成在行为中形成个性的张扬与学校制度的冲突时，也会造成他们的心理压力。因此，在完善学生管理制度上，建议学校应该采取一种人文意识，既要让学生认识到学校管理制度的作用，又要尊重学生的个性发展，同时要保证教学和管理工作的顺利进行。

最后，学习是学生的主要任务，学生的学习成绩是衡量一个学校办学水平的重要标志，对学校而言十分重要。各科老师要向学生明确讲清自己学科的特点，教育学生明确学习目的、学习方向，努力实现从应试教育到素质教育的转变，不仅要重视课堂教学活动，而且要重视社会实践和校园文化生活，尽可能地减轻学生的课业负担；要“授人以渔”，寻找让学生迅速掌握知识、形成能力的途径，传授科学的学习方法和策略，帮助学生树立正确的考试观和分数观。

二、高中学生学习态度的基本情况

（一）高中学生学习态度的基本情况

调查问卷统计显示，在接受调查的学生群体中，有55%的学生认为学习是一种乐趣，有64.7%的学生不监督就可以自主学习，有76.1%的学生对高中的学习有明确的计划，绝大部分的学生能够明确处理学习与娱乐之间的矛盾，能够认识到高中的知识点是一种理解与记忆相结合的学习，也能够独立完成各门功课，会利用空闲时间来温习，这些表明了在调查的学生中，基本上能够意识到自己现阶段的任务，角色的定位准确，学习的目标明确。但是在调查中，有几组数据也是不容忽视的，有46.6%的学生认为学习是“不得不做的事”，有45.2%的学生“经常想自己不用花太多时间成绩也会超过别人”，还有18.3%的则对“不喜欢的功课放任自流”，这也反映了不少学生的学习态度上存在偏差。

（二）对策分析

对于上述问题，主要是从端正学生的学习态度来着手。

1.兴趣是最好的老师，对于学习也是一样，部分学生之所以认为学习是不得不做的事，它的根源在于学生缺乏适合自己的学习方法，不能轻松愉快的学习而享受到学习的幸福与快乐。因此，身为教师要明确“教师的责任不是教，而是教学，教会学生学习”，“知识为载体，能力为核心”，教师的首要责任是培养、发展、提升学生的学习能力，“授人以鱼只供一饭之需，授人以渔则终身受用”，教师只有引导学生掌握了科学的学习方法，让学生在轻松愉快的学习过程中感受到“天底下最美好的事莫过于读书”的体验，才能产生浓厚的学习兴趣而自觉学习。同时，教师要注重对学生进行意志、毅力品质的教育，引领学生在克服学习上的困难和挫折的过程中享受成功之美，帮助学生树立起敢于面对挫折，敢于挑战自我，世上无难事、只要肯登攀的信心和勇气。

2. 对于学生不劳而获的思想，教师不应该嗤之以鼻。而要经常性的渗透思政教育，帮助学生认识“因缘果报”“一分耕耘，一分收获”的道理，让学生明白“天底下没有免费的午餐”，引导学生端正学习态度。

3. 调查显示，学生在学习方法上，有71.1%的学生认为“共同学习”的效果会好一些，但在学习时间的分配上有70%的学生实行平均的形式，18.3%的则对“不喜欢的功课放任自流”，这显然是不合理的。因此对这部分学生，可以通过采用个案处理、个别谈话的方式来加以教育，要让他们明白全面发展的重要性。

三、高中学生心理压力的调节

（一）高中学生心理压力的调节

1. 从调查问卷分析的结果来看，当前中学生在压力舒缓上的方式存在以下的情况：有15.7%的学生向家长倾诉，75.8%的学习向自己的好朋友倾诉；令人惊讶的是找老师倾诉的学生只有1.8%，6.7%的学生则以发脾气、上网聊天、写日记、做运动、听音乐等方式来宣泄自己的不快与郁闷。

2. 在对待心理咨询这个问题上，有26.6%的学生明确表示不会去做相关的咨询，有33.3%的学生则不知道有这样一种舒缓压力、解决心理障碍的方法，只有5%的学生选择这种咨询方式。

（二）对策分析

适度的压力是一种动力，但是目前中学生所遇到的压力已经成为名副其实的压力，因而心理压力的疏导与宣泄于中学生的身心发展是很重要的，他们都在以各种方式去减轻或解除心理压力。学生多数选择向朋友倾诉，这符合中学生与同龄伙伴交往并建立友谊的需要日趋强烈的心理特点，但不太愿意与老师交谈，这样或许会使学生心理压力的化解缺乏正确的指导。因此，班主任在这方面，应该主动做他们生活学习的引路人，教会他们调整心态积极面对人生，做学生的知心朋友。同时，在引导学生舒缓压力的过程中，教师要帮助学生树立文明、健康、科学的方法。

进一步加强学校的心理咨询工作，建立起科学有效的心理档案管理体制。学生的心理问题是一个隐性问题，学校在这方面应该建立一套比较完善的管理制度，引进一些比较科学的心理测试机制，深入到学生当中，了解学生的心理现状，为学生的成长和学校的决策提供依据。

另外，在开放性题目的调查中发现，有部分学生反映由于紧张的学习负担和心理压力造成了失眠的现象，情绪的波动很大；还有学生认为自己的自信心不足；与同学沟通、师长的交流存在隔膜等一系列问题。针对这样的情况，学校相关部门应该定期对学生进行各种卫生知识的宣传；心理老师可以定期组织各种心理的相关讲座，提高学生在交际、与人沟通的技能等；同时，在班主任工作方面，可以建议多搞一些贴近中学生思维，适合中学生心理发展特点的主题班会，给予学生相关的教育等。

调查研究表明，高中学生在学习与生活上面对的压力要比其他群体重好多，为此，我们应该给予他们更多的人文关怀，提供更多的关注，家长要给予更多的体谅，社会给予更多的支持，作为与学生接触最亲密的班主任，要给予他们更多的鼓励，帮助他们树立起正确的人生观和价值观，顺利完成高中三年的学业，让他们健康成长。

附录1

高中学生学习心理状况调查问卷

年级________ 性别________ 年龄________

下面这个问卷是为了客观了解中学生的学习、心理等方面的真实表现而设计，请大家按实际情况认真填写，从各选项中选择一个，填在每个题目后面的括号里。本次调查为匿名调查，调查结果仅为研究所用，我们将为你保密，请放心作答！

1.进入高中后，对紧张的学习生活，你是否感到不太适应（　　）

A.从来没有　　B.有时　　C.总是如此

2.你现在的学习压力（　　）

A.过大　　B.过小　　C.还可以

3.你认为目前你的学习任务，你已经感到力不从心

A.是　　B.有时觉得　　C.从没有

4.你认为目前你的压力来自（　　）

A.老师的期望　　B.家庭的期望　　C.自己的期望

5.一般情况下，你会如何缓解自己的压力（　　）

A.与别人面对面交谈　　B.电话　　C.书信　　D.网络

6.你认为高中与初中的关系（　　）

A.有很大联系　　B.基本没联系　　C.没想过

7.如果别人不督促你，你是否会主动学习（　　）

A.会　　B.极少　　C.不会

8.你能长时间做一件重要但枯燥无味的事情（　　）

A.能　　B.偶尔可以　　C.不能

9.你认为高中同初中的学习方法（　　）

A.相同　　B.不同　　C.没想过

10.一次考试失利，对你会有怎样的影响（　　）

A.情绪波动很大　　B.和以前一样

C.更加努力　　D.认为自己很无能

11.除了老师指定的作业外，你会（　　）

A.学习　　B.体育活动　　C.上网

12.你经常想自己不用花太多时间成绩也会超过别人（　　）

A.经常　B.偶尔　C.从不

13.你能独立完成老师布置的作业吗（　　）

A.完全可以　B.只能完成某几门

C.只能选择性地完成每门部分作业

14.总是感到别人没有充分认识自己，没有给自己足够的评价（　　）

A.是　B.没想过　C.从没有

15.你常为短时间内成绩没有提高而苦恼不已（　　）

A.总是　B.有时　C.从不

16.为了及时完成某项作业，你会（　　）

A.废寝忘食，通宵达旦　B.参考别人的　C.完全照抄别人的

17.你认为学习是（　　）

A.乐趣　B.不得不做的事　C.没有意义的事

18.在学习和娱乐发生冲突时，你会（　　）

A.学习　B.拿不定主意　C.娱乐

19.为了把功课学好，你会放弃许多感兴趣的活动（　　）

A.会　B.二者兼顾　C.不会

20.考上高中，你觉得（　　）

A.终于可以放松了　B.先休息一阵再学习　C.马上投入更紧张的学习

21.你认为高中的学习大多是（　　）

A.记忆性学习　B.理解性学习　C.理解记忆性学习

22.你常认为课本的基础知识（　　）

A.很重要　B.据老师安排而定　C.没啥好学

23.你认为怎样学习效果会好点（　　）

A.共同学习　B.孤军奋战　C.没想过

24.你为自己刚开始的高中生活（　　）

A.有详细的规划　B.有了大致的想法　C.没想过，先过着再说

25.你在学习上的时间分配（　　）

A.对喜欢的科目下狠功夫　B.平均分配　C.对不喜欢的放任自流

26.空闲的时候一般你会（　　）

A.睡觉　B.聊天　C.上网　D.学习

27.你给自己定的学习目标有困难可能做不到时，你会（　　）

A.继续努力　B.缩小目标　C.完全放弃

28.你总是同时为实现几个学习目标忙得焦头烂额（　　）

A.会　B.有时　C.不会

29.为了实现一个大目标，你会给自己制定循序渐进的小目标（　　）

A.会　B.有时会　C.不会

30. 你是否很想学习，但总是无法集中精力学进去（　　）

A. 经常　　B. 偶尔　　C. 从没有

31. 你总是莫名其妙感到烦躁，情绪低落，浑身无力

A. 经常　　B. 偶尔　　C. 从没有

32. 当大家注视你时，你会（　　）

A. 不好意思　　B. 无所谓　　C. 自豪

33. 对着镜子时，你注意的是自己的（　　）

A. 优点　　B. 缺点　　C. 没想过

34. 当别人和你意见不同时，你会（　　）

A. 坚持己见　　B. 聆听别人意见　　C. 无所谓

35. 别人批评你时，你会（　　）

A. 接受批评　　B. 为自己辩解　　C. 不知所措

36. 考完试后你最关心的是（　　）

A. 自己的成绩　　B. 别人的成绩　　C. 无所谓

37. 你的好友获奖了，你会感觉（　　）

A. 和他一样高兴　　B. 不舒服　　C. 与自己无关

38. 你心目中的高中生活与现实中的（　　）

A. 差别很大　　B. 基本一致　　C. 没想过

39. 假如你遇到不顺心的事，你通常会向谁倾诉（　　）

A. 家长　　B. 老师　　C. 朋友　　D. 其他（网友，心理医生）

40. 若开设了心理咨询点，你是否会去咨询（　　）

A. 会　　B. 不会　　C. 不知道　　D. 其他（看情况）

41. 如果你愿意去咨询，你希望用什么方式（　　）

A. 面对面交谈　　B. 电话　　C. 书信　　D. 网络　　E. 随便

42. 如果有考前心理辅导，你希望的形式是（　　）

A. 讲座　　B. 个别辅导　　C. 团体辅导

43. 如果有一场考前心理讲座，你希望的内容是（　　）

A. 情绪调节　　B. 学习方法　　C. 其他（请填写）________________

44. 开放性题目：你认为目前最需要解决的问题是什么？

附录2

《高中学生学习动机调查问卷》用于了解高中学生在学习动机、学习兴趣、学习目标制定上是否存在行为困扰，本问卷共由20个题目构成。测验时，请仔细阅读问卷中的每一个题目，并与自己的实际情况相对照。若觉得相符，请在题目前的括号里打个“√”号，不相符合则打个“×”号。

年级：________　年龄：________　性别：________

（　　）1. 如果别人不督促你，你极少主动地学习。

（　　）2. 当你读书时，需要很长的时间才能提起精神来。

（　　）3. 你一读书就觉得疲劳与厌倦，直想睡觉。

（　　）4. 除了老师指定的作业外，你不想再多看书。

（　　）5. 如有不懂的，你根本不想设法弄懂它。

（　　）6. 你常想自己不用花太多的时间成绩也会超过别人。

（　　）7. 你迫切希望自己在短时间内就大幅度提高自己的学习成绩。

（　　）8. 你常为短时间内成绩没能提高而烦恼不已。

（　　）9. 为了及时完成某项作业，你宁愿废寝忘食、通宵达旦。

（　　）10. 为学好功课，你放弃了许多感兴趣的活动，如体育锻炼、看电影与郊游等。

（　　）11. 你觉得读书没意思，想去找个工作做。

（　　）12. 你常认为课本的基础知识没啥好学，只有看高深的理论、读大部头作品才带劲。

（　　）13. 只在你喜欢的科目上狠下功夫，而对不喜欢的科目放任自流。

（　　）14. 你花在课外读物上的时间比花在教科书上的时间要多得多。

（　　）15. 你把自己的时间平均分配在各科上。

（　　）16. 你给自己定下的学习目标，多数因做不到而不得不放弃。

（　　）17. 你几乎毫不费劲就实现了你的学习目标。

（　　）18. 你总是为同时实现几个学习目标忙得焦头烂额。

（　　）19. 为了对付每天的学习任务，你已经感到力不从心。

（　　）20. 为了实现一个大目标，你不再给自己制定循序渐进的小目标。

【记分规则与结果解释】

每个题目若打“√”记1分，若打“×”记0分。

上述20个题目可分成4组，它们分别测查学生在学习欲望上四个方面的困扰程度：

1～5题，测查学生动机是不是太弱；

6～10题，测查学生动机是不是太强；

11～15题，测查学习兴趣是否存在困扰；

16～20题，测查学习目标是否存在困扰。

假如被试在某组（每组5题）中的得分在3分以上，则可认定他们在相应的学习欲望上存在一些不够正确的认识，或存在一定程度的困扰。

高中学生学习压力分析及缓解对策

对当代高中学生来说，压力是一个很普遍的现象，几乎每位学生都会觉得学习有压力。随着年级的不断升高，高考的临近，这种压力也越来越大，而随着压力产生的种种问题也就成为困扰学生学习的最主要的心理问题。

一、高中学生学习压力的来源与分析

高中生学习压力的来源可归纳为两方面：一是外在因素，一是个人因素。

（一）外在因素

1.来自学业的压力

学业压力无疑是高中学生心理压力的主要来源。进入高中以后，学习负担加重，表现为科目增加，课程加深，对学生的自学能力要求高。一些学生从一开始就没有很好地加以调整，以适应这一急转弯时期，会感到压力很大。尤其是个别没有考取高中靠交费进校的学生，底子薄弱，接受能力较差，心理压力就更大。

2.来自考试的压力

现在大多数的高中学生不但要面对堆积如山的作业，还要面对大大小小的考试，考试成了高中学生心理压力的重要因素。每次考试成绩出来后，只有少数优秀的学生心情是舒畅的，绝大多数学生要承受来自各方面的指责，会背负沉重的心理负担。尤其是一些上进心强的学生，特别渴望取得好成绩，但由于这样那样的原因，导致考试成绩不尽如人意，成绩出来后，他们自己会在失望中自责，家长还会拿其他孩子的成绩攀比、谴责，教师还要排名、比较，大张旗鼓地批评、教育，频繁的考试一次次刺痛着他们难以平复的心灵，使他们屡受打击，惧怕考试，背负沉重的心理压力。

3.来自学校的压力

当前，我国高中学校程度不同地存在着“应试教育”惯性影响，这是造成高中学生心理压力的主要来源之一。一些高中学校，学生的课后作业泛滥，课时数无限增加，甚至于晚上都在上课，各种条条框框来处罚、惩罚学生等等，这样的学校管理制度下，使得本应丰富多彩、生动活泼的学校生活变成了“入校即静、入室即学”的知识授受场所，学生变成了被动学习的机器，除了静坐听课就是题海战术，将蕴含着生命成长的育人载体变成了毫无生命气息的冰冷的命题世界，学生在强大的学习任务面前超负荷的听授和机械训练。有调查显示，中国的学生是世界上睡得最晚又起得最早的群体。这样，无形之中增大了学生的负担，增强了学生的压力。

4.来自家庭的压力

家庭作为社会的一个细胞，对高中学生心理压力的影响更为直接，主要表现在父母过高的期望。中国有"望子成龙，望女成凤"的说法，很多父母把自己未实现的梦想寄托在子女身上，给子女施加超过其学习能力的期望。外加父母经常把自己的子女和其他的同学相比较，以此来鞭策自己的孩子，这会使孩子感到反感，也可能会产生一定的厌学情绪，这也会带来一定的心理压力。另外，有些父母平时对孩子过问很少，一旦出问题却沉不住气，采取简单粗暴的方式，以家长的权威压服孩子，这便容易造成父母和孩子之间的矛盾，进而产生家长与子女的代沟，继而带来更多的心理压力。

（二）个人因素

学业、考试等方面对学生固然造成了很大的压力，但是在同样的压力下，个人所感受到的压力程度却不同，有的甚至产生截然不同的效果，这与个人的个性特质有关。

1.个人追求成就目标要求过高

有些学生缺乏对自己的正确认知，不切实际，好高骛远，制定了过高的目标期望，就会产生过大的心理压力。

2.不良的学习习惯

部分学生没有养成良好的学习习惯，没有正确的学习动机，缺乏科学的学习方法与浓厚的学习兴趣，缺乏吃苦耐劳精神和坚韧不拔的意志毅力品质，庸散懒惰，学习活动纯粹当作沉重的负担，学习成绩长时间处于落后状态，就会产生过大的心理压力。

3.心理承受力低，自我调节能力差

一些学生自尊心强，腼腆、好面子，只爱听表扬的话，经不起批评和挫折，稍有不顺或学习成就不见起色，就会自我否定因而自尊心受到伤害，并产生消极或抵触情绪，与老师和同学之间的关系变得僵化、生硬，本身又缺乏良好的自我调节能力与心理防卫能力，逐渐地就会造成心理上的压力。

二、压力负面效应的心理学分析

没有压力就没有动力，事实上，有心理压力是正常的，也是必然的，适当的压力可以促使人奋发向上，并可以转化为前进的动力。适度的压力能使人情绪处于兴奋状态，活跃思维能力，增强反应速度，对人是有益的，可产生正面效应。如果完全没有压力，身心处于一种松散或不紧张状态，个人的潜力就无法发挥。然而压力过大，便会带来许多负面影响，产生负面效应。

1.压力对高中学生学习的负面效应

过大的压力会直接影响到高中学生的学习生活，特别是随着高考的日益逼近，学生的学习压力会越来越大，一些学生因为无法调适会产生焦虑，甚至是抑郁的行为，导致学习效率降低与考试成绩大幅度下降。比如，记忆力下降，平时十分熟悉的内容考试时不能回忆和再现；直觉刻板、固执、缺乏弹性，一个简单的题干不能顺畅地捕捉到关进信息；创造性思维能力更是明显下降，一个简单的应用题会没有思路或者是逻辑混乱。如此，使其学习陷入恶性循环。

2.压力对高中学生情绪的负面效应

过大的压力会让人感到不舒服，会带来不愉快的情绪，如焦虑、抑郁、恐惧、愤怒等，其中最主要的是焦虑和沮丧。高中学生由于过大的压力在情绪方面的负面效应主要是不安、忧虑、慌张等，这些情绪反应会使他们的注意范围缩小，学习效率降低，学习成绩下降，同时他们又极希望找到新的策略。但是，当他们“跳几跳，未摘到桃子”，未找到出路或未获得成功，就会无所适从，自我否定，情绪会陷入低潮而焦虑、沮丧，如果情绪长期压抑得不到释放，就容易引起各种心理障碍，甚至是心理疾病。

三、舒缓压力的基本对策

1.客观冷静分析

学习遇到压力之后，应当对压力情境进行分析，这个分析包括两个方面：一方面为压力来源的分析。仔细思考一下，是什么原因导致压力的，是外在因素，抑或是个人的因素。了解压力的来源，既可采取对策，也可舒缓情绪方面的反应。如感到压力来自个人，而且是因自己期望值过高，就要认清现实并且接受现实，根据自己的实际情况按照最近的发展，合理确定学习目标，合理制定学习计划，自己的目标通过自己的努力是能够实现的，这样压力就自然会得到缓解。另一方面是对压力后果的分析，即它主要将对自己产生什么影响。如感到学习的压力反而影响到了进一步的学习，就要学会调整和放弃，“与其临渊羡鱼”背负重大包袱，“不如退而结网”完善自己，昨天已成过去，今天从头再来，用海纳百川的胸怀悦纳自己，欣赏他人，接受现实，轻松愉快地投入到自己的学习生活，创造出属于自己的美好明天。

2.合理利用时间，学会科学用脑

有时感到压力大往往是由于没有把时间安排好，搞好时间管理是一种降低压力的好办法。要制定一个切实可行的学习计划。计划可大可小，大到整个学期，每个学科；小到每星期，每单元，这样便于科学安排时间，提高学习效率。同时讲究用脑卫生，注重劳逸结合。另外每学一个新的内容，都要及时掌握，及时巩固。前一天预习新课，当天回顾所学内容；一周小结复习，单元测验前复习巩固，期中、期末考试前系统复习。这样从预习到考试，一遍遍加深印象，巩固记忆，就不会感到压力太大，无形中减轻了焦虑程度，考试也能应付自如。

3.克服考试紧张心理

要正确地对待考试，考前保持轻松愉快的心情，坚持有规律的生活，不要把考试看得太重，学会自我暗示，经常提醒自己“我会考好的”“没有什么大不了的”，形成正确的应考心态。进入考场后，可以看看窗外的风景或闭目养神，转移大脑的兴奋灶；试卷发下来以后，万一出现一片空白的现象，一定不要过于紧张，合上试卷做几次深呼吸，使自己尽快平静下来。

4.多与家长沟通情感

要理解家长对自己严要求的心情，如望子成龙、望女成凤心切，攀比心理，家庭经济来源不易，希望投资有所回报等等想法，做子女的要认真分析，自己既要努力学习尽力而为之，又要把自己的学习真实情况与家长交流，取得家长的认可，切忌只报喜不报忧，甚至弄虚作假，避免产生期望过高的心理。对于家长向自己提出的过高要求，自己近期的确无法达到的，需要以后继续努力的，先要向家长说明情况，得到家长的谅解，切忌"明知山有虎，偏向虎山行"地一味盲干。总之，多与家长沟通情感，交流思想，不仅可以减轻学业上的压力，而且可以给自己的学习带来动力。

5.确立发展目标

确立适合自己的发展目标，提高挫折容忍力，学会科学地安排作息时间，提高学习效率，学会劳逸结合，做好时间管理，也是降低压力的好方法。另外，还要学会自我排解。比如遇到十分伤心的事，索性大哭一场，将郁闷发泄出来；有烦恼时可以找同学倾诉，听听别人的见解等，这些都能有效地缓解压力。

附录1

高中学生学习压力调查问卷

亲爱的同学，你好！为了进一步了解高中学生学习压力的来源，从而对同学们提出可行的分解压力的办法，我们特意制作了此份问卷调查。故此请你能抽出一点宝贵的时间，配合我们如实填写以下问卷，我们将以不记名方式进行调查，感谢你的支持与合作！

年级：________ 年龄：________ 性别：________

1.你感觉学习有压力吗（　　）

A.非常大　　B.较大　　C.一般　　D.较小

2.你的学习压力来自于哪些方面（多选）（　　）

A.作业压力　　B.考试压力　　C.升学压力　　D.课外学习压力

E.家长压力　　F.老师压力　　G.自身压力　　H.其他

3.你觉得学习是件很累很烦的事吗（　　）

A.是　　B.有时是　　C.不是　　D.很开心

E.较开心

4.你对哪些科目的学习感到压力较大（多选）（　　）

A.语文　　B.数学　　C.英语

D.理科综合（物、化、生）　　E.文科综合（政、史、地）　　F.其他

5.你认为造成这些压力的主要来源是（　　）

A.学科内容太难　　B.任课教师教学方法的不适应

C.自身的原因　　D.其他

6.你觉得作业对你来说多吗（　　）

A.很多　　B.较多　　C.一般　　D.不多

7.你觉得作业对你来说难吗（　　）

A.很难　　B.较难　　C.一般　　D.不难

8.你觉得考试、测验的次数多吗（　　）

A.很多　　B.较多　　C.一般　　D.不多

9.你觉得考试、测验的内容难吗（　　）

A.很难　　B.较难　　C.一般　　D.不难

10.考试前你感到紧张吗（　　）

A.很紧张　　B.有些紧张　　C.不紧张　　D.无所谓

11.你对考试排名这一做法的态度是（　　）

A.非常赞同　　B.比较赞同　　C.比较反对　　D.非常反对　　E.无所谓

12.你对自己的学习成绩很在意吗（　　）

A.很在意　　B.比较在意　　C.不在意　　D.无所谓

13.你觉得老师对你的批评次数多吗（　　）

A.太多　　B.较多　　C.一般　　D.不多

14.你对课外学习（自己或家人拟订的学习任务、课外补习等活动）的态度是（　　）

A.很喜欢　　B.完成老师或家长的安排　　C.不喜欢　　D.无所谓

15.你对升学担心吗（　　）

A.很担心　　B.有点担心　　C.不担心　　D.没想过

16.家长对你的期望是（　　）

A.进入一级重点学校　　B.成绩有所提高　　C.成绩进入班级或年级前几名

D.将来能找到好工作　　E.没有期望　　F.其他

17.你觉得家长的期望对你而言（　　）

A.要求过高　　B.要求适中　　C.要求过低　　D.无所谓

18.家长对你的学习成绩的态度是（　　）

A.非常看重　　B.看重　　C.一般　　D.无所谓

19.你在班级里表现活跃吗（　　）

A.非常活跃　　B.活跃　　C.不活跃　　D.喜欢独处

20.你在学校生活愉快吗（　　）

A.非常愉快　　B.愉快　　C.不愉快　　D.讨厌学校生活

附录2

高中学生学习压力缓解方式调查问卷

心理压力是一种个人主观的感觉，即个人在面对困难时，一时无法消除困难的一种被压迫的感受。你平时以哪些方式缓解压力？以下14个选项中每个选项都是一种缓解压力的方式，请选出你最喜欢采用的其中一项，填写在问题后的括号里。

年级：________ 年龄：________ 性别：________

1.你的压力主要来自何处（　　）[此题为双选题]

A.学习　B.考试　C.同学交往　D.师生交往

E.亲子交往（与家长之间）　F.家庭环境

2.你与家长沟通、倾诉的频率是（　　）

A.随时　B.偶尔　C.很少

3.与朋友沟通、倾诉采取的方式是（　　）

A.打电话交谈　B.网上交谈　C.面对面交谈

4.和任课老师沟通、倾诉（　　）

A.随时　B.偶尔　C.从不

5.与心理老师沟通、倾诉采用的方式是（　　）

A.电话　B.面对面　C.书信　D.电子邮件或网站留

6.通过看书发泄，那你最喜欢看哪一类（　　）

A.游戏战略类　B.娱乐类　C.文学类杂志类　D.科普类

E.漫画类　F.言情小说类　G.武侠小说

7.看电视、电影或碟片，最喜欢看哪一类（　　）

A.喜剧类　B.悲剧类　C.知识性类

D.暴力（战争、武侠）类　E.文艺娱乐类

F.言情类　G.科幻类

8.听音乐来缓解，最喜欢听哪一类（　　）

A.中文流行歌曲　B.外文流行歌曲　C.中国古典乐曲

D.西洋乐器独奏　E.交响乐

9.你是否通过以下方式来缓解压力（　　）

A.交异性朋友　B.吸烟、喝酒　C.打架　D.上述三种

10.玩电子游戏来缓解，最喜欢玩哪一类（　　）

A.动作类（如射击）　B.格斗类　C.体育类　D.棋牌类

E.角色扮演类　F.即时战略类

11.作为中学生，最害怕发生哪一件事情（　　）

A.公布考试分数　B.老师当众批评

C.当众揭露自己的隐私　D.不受老师、同学的欢迎

12.你认为以下做法中哪一个最能有效地减小对高中学生的负面影响的压力（　　）

A.树立正确的人生观　　B.培养健康的兴趣爱好

C.形成良好的人际交往系统　　D.培养心理承受能力

13.学校心理咨询室在什么地方（　　）

A.教务处　　B.接待室

C.教科室　　D.政教处

14.我们学校心理信箱的位置在哪（　　）

A.教学楼大厅　　B.教科室门口

C.橱窗处　　D.图书室门口

高中学生心理健康教育的内容和方法

心理健康是指个体正常稳定的心理状态和积极有效的心理活动，面对现实的、发展变化着的自然环境、社会环境和自身内在的心理环境，具有良好的调控能力、适应能力，保持切实有效的功能状态。高中学生心理健康的基本要求和特征表现为：具有稳定的情感；具有和谐的人际关系；具有符合其年龄特点的多种心理特点；智力正常；意志力发展好，自控力较强，有较好的适应能力。

一、高中学生心理健康教育的基本内容

高中学生心理健康教育的内容可分为以下几个层次：

（一）高中学生心理健康教育的对象及内容

高中学生心理健康教育是面向全体学生的，提高高中学生心理健康教育至关重要，其基本素质的提升，具体包括：

1.智能训练。即帮助学生对智力的本质建立科学认识，并针对智力的不同成分，如注意力、观察力、记忆力等，设计不同的训练活动等。

2.学习心理指导。即帮助学生对学习活动的本质建立科学认识，培养学生形成健康积极的学习态度、学习动机，训练学生养成良好的学习习惯，掌握科学的学习方法等。

3.情感教育。即教会学生把握和表达自己的情绪情感，学会有效控制、调节和合理宣泄自己的消极情感，体察与理解别人的情绪情感，并进行相关技巧的训练。

4.人际关系指导。即围绕亲子、师生、同伴三大人际关系，指导学生正确认识各类关系的本质，并学会处理人际互动中各种问题的技巧与原则，包括解决冲突、合作与竞争、学会拒绝，以及尊重、支持等交往原则。

5.健全人格的培养。即关于个体面对社会生存压力应具备的健康人格品质，如独立性、进取心、耐挫能力等。

6.性心理教育。即关于性生理和性心理知识的传授与分析，帮助学生建立正确的性别观念和性别认同，指导学生认识和掌握与异性交往的知识和技巧。

（二）高中学生心理行为问题矫正

高中学生心理行为问题矫正是面向少数具有心理、行为问题的学生而开展的心理咨

询、行为矫正训练，具体包括：

1.学习适应问题。主要指围绕学习活动而产生的心理行为问题，如考试焦虑、学习困难、注意力不集中、厌学等。

2.情绪问题。主要指影响学生正常生活、学习与健康成长的负性情绪问题。

3.常见行为问题。主要指在学生生活、学习中表现出来的不良行为特征，如情绪不稳定、说谎、胆怯等。

4.身心疾患问题。主要指因心理困扰而形成的躯体症状与反应；

5.性行为问题。主要指由于青少年的性无知而产生的性游戏行为。

（三）高中学生心理潜能和创造力开发

心理学研究表明，中小学时期是心理潜能开发的最佳期，心理潜能的开发与创造力的培养，也是学校心理健康教育的重要内容。它主要包括对学生进行判断、推理、逻辑思维、直觉思维、发散思维及创造思维等各种能力的训练和培养。同时，还包括对学生自我激励能力的训练等，主要是提高学生的自主意识与能动性。

二、高中学生心理健康教育的途径与方法

开展高中学生心理健康教育不是在中学重新开设一门课，而是将心理健康教育活动渗透到学校工作的方方面面，优化整个教育过程。

高中学开展心理健康教育主要有以下途径：

1.将心理健康教育渗透于学校教育的全过程，融入学科教学、学校教育活动等多项工作中。

2.进行心理健康专题讲座和开展有关的心理健康文体活动。

3.开展心理咨询和辅导。

4.建立学校和家庭心理健康教育的沟通渠道，优化家庭教育环境等。

开展高中学生心理健康教育的基本方法有：

1.学科教学渗透法

将心理健康教育的内容融入学科教学之中，通过二者的有机结合，使学生在掌握学科知识的过程中接受心理健康教育。运用学科教学方法进行心理健康教育要注意几个问题：

（1）要注意挖掘学科教材中的心理教育内容。不管什么学科的教学从心理学和教育学意义上看，都是对学生心理的发展施加影响的过程，在教学中我们注意挖掘和组织好对学生心理产生重要影响的学习内容，使其在教学过程中潜移默化地影响学生的心灵，这就会使学科教学过程收到事半功倍的心理教育效果。

（2）要注意学科教学活动的设计。学生的心理是在活动中发生发展的，教师要精心设计每一学科课程的教学，调动学生主动参与整个教学活动过程，尽可能使每个学生有展现自我的机会，使他们的心理素质通过参与教学活动过程得到训练与提高。

（3）构建良好的课堂心理教育环境。学科教学中心理教育的成功与否，关键还在于

教育者与受教育者的心理融合程度。因此，构建和谐良好的课堂心理教育环境就显得非常重要，教师应和谐平等地对待每一位学生，尊重学生的人格，把他们看成是自己的朋友，在情感相容的基础上，创造出一种无拘无束、平等交流的心理氛围。同时，还要特别关注学习困难的学生，对这些学生不能仅从提高他们的学习成绩方面下功夫，而应着重分析造成学习困难的心理原因并加以辅导。

2.活动辅导法

活动辅导法是根据中学生的身心发展规律和年龄特征，寓心理健康教育于趣味性活动之中，学生通过游戏和其他饶有兴趣的心理辅导活动，逐步领悟到心理健康的重要性及其自我心理保健的方法。

运用心理辅导活动方法开展心理教育，活动设计要多样化，可根据不同的心理辅导内容和高中学生的年龄特征设计不同的活动形式，如角色、游戏、小品表演、讲故事、猜谜、讨论、文体活动等，每项活动设计至少要达到一项明确的心理辅导目标；心理活动的开展尽量与班级活动和第二课堂等活动结合起来，不要使活动成为一种新的课业负担；同时，教师对心理辅导活动要精心准备和组织。

3.个别心理辅导

个别心理辅导主要是对少数有心理问题的学生进行心理辅导，以帮助他们解除心理问题、克服心理障碍，使心理朝健康的方向发展。

（1）进行个别心理辅导应注意：要平等待人，尊重有心理问题的学生的人格，要使自己成为这些学生的朋友，这样才能架起沟通心灵的桥梁；慎用测验，要科学准确地诊断心理问题，否则会加重学生的心理负担；与家庭密切配合，帮助家长提高心理辅导水平，准确了解和掌握学生的心理行为表现，形成学校和家庭的心理辅导合力。

（2）中学生个别心理辅导的方法：一是心理谈话和咨询，即通过心理谈话和咨询，了解个别学生的心理问题现状，并在谈话过程中对所了解的心理问题进行解释和辅导，指明克服这些问题的方法；二是心理行为训练，即针对个别学生突出的心理问题，设计专门的活动对其进行心理行为训练，通过训练达到提高某种心理品质的目的；三是心理诊断与心理治疗，即要对有严重的心理问题（疾病）的学生，通过科学的心理测验和诊断，找出心理病原，再运用心理治疗方法，如认知疗法、系统脱敏法、放松训练法、模仿学习法、行为排演法、心理分析法、森田疗法等，进行科学有效的治疗。

4.环境渲染法

环境渲染法主要是通过各种途径和方式营造一种良好的心理健康教育氛围，它是提高心理健康教育效果的一种辅助方法。主要方式有：

（1）心理辅导室。有专职教师负责，专门解答学生提出的多种心理健康问题，负责指导全校的心理健康教育活动。

（2）心理信箱。学生书面提出的各种心理健康问题，均可投入心理信箱，然后由心理辅导老师做出解释或个别辅导，帮助学生提高心理健康水平。学生书面提出心理健康问题时应允许他们不记名，以便于保护他们的自尊心。

（3）心理健康专题广播。通过学校广播开展心理健康知识专题讲座，以提高全校师生对心理健康教育的认识水平和心理健康的自我维护能力，还可通过广播公开解答一些学生提出的各类心理问题，这种方式影响大，效率高，不失为一种好的宣传方式。

（4）板报宣传。运用黑板报或墙报的形式，介绍心理健康教育的内容和方法，解答同学们提出的各种心理健康教育的内容和方法，解答同学们提出的各种心理问题，不失为一种简单实用和富有成效的好办法。由于板报宣传具有方便、快捷和普及性强的特点。因此，最适宜于各班级运用，这就要求班主任老师要具备心理辅导老师的素质，这样才能发挥好板报在实施心理健康教育中的作用。

高中学生心理健康教育的基本策略

1.遵循教育规律，尊重学生人格，恢复或培养他们的自尊心，尽可能满足他们正当的心理需要。对不正当的心理需要，要耐心说服，讲清道理，给予正确引导。

2.提高心理健康辅导水平。高中学生心理健康教育的基本策略是对高中学生进行心理卫生教育和心理健康教育，提高他们健康的心理品质，健全的人格结构，改善心理稳定能力；增强智力和能力水平，充分发挥心理优势和精神潜力，克服逆反心理和自卑心理。对心理缺陷的学生要进行科学的心理训练和纠正教育，采取谈心、对话、座谈、咨询等灵活多样的形式进行心理健康教育，使他们逐步转化为心理健康、心理品质良好的学生。如在谈心活动中，要注意做到：一是讲信任，信任是谈真心话的基础，没有信任就没有效果；二是要亲切、诚恳、无拘束的谈心，好像是无阻挡的江河之水，一切真心话都能倾泻出来，儿子对严肃的父亲可能很信任，若没有倾谈的气氛，常常是没有想好的不谈、想错的更不敢谈，这就很难达到推心置腹、真诚交流的谈心效果；三是要经常谈心和有目的谈心相结合，谈心是双方的交谈，但要与被谈者为主，希望他多谈，谈心者要起主导作用，启发、引导、提问，要随机应变，灵活运用。谈心所涉及的内容要广泛，通过谈心发现问题，挖出根子，就可以对症下药，给予引导教育。

3.适时、适度地进行青春期性道德教育和性心理卫生健康教育，预防性犯罪。高中阶段的学生，因各种原因，最容易受到外界因素的影响做出意想不到的事情，给自己造成身心伤害。学校、家庭必须加强这方面的预防教育，应采取正确、及时的措施，如定期召开男、女生青春期教育会，讲清青春期应注意的有关事项，以及盲目、冲动给家庭、社会及个人造成的危害；同时，要充分运用生物学课程，加强性知识的教育，以达到预防教育的目的。

4.开展丰富多彩的校园活动和家庭活动，为学生展示自身才艺提供舞台或机遇，激发学生的成就感心理。通过开展适合学生兴趣和特长的集体活动，如开展家庭出游活动或学校定期组织的社团活动、文艺表演、趣味文体活动等，引导学生逐步摆脱自我中心的束缚，促进良好心理品质的形成。

5.开展学科兴趣小组、学科知识竞赛等活动，激发学生的学习兴趣，培养学生的各种兴趣特长，把他们旺盛的精力引导到学习和个性发展的轨道上来。

6.学校要充分利用网络建设的优势，引导学生正确认识网络文化的价值功能，引导学生克服沉迷于网络游戏的现象，引导学生充分利用现代信息技术促进其知识、能力、兴趣特长的全面提升。

7.学校要健全管理机制和形成良好的舆论导向，引导学生形成并强化正确的行为规范，提高道德修养，建立良好的育人氛围和环境。

总之，重视和加强对高中学生的心理、生理特征的研究，对于培养学生良好的道德情感、塑造学生健全的性格特征和坚强的意志品质，纠正学生心理缺陷，防止学生心理品质分化，保证学生个体化和社会化协调平衡发展，以及提升教师的教育教学水平，具有极其重要的指导意义。

高中学生心理健康教育的重要性

高中学生正处于身心发展的重要时期，随着生理发育和心理发展，他们在学习、生活、人际交流和自我意识等方面会遇到各种各样的心理困惑或问题，导致一些学生出现了心理异常，产生了心理障碍。如有的学生性格孤僻，不与人交往；有的自卑羞怯；有的嫉妒心强，唯我独尊；有的性格脆弱多疑；有的虚荣心极强；有的倔强冲动；更有的经受了一点挫折就产生轻生的念头等等，这一系列的心理问题直接影响着他们的学习，制约着他们的健全发展。为此，加强对青少年的心理健康教育，培养他们健康的心态，帮助他们认识自我，认识自己与社会的关系，正确处理学习和生活中出现的各种矛盾困惑，养成健全的人格品质，促进他们健康成长，具有极其重要的意义。

教育部颁布的《德育大纲》明确提出，德育即政治、思想、道德与心理健康教育，明确地把心理健康教育列入德育内容。良好的心理素质是人的全面素质中的重要组成部分，有效地对学生开展心理健康教育，也是现代教育的必然要求和广大教育工作者所面临的一项共同的紧迫任务。对高中学生进行心理健康教育的重要性主要有以下几个方面：

第一，对高中学生进行心理健康教育是保证学生正常健康发展的需要。对学生进行心理健康教育有助于解决学生成长过程中的心理问题，能够培养学生形成良好的心理素质，充分开发他们的潜能，使之心理处于健康状态，是其正常地生活发展的前提和保证。

第二，对高中学生进行心理健康教育是学生全面发展的需要。当今社会，全面实施素质教育，心理的健康与和谐的发展是学生德、智、体、美、劳诸方面全面发展的基础和保证。心理健康教育对促进学生的全面发展具有重要价值，健康的心理可以促进学生智力的协调发展，有助于提高学习效率和对知识的掌握，可以促进学生审美能力的发展，提高他们欣赏美、创造美的能力，还有助于劳动观念和劳动习惯的培养。因此，对学生进行心理健康教育是促进学生全面发展的内在需要和基础工程。

第三，对高中学生进行心理健康教育是避免各种突发事件，维护社会稳定，学校正常运作，学生家庭幸福的需要。注重学生的心理健康教育工作，及时疏导，使陷于不平衡状态或不健康状态的个体回复到正常状态，就可以大大减少青少年违法犯罪与异常事件，维护好学校、社会的正常治安与秩序，保证了家庭的幸福。

第四，对高中学生进行心理健康教育能让学生克服自卑，增强自信。在日常生活中，往往做很多事都需要自信，自信就是登山的阶梯，过河的木舟；自信是理想的风帆，成功的基石；是勇于开拓进取者必备的心理品质；是有所作为的人取得成功的法宝。自信心对人的一生至关重要，没有自信心的人，眼前的世界便没有鲜亮的色彩。每个人在人生的旅途中都会遇到这样或那样的挫折，而能让自己的生活绽放光彩的法宝就是自信心。

第五，开展心理健康教育是中学生心理发展的需要。随着社会日新月异、快速发展和变革，各种不良思潮和矛盾对在校青少年学生产生了极大的影响。由于青少年学生正值成长与发展的过程中，缺乏科学的辨别能力和社会实践经验，很容易发生心理行为偏差，会出现妒忌、自卑、孤僻等不健康心理行为。究其原因，是由于学生在学习和生活中碰到问题和困难时，缺乏解决矛盾、应对挫折和处理危机的能力。作为教育工作者，我们应引导学生的心理特点，朝着健康的方向发展，正视高中学生的心理健康教育，促使高中学生的心理健康发展，健全他们的人格，为祖国培养合格的人才。

为了青少年的健康成长，让我们一起探索心理健康教育的方法和艺术吧！

高中“优势学生群体”心理健康教育的意义

一、健康与心理健康

健康一词，按照传统的观念和习惯的看法多限于生理健康，主要是指躯体发育良好，生理功能正常，而很少考虑心理方面的健康。例如，《现代汉语小词典》（商务印书馆，1980年版）对健康的解释为：“（人体）生理机能正常，没有缺陷和疾病。”《辞海》（缩印本，上海辞书出版社，1980年版）把健康界定为：“人体各器官系统发育良好、功能正常、体质健壮、精力充沛并具有良好劳动效能的状态。”这样解释显然是不全面、不完整的。人既是一个生物性的个体，也是一个社会性的个体。人的健康不仅受生物因素的制约，也受心理因素和社会因素的影响。世界卫生组织（WHO）1948年成立时，在其《宪章》中对健康的含义做了科学的界定：“健康乃是一种在身体上、心理上和社会适应方面的完好状态，而不仅仅是没有疾病和虚弱的状态。”就是说健康这一概念的基本内涵应包括生理健康、心理健康和社会适应良好三个方面，表现为个体生理和心理上的一种良好的机能状态，亦即生理和心理上没有缺陷和疾病，能充分发挥心理对机体和环境因素的调节功能，保持与环境相适应的、良好的效能状态和动态的相对平衡状态。

心理健康是相对于生理健康而言的，心理健康也叫心理卫生，其含义主要包括两个方面：一是指心理健康的状态，即没有心理疾病，心理功能良好。就是说能以正常稳定的心理状态和积极有效的心理活动，面对现实的、发展变化着的自然环境、社会环境和自身内在的心理环境，具有良好的调控能力、适应能力，保持切实有效的功能状态。二是指维护心理的健康状态，亦即有目的、有意识、积极自觉地按照个体不同年龄阶段身心发展的规律和特点，遵循相应的原则，有针对性地采取各种有效的方法和措施，营造良好的家庭环境、学校环境和社会环境，通过各种形式的宣传、教育和训练，以求预防心理疾病，提高心理素质，维护和促进心理活动的这种良好的功能状态。上述两个方面即构成了心理健康这一概念的基本内涵。

二、教育与学生心理发展的辩证关系

一方面，教育是学生心理发展的必要条件。因为学生心理的发展，总是以掌握知识、技能和道德规范为中介的。另一方面，学生心理发展又是进行教育的重要前提。学生掌握知识、技能和道德规范的速度、深度以及牢固程度，又同他们的心理发展水平密切相关。教育与学生的心理发展是相互依存的辩证统一体。

三、对高中学生进行心理健康教育的意义

高中学生正处于身心发展的重要时期，随着生理、心理的发育和发展、社会阅历的扩展及思维方式的变化，特别是面对社会竞争的压力，他们容易在学习、生活、人际交往、自我意识和升学就业等方面，遇到各种心理困惑和问题，影响德、智、体、美诸方面的发展。在这种情形下，开展学生心理健康教育，不仅是社会和时代发展的需要，是对传统学校教育的重要补充，也是学生全面发展、实施素质教育的需要。

全面推进素质教育，要坚持面向全体学生，为学生的全面发展创造相应的条件，依法保障适龄儿童和青少年学习的基本权利，尊重学生身心发展的特点和教育规律，使学生能生动活泼、积极主动地得到发展。素质教育是面向全体学生的教育，对学校和教师而言，要努力使每个班和每个学生都得到全面而健康的发展，为提高全民族的素质打下扎实基础，为全体适龄儿童少年今后的学习和参与社会生活打下良好基础；素质教育是促进学生全面发展的教育，全面发展是党的教育方针的核心部分，它提出了教育所要培养出的人的合理素质结构，包括生理的、心理的、思想的、文化的素质，教育是要教给学生文化知识，作为检验学习成果的重要方法之一，考试是重要的，也是必要的。“应试教育”的问题在于，它主要是为应付考试而教和应付考试而学，忽视了学生的全面发展；在教育实践上，忽视德育、体育、美育和学生身心健康，造成学生的片面发展。有的人书念得很好，考分很高，但是没有正确的人生观、世界观、价值观，道德修养很差，缺乏与人交往、团结合作的能力，这种人不能认为是好人才；有的人只有书本知识，没有创造性，不会解决实际问题，“高分低能”，也不能认为是好人才；道德修养好和本事大的人，身体不好也派不了大用场。当然，在学校不好好学习，文化知识差，更不能担起社会主义现代化建设的重任。全面发展不等于平均的全面发展，而是和谐的全面发展。实施素质教育就是要培养学生品德高尚、身心健康、知识丰富、学有专长、思路宽广、实践能力强，使学生学会做人、学会学习、学会劳动、学会创造、学会生活、学会健体、学会审美，成长为有理想、有道德、有文化、有纪律的社会主义事业的建设者和接班人；素质教育是促进学生个性健康发展的教育，人的个性是千差万别的，社会也需要各种各样的人才。实施素质教育的重要目的之一，也是为了使有不同天赋和爱好的孩子，在受教育的过程中，除了统一的基础课程外，通过各种教育方式给予他们能发挥天赋和爱好的空间和时间。培养人不能如同用一个统一的模子，把不同形态的材料都压成一模一样的东西，而应该是使不同的学生有不一样的发展。因此，通过多种方式对不同年龄层次的学生进行指导，帮助学生提高心理素质，健全人格，增强承受挫折、适应环境的能力，是全面推进素质教育的基本要求。

现如今，国内一些高中学校还存在着片面追求高考升学率的现象，学生被迫湮没在

题海中，囚禁于考试中，很少能接受到人文教育的熏陶和精神的眷顾。教师和学生的唯一目标就是把学生训练成娴熟的考试机器，在高考中正确作答获取高分，妨碍了学生接受基于人性的教育。这种应试教育不是在培养人才，而是在培养专门做题的机器人！在这样的教育环境中，只要能获得高分数，就会被学校、家庭、社会所认可、推崇，成为所谓的“优势学生群体”，这部分学生由于长期在光环笼罩下，以追求高成绩为唯一目标，造成情绪不稳定、焦虑、敏感、心理承受力低、意志薄弱、人际关系紧张、社会交往困难等诸多心理健康问题，又因其优异的学习成绩而一俊遮百丑，使得他们诸多的心理问题被掩盖起来并失去教育的最好时机，会困扰着他们的生活，影响着他们的健康成长，甚至为他们未来的生活埋下了巨大的隐患，为社会发展造成负担。为此，调查和研究这部分学生的心理健康问题，及早采取适宜的教育措施，有效地实施基于核心素养的面向全体学生的素质教育，对于促进他们身心健康全面成长具有极其重要的意义。

当代中学生应该具备的优秀品质

一、要拥有自信的人生

自信是人格的核心。我们不断在自信中成长、发展，自信是开启成功大门的一把钥匙。我们的行为是受思想观念制约的，有什么样的思想观念就会产生什么样的行为，也就会产生什么样的结果。

一个人的成功，往往会依靠自信这样一种自我感觉，这种感觉会引领你勇往直前、战胜困难并取得成功。既然自信如此重要，我们又该怎样去获得自信呢?

悦纳自己。就是自己要清楚地知道“我是谁”，找出自己突出的优点。如果能很快地说出自己的优点，就证明很有自信，说明能接纳自己。作为中学生，要学会客观地剖析自我，无论处于什么不利的状态，都应该看到自己的长处，要充满信心，不断取得进步。

相信自己。只有相信自己，相信别人能做到的，我也能做到，才能在逆境中不断进取，最终战胜困难。某报刊曾报道，一个12岁的小孩子遇到了海难，在冰冷的海水中漂流了几十个小时。他能够奇迹般的活下来，就是因为他牢牢地记住了爸爸说的一句话“相信自己能行”，他相信一定会有人能来救，他一定能够回家。相信自己的意念，让他战胜了严酷的现实，最终获得了自己的新生。

正视自己的不足。真正的成功是战胜自己，改变自己过去的缺点。战胜自己不是一下就能做到的，首先，需要从小处开始改变，一点一点地克服自己的弱点，养成良好的习惯。其次，要从小就坚持自我反思，不断地促进自己的改变和发展。时常问问自己，有没有什么不足，并想想该如何解决、弥补这些不足。比如，在学习方面，争取在每天上、下午自习课时就把作业写完，晚上的时间用来反思自己一天学到的内容、总结已经掌握的知识，找到自己不理解的需要与同学、老师探讨的问题，第二天及时解决；在做人方面，也要不断地进行反思，良好的行为、习惯都需要通过反思来调整、完善。这样自己才能不断进步，不断取得成功，从而积淀自信。

二、要做一个讲诚信的人

首先，承诺的事情一定要做到，否则就不要承诺。作为中学生，在学习、生活中，会向父母、向老师、向同学、向集体承诺一些事情，一旦承诺了的事情，就应该学习“玄奘西天取经”的精神，哪怕有九九八十一难，也要想方设法来完成，一定要取信于他人。

其次，自己决定做的事情一定要坚持。作为中学生经常会给自己定一些规则，比如，每天几点到学校晨读，晚上定时看电视，双休日合理安排学习时间。只要是自己决定的，一定要坚持做，对自己不能放松，无论在什么情况下都要努力做到。即使没人监督，也要坚持做到，这是一种自我约束，也是一种诚信。

最后，学习更要讲诚信。特别是考试的时候，不会就是不会，绝对不能存在侥幸心理，在考试中作弊，出现不诚信的行为。做到诚信也需要付出努力，我们必须不断战胜自我，争取做一个诚信的人。

三、要遵守规则

“无规矩不成方圆”，任何事情都是有规则的，没有规则什么事情都无法完成好。规则可以是约定俗成的心理规范，也可以是人为设定的行为准则，遵守规则是一个人最基本的道德素养。“勿以善小而不为，勿以恶小而为之”，遵守规则，养成良好的行为习惯，是一个人成就事业的前提和保障。美国“9·11”事件发生之时，由于电梯已经瘫痪，世贸大楼中的所有人都必须走防火楼梯逃生，在这样的危急关头没有人拥挤，而是靠右边按顺序排队下楼，把左边空间留给消防和援助人员，正是由于有这种潜移默化的规则意识，一定程度上降低了该事件的损失。反之，发生在我们身边的“踩踏事故”，就是不遵守规则的沉痛教训。作为当代中学生，必须要有规则意识，学会按规则办事，大到遵守公民道德公约、交通法规、中学生守则、校规校纪，小到遵守班规以及几个朋友之间约定的规则。只有养成遵守规则的良好习惯，融入社会以后，才会不影响他人、不影响社会，同时给自己的发展带来方便。从小事做起，慢慢地就会形成一种自觉遵守规则的意识。

四、要学会负责

一个人从上学开始，就承担了社会责任。社会赋予中学生的责任是学习，将来走入社会后要承担一份工作，为社会发展尽责。因此，要从学生时代开始就学会负责。

对自己负责。自己能做的事情一定要自己做。作为中小学生，应该了解自己现阶段最主要的责任就是学习，学生只有通过学习掌握知识技能，将来才有可能回报社会、贡献社会。今天努力学习，就是对自己负责。

对父母负责。一定要懂得感谢父母的养育之恩，要懂得孝顺是对父母应尽的责任，要懂得感恩、报恩，对于父母的生日，哪怕是对父母一句问候的话语、一句温馨祝福，也是身为儿女对父母养育之恩的回报；不懂得对自己父母负责任的人，也不可能对社会负责。一个人对社会的负责源起于对父母的负责。

五、要养成良好的习惯

细节决定成败，习惯决定命运。作为中学生，首先，要养成良好的学习习惯。包括能够认真倾听、积极思考的习惯，边听课、边做笔记的习惯，以及及时复习整理的习惯。也可以概括成收集信息、整理信息、运用信息的习惯。这将是终身学习所必需的，一生受益的。其次，要有良好的行为习惯。比如，遵守交通规则的习惯，在公共场合不大声喧哗等等好的行为习惯，都需要在中学时代养成，许多习惯将影响人的一生。再次，要有良好的生活习惯。比如，按时就寝、饭前便后洗手、用完东西放回原处等，习惯虽小，但是非常重要。有一位诺贝尔奖获得者曾说，对他影响最大的是在幼儿园时养成的“用完东西放回原处”的好习惯，他一生中读完书、用完资料都会放在原来的位置，这样使他在研究过程中节省了大量的寻找资料的时间。学校作为学生接受教育最重要的场所，除了要教授学生各种各样的知识和技能，更重要的是要让学生获得足够的信心，培养学生的诚信品质，帮助学生了解遵守各种规章制度，学会对自己、对他人、对社会负责，指导学生养成各种良好的行为习惯。只有这样，中学生的教育才能做到为学生终身的发展打好坚实的基础，才是真正贯彻党的教育方针，全面实施素质教育。反过来说，现在的中学生缺乏的就是“甘于淡泊、不为物役”的高尚情操，当代中学生要养成“威武不能屈，富贵不能淫”的节操，面对挫折时要坚定，面对困难时要坚毅，要多一些自信、多一些坚强与坚韧，要不怕困难的压迫、不畏挫折的困扰，这样才可以取得最终的成功，成为真正的强者!

六、要养成良好的性格品质和理性精神

“性格”是指一个人的“行为法则”。“品质”对个人而言就是指个体的素质，这个素质是指在一定道德水平限制下的智商、情商和逆商综合呈现出来的知识、文化素养以及言行中的外显行为表现。

“品质”是“行为法则”的决定因素，“好品质”才有可能导致好的言行举止。反之，“坏品质”一定会造成坏的行为后果。

人们对于“好”与“坏”的判断，往往会因知识和道德水准的不一致而产生差异。因此，如何辨识是非曲直，唯一的途径就是要用“理性精神”来培养人们分辨是非和探索未知世界的能力。

理性精神的人文形式就是科学和理性。科学所注重的是功用、利益、效率与成功。而理性则是基于现有的理论，通过合理的逻辑推导得到确定的结果。培养理性精神的目的在于为人生的意义及其认知世界提供一种手段，这是一种“普遍理性”，既包含自由、平等、博爱、人权、正义、真理、进步、理想等具有形而上学色彩的概念，又包含对自然科学的赞赏与肯定。因此，当代中学生一定要注重培养自己的“理性精神”，养成研究事物规律的习惯，养成独立思考的习惯；要学会寻找线索，掌握破解事物规律的能力；要学会理性辨别是与非、美与丑的能力，树立正确的人生理想，用理想牵引自己的人生道路，最终成为自己想要成为的那一个人！

用心做教育 用爱为人师

——我的专业成长叙事

用心做事，世界都会为你让路！

教育是基于生命的事业，是心心相印的活动，唯独从内心迸发出来的教育，才能打到心灵的深处，催生出教育的力量，成为真正的教育。作为一名人民教师，只有用虔诚的信仰、赤诚的热情，去拥抱教育事业、拥抱孩子，在自重、自省、自警、自励的实践与反思中慎初、慎微、慎独、慎教，“用心做教育，用爱为人师”，才能取得教育的成功。

——题记

一、背景信息

教师专业成长是教师专业内涵不断更新、演进、丰富，直至达到圆熟境界的过程。教师专业内涵是基于“教书育人”工作必备的专业知识、专业能力和专业情意特质，教师专业成长是教师专业内涵的外在表现形式，也是教师专业素质得到优化的标志。教师专业成长得快慢、高低，取决于专业内涵的发展水平。目前，国际教育组织普遍认为，教师专业发展是以教师专业自觉意识为动力，以教师教育为主要辅助途径，教师的专业智知素质和信念系统不断完善、提升的动态发展过程。教师专业发展是一种“自我引导”的结果，最终体现于个体的专业化发展，依赖于教师个体对专业化发展的追求，依赖于教师主体的主动参与和自主发展，依赖于教师自身以其经验和智慧为专业资源，在日常的专业实践中，通过不断的学习、反思、探究形成并提升，是教师在专业生活过程中其内在专业结构不断丰富和完善的过程。

我，出身贫寒——1963年出生在西北边远乡村一个贫寒的农村家庭；起点低微——1979年，初中毕业考入天水市第一师范学校中师班；1982年，毕业后被分配到原天水县关子乡松树湾村学校任教。这样的出身和起点，人生的视角和界域往往比较狭窄，但是却具备吃苦耐劳的精神和坚强的意志品质，能够坚守住清的纯粹，坚持住贫的本真，既不胁迫于环境，也不好高骛远，能认认真真地干好自己的本职工作，比较适合于当老师。至今已在教学一线执教38年。钩沉38年来的从教历程，尽管我几十年如一日，以一名新手的角色坚持学习、研究，坚持不备课不进教室，如履薄冰地蠕蠕爬行，从未有过须臾的放松和懈怠（每次考完试仍然很重视班级排名，只有所带班级考试成绩均为第一才能释然，经常被同事笑话），可是“究竟什么是教育？什么是优质教育？如何做教师？如何做一名好教师？”等质疑与诘问，历久弥坚地困扰着我的生活，让我越来越迷惑、越来越茫然，常常陷入自责与遗憾，甚至在焦虑与痛苦中煎熬。我常常反问自己，为什么越老越不会当老师了？究竟是当初的懵懂还是如今的成熟？是当初的单纯还是不经意间已同教育初衷渐行渐远？唯一让我聊以慰藉的是“做您的学生是一种福气，听您的讲课是一种享受”（2007届学生集体给我的赠语）、“是不是因为您是生物教师才有如此的博爱”（2004届学生谢丹对我的问候）……这一句句出自学生之口的温暖和感动，是自己独有的享受和幸福；几十年对清贫的坚守，把自己兼济天下的梦想与情怀转嫁给学生，分享青春飞扬的快乐、拥有桃李芳菲的成就，是我人生最大的成功。

38年，从一名乡村小学的教学新手到省级示范性高中的正高级教师（甘肃省首批），甘肃省首批中小学“陇原名师”，甘肃省特级教师，天水市第一、二批领军人才（第一层次）的成长、成熟过程。如今，作为一位即将退休的老教师，我不仅仍然以满工作量坚守在教学一线，同时还领衔主持“陇原名师”石志学高中生物一、二年级两个工作室（分别设立在天水市第一中学和陇南市礼县第一中学）的工作，承担着68名青年教师的培养、培训任务；还兼任天水师范学院教育硕士研究生校外兼职导师，承担硕士研究生《课题研究与论文写作》课程的教学与教育实习指导工作；被聘为甘肃省教科院特聘研究员，承担甘肃省高考生物学诊断命题工作，等等。

教育叙事是与自己的教育生活对话，是对自己灵魂的拷问。2018年6月，我受天水师范学院之邀，为天水师范学院教育硕士教学案例建设项目提供自己的教师成长案例，回顾和梳理了自己38年的教师生活，除了平平常常的备课上课，琐琐碎碎的班级管理，让我能想起的只有遗憾，感受到的只是卑微。或许爱到极致是遗憾，情到深处是卑微；或许遗憾中孕育着教师情怀——用心做教育，用爱为人师；卑微中蕴含着教师操守——坚持清的纯粹，坚守贫的本真；或许正是这些遗憾与卑微才促成了自己的教师专业成长。因此，我深切地感受到，对话教育中的遗憾，叙说成长中的卑微，传递教师精神，传承职业素养，才是教育叙事的要义之所在。

二、教育叙事

（一）正视环境——构筑发展平台

1.1982年，从原天水市第一师范学校毕业，我被分配到原天水县关子乡松树湾村学任教。20世纪80年代初期，大西北边远山村小学的落后是眼下人们无法想象的。我所在的这个学校由一个农家四合院改造而成，四面四座瓦房，南、东、北三间教室的窗户无玻璃，天凉时用塑料纸糊着，西面一间隔成两部分，三分之一（约6平方米）是我做饭、睡觉、办公的地方，也是我们4位教师的办公室，三分之二是二年级学生的教室。教室内用土坯支起水泥板做课桌，学生坐的是土台子或从自家带来的小凳子，学校没有取暖设备，冬天每个学生抱着一个泥做的火盆，教室内烟熏火燎、乌烟瘴气。学校没有通电，宁静的夜晚，我守着一盏昏暗的煤油灯看书、备课，一晚上下来整个鼻子里都是黑炭灰。生性胆小的我，晚上睡觉时门后立着斧头和煤铲给自己壮胆。一日三餐，都用煤油炉做饭，生一顿、熟一顿，饥一顿、饱一顿，如此艰苦的环境我依然十分满足，因为与其他3位民办教师相比，我是吃“供应粮”、拿工资的“公家人”；4位教师，其他3位是只有小学或初中学历的民办教师。学校有5个年级、72名学生。我作为唯一一位正规师范学校的毕业生，学校分配我担任四、五年级复式班的语文、数学、自然、美术、体育、音乐等全部教学工作和班主任工作。对此，我没有怨言，工作的繁重，反而有一种被信任和重用的成就感。于是，我满怀热情地认真备课、上课，但是，学生坐不住、听不进去，不知道学习、也不会学习，冷不丁地就会在课堂上吵闹或厮打。我来到这所学校之前，学校只有3位民办教师，他们家里农活多，平常上完课或者遇到农忙季节，他们就轮流值班看管学生。长期的粗放式管理和教学，使学生没有养成基本的学习意识、行为习惯和纪律约束，每年只有1、2名学生能够考取乡中学。我在这个教室上课，隔壁就传来打闹或哭喊声，那边刚处理消停，这边又开始闹腾。理想与现实的巨大反差，让我几乎崩溃，经常怒火冲天，动不动打骂学生，学生在教室哭，我跑到办公室哭，学生对我敬而远之，但积习难改。痛苦与无奈中，我想到了放弃，但是老乡们对我的关心厚爱和殷切期望又让我欲罢不能。于是，我开始思考如何用自己的智慧，探索适合农村学生学情的教学模式。最先我想到的是如何让学生接近和喜欢我，便利用与学生有充裕的接触时间和自己有充分教学主动权的特点，打破课表与作息时间的限制，不考虑是否上课还是该上什么课，索性与学生开展聊天、做游戏、猜谜语等活动，看到学生玩高兴了便不经意地教他们一些知识，后来我有意识地将教学内容设计到游戏活动中，或设计一些背诵内容的比赛活动，引导学生在游戏或各种活动中学习，慢慢地学生开始走近我并对我有说有笑，开始听我的话而且不再打闹了，这时候再给他们提出一些行为规范要求，组织他们按规定的教学程序上课，上课时我经常会根据学生的情绪和学习状态随时调整教学内容和科目程序，一般是数学、唱歌、语文、美术等主副课交叉进行。经过一学期的实践试验，这种“活动与教学融合、主课与副课交叉”的方法果然奏效，学生逐渐地爱学习也能够认真学习了，学校风气发生了巨大变化。1983年，我所教的五年级12名学生有9名考入乡中学；1984年，我所教的五年级11名学生全部考入乡中学，受到了村里老乡的一致赞誉，也得到了关子学区、县教育局的重视和表彰奖励。

反思：两年的乡村教学，我没有被艰苦的环境所胁迫，而是以乐观的心态面对现实，创造性地摸索出了“主课与副课交叉、活动与教学融合”的教学方法，奠定了我后来关于“做中学”的教育思想基础；教会了我“蹲下身子与学生说话、走下讲台给学生讲课”的教育品行；让我第一次有了实现人生价值的成就感，坚定了我做一辈子好老师的信念。

2.1993年，国家取消了生物学科目的高考，使原来就不景气的生物学学科在高中教学中的地位一下跌入了低谷，生物学课程成了学校不重视、学生没兴趣的副课。作为生物学教师，我想到的是生命科学的重要性和生命科学素养在学生未来发展中的价值与作用。为此，我在联名北京、上海等地生物学教师呼吁恢复生物学高考、加强生物学学科地位的同时，索性产生了“坚守生物学课堂教学，开发生物学校本课程，开展生物学第二课堂活动，培养学生生物学兴趣”的想法。但是，究竟如何开展和实施，学校没有先例，我心里也没有一点数。有一天放学后，在骑自行车回家的路上，人行道树上的一只毛毛虫掉在了我的身上，我立马有了“调查北道城区主要绿化树种病虫害状况”的想法，晚上便设计了调查方案，第二天组织学生开始实施。让我没想到的是，这项活动引起了学校的重视，由学校申报参加第四届全国青少年生物百项活动，获得全国优秀项目二等奖。这次调查活动激发了我的兴趣和热情，启发了我开展第二课堂活动的思想方法，我创建了学校生物学兴趣小组，结合生物学教学，依据地域特色，大范围的指导学生开展研究性学习活动。先后指导的学生社会实践项目“天水市北道区噪音污染及防治”获第七届甘肃省青少年发明创造和科学讨论活动二等奖、“天水市北道区部分小学生碘缺乏症状况调查”获第五届天水市生物和环境科学实践二等奖、“天水市第一中学校园及周边环境中垃圾食品的调查”获第二十九届甘肃省青少年科技创新大赛二等奖、“节约型社会，从我做起——天水市第一中学住校生和部分城区学生家庭使用牙膏浪费情况调查活动”获第二十九届甘肃省青少年科技创新大赛三等奖、“校园植物鉴赏与标本制作”获第三十三届甘肃省青少年科技创新大赛一等奖（这次活动中我和学生一起制作的“植物腊叶标本”获甘肃省中小学教师自制教具比赛一等奖）、“阿莫西林对植物开花周期的影响研究”获清华大学第二届“登峰杯”中学生科学创新大赛总决赛三等奖。同时，我对开展第二课堂的实践活动进行了总结和梳理，撰写的论文“开展科技活动，推动生物学教学”被全国生物教学研究会会报《生物报》头版刊发。1994年，我在中国植物学会、中国动物学会、北京师范大学、《生物学通报》社联合举办的第二届全国中学生物学教学研讨会上被评为《生物学通报》奖励基金二等奖。会上，我交流了自己坚守课堂教学阵地的同时，结合生物学课程教学开展第二课堂活动的经验和体会，陈述了自己生物学教学中“课内外相结合‘两条腿走路’的教学模式”，受到了人民教育出版社生物室主任叶佩珉教授的大加赞赏，她说“在生物学教学如此低迷的时期，没想到在边远的大西北还有如此好学、如此敬业、如此有思想的教师，我很感动，我向您致敬”。

开展第二课堂活动提升了我的科学活动意识和社会责任意识。2004年，我开始带动并指导年轻教师一起开展第二课堂活动。2007年，我送儿子上大学，住在校园周边的宾馆，看到男女大学生手挽手频繁进出宾馆的现象。我想，作为教师、作为家长，我们无法阻止这种现象的发生，但是，我们有责任有义务对他们进行必要的教育和疏导。回来后，我研究撰写了“高中学生艾滋病预防教育方案”，每年对高三学生进行一次专题讲座，该项目获得第二十六届甘肃省青少年科技创新大赛优秀辅导员方案一等奖。一次，我和青年教师正在讨论活动项目的选题，看到校园上空一群飞行的大雁，随即产生了“天水湖对天水市城区气候等生态环境影响情况的调查研究”的想法，我带领学生经过调查研究完成了此项目，此项活动获第二十六届甘肃省青少年科技创新大赛优秀项目三等奖。多年来，在我的影响和带动下，我校青年教师对开展课外科技活动产生了积极的兴趣和热情，后来成立了我校的生物学社团组织，每年都有大量的课外研究性活动项目参加全国或省、市的创新大赛活动及其他形式的科技比赛活动，并屡屡获奖。课外科技活动营造了良好的校园学术氛围，也成为我们学校的一个品牌。

反思：创造性地开展课外研究性学习活动，让学生在亲历和体验科学探究活动的过程中学习生物学，不仅能够增强学生对知识的理解和应用、提升学生对生物学的学习兴趣，而且较好地培养了学生的科学精神、科学态度、创新意识、动手实践能力和理性思维能力，与当下基础教育课程的“核心素养”教育理念和方法策略完全吻合。“课内外相结合‘两条腿走路’的教学模式”奠定了我有效实施生物学核心素养教育的基础，构筑了我开展生物学核心素养教育的良好平台，形成了我独特的教育教学风格体系。

（二）终身学习——夯实发展基础

1. 1984年，我被调到天水市第七中学任教。由偏僻的乡村小学来到县城中学工作是我梦寐以求的愿望，本应该激动、兴奋，但是当我看到全校60多名教师清一色都是大专以上学历时，巨大的压力和自卑感激发了我进一步提升自己的强烈愿望，我边工作边学习，经过一年的努力，考入北京教育学院生物系进修学习。20世纪80年代的北京教育学院专业课教师都是从北京著名大学聘请的，例如我们的生物学教师王素云教授和植物分类学教师汪劲武教授来自北京大学，遗传学教师张仁培教授来自清华大学，生物学课程论教师陈皓兮教授和进化论教师彭奕新教授来自北京师范大学，植物生理学教师吴兆明教授和生态学教师尚玉昌教授来自中国科学院等，这些大师们渊博的学识、严谨的治学精神、高尚的人格特质、求真向善的科学品质，时时影响和感染着我。两年的学习生活，不仅让我习得了坚实的专业基础知识，更重要的是开拓了我的视角和界域，让我享受到了科学的艺术之美，形成了“天底下最美的事情莫过于读书”的坚定信念。两年时间，我不分节假日沉浸在学习中，以优异成绩获得了大专文凭，还得到了清华大学张仁培教授、北京大学王素云教授的青睐，她们鼓励我考她们的研究生。遗憾的是我是带薪学习，学习期满必须回原单位工作，为此，我不得不悻悻而归，回到原工作单位教授高中生物学。工作7年后，我深感自己教育理论知识的欠缺，1994年，又考入甘肃教育学院教育系进修，系统学习了教育理论知识，取得了教育管理专业的本科文凭；1995年，我在甘肃教育学院学习期间，又考取了西北师范大学的生物教育专业本科函授，教育管理、生物教育两个本科专业交叉学习，相继取得了两个专业的本科文凭。先后10年的正规师范院校专业学习，奠定了我坚实的专业基础教师职业素养，养成了我热爱学习的良好习惯。

反思：教师专业成长主要依赖于教师主体的主动参与和自主发展。但是，系统的教师教育是教师基本素质和行为规范养成的必要途径。

2.1987年，我开始教高中生物学，为了深化对知识的理解和掌握，我坚持利用业余时间大量做题，一年内做完了5本《龙门专题——高中生物》和1本《遗传学三百题》，共8000多道练习题。后来面对铺天盖地的教辅资料，我坚持“教师下海、学生上岸”，将学生手头有的或者自己认为比较好的资料买来，一道不舍地去做，对于每年各地的高考题，我不但要做，还要对命题思想和命题方法进行深入研究。我做题有一个习惯，对有利于学生从不同层面理解核心概念或训练学生学科思想方法的题，都会记录下来充实到我的生物学教学题库中，并对其进行分类和分析说明。到现在为止，这个题库已积累了2300多道不同类型的典型例题，教学中讲到相关知识点时，我会信手拈来布设成问题情境，对指导学生通过知识的迁移应用和自主探究过程主动学习，起到了非常好的作用，学生给我外号“西北题王”。三十多年来，我做过的题不计其数，到如今，我仍然保持着这个习惯，每当见到新颖的题型就有想做的冲动和欲望。大量做题不仅提升了我分析解决问题的能力，而且丰富和拓展了我的知识结构，有效促进了我的专业发展。

反思：大量做题对于教师而言，既能深化对知识的理解，又能检测知识的掌握水平，还能促进教师对学科思想方法的理解和应用，是夯实教师专业基础的重要途径。

3.“要给学生一碗水，教师必须是奔腾不息的常流泉”。2003年、2008年、2017年，我辅导了三届高中生物学竞赛，认真学习、研究了3遍大学的《动物学》《植物学》《植物生理学》《遗传学》《生物化学》《微生物学》《普通生态学》教材，深化了我的专业知识基础。同时，还研习了生物学教材中与数学、物理、化学相关联的跨学科内容，我不仅认真学习相关的高中数、理、化知识，而且专门学习了《生物数学》《生物物理学》《生物化学》3本大学教材内容，上课时我会从相关学科的角度讲深讲透，并借此教给他们数学、物理、化学学科的知识和学习方法，我广征博引的教学得到了学生的钦佩与信赖，受到了学生极大的欢迎与热爱，达到了“尊其师信其道”的效果。1987年至今，我一直订阅《生物学通报》《生物学教学》《中学生物学》《中学生物教学》《教学与管理》《课程教材教法》等专业杂志，坚持向全国各地的同行进行学习和交流，从没间断过，这对于提升自己的教学技能起到了很好的作用。

工作实践中，我不仅重视自己生物学专业知识的积累与学科素养的提升，而且特别注重教育教学理论知识的学习，我先后系统学习了《教育心理学纲要》《当代教育学》《普通心理学》《个性心理学》《学习心理学》《认知心理学与人格教育》《素质心理学》《学习的革命》《陶行知文集》《新教育之梦》《杜威教育名篇》《蔡元培教育名篇》《苏霍姆里斯基选集》《叶圣陶教育文集》《素质教育在中国》《素质教育在美国》《教学研究方法》《教育评价》等教育教学理论书籍，并且能够及时地运用教育理论指导自己的教育教学实践，对于提升自己的教育理论水平和提高教育教学质量起到了很好的作用。

作为一名理科教师，我在着力发展自己专业素养的同时，还特别重视优秀文化的滋养与人文素养的提升。1982年至今，我养成了迎着早晨的太阳在田间地头、山坡、操场大声朗读或背诵文学作品的习惯，每天早晨的这段时光是我最舒适的享受。几十年来，我背诵了大量古今中外的诗词歌赋和优秀散文，认真阅读了《论语》《大学》《二十四史》《鲁迅文集》《中国哲学史》《人性论》《纯粹理性批判》《传习录全鉴》《狼图腾》《爱弥儿》《世界500强企业的忠告》等书籍，丰富了我的精神生活，提升了我的文化水平，造就了我良好的性格品质和精神状态，使我的教师工作更加自信和从容。天水市教育科学研究所副所长高峰曾多次说过“无论我走到哪里培训老师，石志学老师都是教师学习成长的典型案例，他之所以如此优秀，离不开坚持不懈的学习和阅读，他工作的三十年实际上就是学习的三十年”。

反思：教师不仅是知识的传授者，而且是道德的引导者，思想的启迪者，心灵世界的开拓者，情感、意志、信念的塑造者。学科教学是育人的手段和载体，培养具有道德创造性的“人”，提升人的幸福生活才是教学的本质。教师仅有精深的专业知识，势必将育人过程窄化为逻辑问题或命题问题，不利于学生的全面发展和成长。作为教师不仅要有知识，更要有文化，深厚的文化底蕴是教师长足发展的温床和基础。

（三）备课——筑牢发展阵地

三十多年来，我坚持三种教案备课，夯实了专业基础，筑牢了专业发展阵地，成就了专业成长。1987年，我开始执教高中生物学，为了尽快胜任教学工作，让学校信任、学生信服，我在备课上做足了功夫。首先是依据大学教材吃透教学内容，撰写教学内容提升教案，以解决“是什么和教什么”的问题。2003年新课改之前，中学生物学教材基本上是大学《普通生物学》的浓缩本，知识体系与逻辑结构基本上体现着生命科学的概貌。因此，备课时，对于每节的教学内容，我总是先去钻研相关的大学教材内容，弄通基础知识，弄懂基本概念、基本原理的来龙去脉和结构体系，深入研究知识生成、生长的探究过程和创新应用过程，领悟教学内容的选择与编排思想、呈现方式，提炼教学内容的重点、难点、突破点，解析、补充和拓展教学内容，把握教学内容的逻辑结构，构建清晰明了的教学内容框架体系。记得有一次，为了让学生形象地理解“渗透压”的概念，我翻阅了（美）Lincoln Taiz等主编、宋纯鹏译著的《植物生理学》，武维华的《植物生理学》，潘瑞炽的《植物生理学》，王忠的《植物生理学》几个版本的大学教材，这些教材都是用“水势”和“熵能”去解释“渗透压”，作为高中学生对此是无法理解的，最终我找到了北大吴相钰教授编著的《植物生理学》，其通俗直观的表述让我顿彻顿悟，我在课堂上具体明了地向学生讲授了“渗透压”的概念。这种深入研究教学内容的备课，促成了课堂上的浅出教学，有效提升了教材驾驭能力。对教学内容有了比较清晰的把握后，我再去研究教学大纲、教师用参考书和教材，撰写课堂教学执行方案。《生物学教学大纲》是我备课的主要依据，刚开始，我反复学习和研究《教学大纲》，分析、理解生物学的教学内容、教学目标要求、教材编写思想和教学建议，对“教什么和为什么教”的问题有了一个总体的理解和把握，形成生物学教学思想。具体到单元、章、节教学内容的备课时，我主要关注《教学大纲》，对于具体教学内容不同认知层次的教学目标要求，以此为依据研读《生物学教师用书》，重点是梳理《教师用书》对教学内容的解析、补充说明、教学建议和破疑解难的方法，对“如何教”的问题有了一个基本的了解。最后是研究教材内容，我先把每节课的教学内容分解成若干个教学要点，再分析每个教学要点的内涵、外延及其逻辑关联，建立点、线、面的知识网络；依据《教学大纲》的目标要求和学生的认知水平，构建教学重点、难点、突破点的双向细目表；从知识的生成、生长、迁移、应用的角度提炼成一系列问题串，再依据问题之间的逻辑关联，结合科学史、学生已有知识经验或生产生活实际，创设层层递进的适切问题情境，通过问题驱动引导学生的自主探究学习。这样形成的教学方案，基本上能够保证课堂教学的有序进行和教学目标的有效达成。但是，教学方案毕竟只是课堂教学的预设，教学实践也存在许多的不确定性和变数。因此，每节课后，我会及时反思教学过程，总结教学经验，撰写教学后记教案。教学反思主要是记录自己的教学亮点和学生的学习智慧，提炼教与学的创新成果；记录教学过程的过与失，反思教师的冗余、累赘和缺失，作为改进教学的依据；记录教学过程尚未解决或生成的新问题，以及影响教学目标达成的瓶颈问题，作为进一步教学研究的原始素材。

坚持撰写"教学内容提升教案、课堂教学执行教案、教学后记反思教案"三种教案，虽然需要投入很大的精力和时间，但却使我很快地站稳了讲台，走向了成熟。1991年，我第二轮带高三毕业班的生物学，就以平均分54.9分（当时高考生物满分70分）的优异成绩位居天水市高考生物学第一（比当年天水市第一中学的生物学高考平均成绩高出6.7分，我当时在天水市第七中学工作，属于县级薄弱学校），受到了原北道区人民政府的表彰奖励。表彰会上，北道区教研室黄健荣主任说"我没想到如此年轻的一位教师能教的这么好，确实不容易"，天水市第七中学周世民副校长说"人和人不能对等，石老师的付出是一般人做不到的，其他老师一学期一本教案写不满，石老师一学期能写680多页的教案"。至今，我仍然坚持着不备课不进教室的习惯，被有些教师讥讽为无能，但是，在淡定的无能中我得到了长足的发展。

反思：教师专业发展的主阵地在课堂，教师工作的核心任务是上课，品优质高的课堂教学是教师专业内涵的精髓，备课是课堂教学的前提和基本保证。三种教案备课，把学习、教学、研究融为一体，找准了教师专业知识提升和专业能力发展的契合点，是教师专业成长"内涵式发展"强有力的措施。

（四）赛课——优化发展能力

1987年10月，我执教高中生物学课程不到两个月，学校出于对我教学水平的担忧，为了考察我的教学能力，让我上一次全校范围内的公开课，学校教职员工一共60多人，来听我公开课的领导和教师就有28人，教室内包括过道和讲台前坐得满满的。走进教室，我紧张的小腿肚子发软，全身哆嗦，但是，由于我备课扎实，稍一镇静就进入了忘我的教学状态。45分钟的课堂，我洋洋洒洒、挥洒自如，既有生动的情景表述，又有严谨的逻辑推理，还有活跃的师生探究，知识的生成、生长、应用自然天成，教学效果十分理想。课后学校组织听课教师评教，胡平义校长说"美得很，北京来的老师就是不一般（当时我刚从北京教育学院进修回来）"，周世民副校长说"石老师毕竟还是孩子，为了他将来有长足的发展，优点就不说了，大家都提问题吧"，大家你一言我一语，从课堂教学的技能技巧、教师的基本素养等方面，给我提了很多有价值的意见和建议。这节课对我既是肯定、激励，又是鞭策，后来凡是有公开课、示范课、优质课的机会，我都不会放过。几十年来，我的公开课从学校走向了全市、全省、全国，我把赛课当作提升自己的机会，当作自己课改实验的基地，当作对自己教学水平的检测和检验，当作暴露自己的教学问题、根治自己教学顽症的过程。每一次课后的评教，我都能虚心接受听课教师对我的讲课搓揉磨洗，我都能认真汲取教师们的意见和建议，细心揣摩专家的点拨和评价，积极地进行归纳和总结，择善而从，改进自己的教学。多少年下来，赛课使我的教学能力不断优化，使我的专业水平迅速提升，可以说，是赛课成就了我的专业发展。毋庸置疑，每一次赛课都承受着十分巨大的压力，都是一次十分痛苦的折磨，但是这种痛苦的折磨是实现教学水平蜕变最为有效的途径和措施。因此，我十分享受赛课过程的折磨，津津乐道于赛课。

反思：任务产生压力，压力激发动力。根治教学顽症最有效的方法就是在专家面前真实地暴露你存在的问题，让你在痛苦中脱胎换骨，公开课上得越多，成长得就越快。多上课、上好课、上公开课、上挑战性的课是高效促进教师专业成长“内涵式发展”的重要措施。

（五）科研——释放发展潜力

1991年，我教完了两轮高中生物学课程，基本熟悉了教学内容，走向教学成熟期，我把备课的重心转向了研究教学方法，来提高教学效率和质量。我针对高三补习班复习教学中“高原期”现象的研究，撰写的论文“试谈高中生物复习课教学中培养学生学习兴趣的方法”，被评为全国中学生物学教师优秀论文二等奖；撰写的论文“补习生高原现象心理分析及教育教学对策研究”被《甘肃教育学院学报》刊发，这两篇论文的研究、撰写，让我对解决教学过程中的瓶颈问题有了一定的方法，促进了教学效率的提升；这两篇论文的获奖和发表，激发了我进一步进行教学研究的热情和信心。于是，我着力于课堂教学研究，相继在《甘肃教育》《甘肃教育报》等刊物发表了“试谈探索教学法与能力培养”“课堂教学过程探讨”“几种课堂类型对学生能力的培养”“班主任要抓好三种教育”“谈话法在习题讲析课中的运用”“高中生物复习教学中应处理好八大关系”等6篇论文。这些论文的研究和撰写，让我学会了基本的教学研究方法，提升了课堂教学技能，提高了课堂教学效率。

2003年，随着基础教育课程改革和新课程的逐步实施，我深入研究了基础教育课程改革的社会背景和教育背景，认真学习和研究了《普通高中生物学课程标准（2003年版）》，仔细研读了人教版高中《生物学》的编写思想、框架体系和全部教材内容，确立了“新课程标准下的高中生物学教学策略”研究课题，经过十年的悉心研究，申报了甘肃省“十二五”教育科学规划专项课题，该课题通过了甘肃省教育科学规划办的结题鉴定，撰写了39.4万字的教学专著《新课程标准下的高中生物学学习策略》，该专著由兰州大学出版社正式出版发行。这项研究成果以“问题驱动下的高中生物探究性教学模式”为主线，构建了“概念学习—典例导析—模型构建—知能达标训练”的高中生物学学习策略体系，该研究成果在甘肃省天水市第一中学、甘肃省文县第一中学、甘肃省庄浪县朱店中学3个不同层次的学校实践使用，取得了很好的反响。教学过程中，基于对课堂教学实践的研究，在《生物学教学》《中学生物教学》《中国教师报》等国家级刊物发表了“基于新课程标准的高中生物学教学认知”“从一道拓展题看新课程背景下的高中生物教学”“重视生物学原理　提高实验教学质量”“2015年高考理综课标卷Ⅱ生物试题的特点”“把实验课教出科研的味道”“提升教育理念　走向教育自觉”等相关论文。

2016年，随着“核心素养”教育目标的课程改革的进行，我又着手研究“中国学生发展核心素养框架”，认真研究核心素养教育目标和基于核心素养的《普通高中生物学课程标准（修改稿）》，撰写了22万字的教育教学专著《回归与守望——探索优质教育之路》，该专著由光明日报出版社出版发行，并且被国家图书馆收藏。该研究成果的核心是对素质教育的回归和坚守。

30多年来，我从未放弃过对教育理论和教学实践的研究。研究——激发和释放着我的专业发展潜能；研究——使我的专业内涵不断丰富；研究——使我的专业结构更加合理；研究——使我的专业水平日趋成熟。

反思：教师专业发展不仅仅是知识的积累，也不仅仅是技能的纯熟，而是一切与教学活动相关的知识、技能、能力以及情意特质的综合素质的提升。如果把教师专业发展仅定位于知识的提升和技能的形成，可能一辈子只是一个教书匠，而在一定的专业基础之上不断地进行教育实践研究，不断地提升教学艺术，培养灵活机智的教育智慧和创造性进行教育的能力，才能成为成熟的名优教师。

教育教学研究对于教师专业成长具有赋能、修身、养性之功效，是教师专业成长的孵化器，是由经验型教师向专家型教师成长的必由之路。

（六）尊重——铺就发展正轨

1.2005年，学校让我接任高二（12）班的班主任工作。高二（12）班是天水市第一中学那一届高二年级18个班中学习成绩、学习风气最差的一个班，班上有8名学生经常抱团捣乱，有4名学生存在着严重的心理问题。学校领导找我谈话时告诉我，只有我能接住这个班，让我一定要挑起这副担子。我出于一位教师的责任心，欣然应允。开学第一天，我告诉全班同学，今天教室的卫生由我打扫，我用事先准备好的石灰水和刷子将教室墙上的鞋印刷白，将黑板、地面、窗台一应擦洗干净，将卫生用具、板擦、粉笔等分类摆放整齐。打扫卫生期间，几位经常捣乱的学生拍手嬉笑，我均未理会。有几位学生要帮忙，我也没让。我只说了一句话，以后的卫生按照值日表进行。第二天放学后我来到教室，教室内卫生干净整洁。关于学习和纪律，两周内我什么话都没说，只是观察，了解班上的情况；两周后我开了一个主题班会，我什么也没讲，也没提任何要求，只是让张国强讲述自己的成长经历、介绍学习经验（张国强是班上学习成绩最好、品行最优秀的学生，我事先做了摸底）。张国强声泪俱下的开始讲述，在他7岁时母亲去世，是患小儿麻痹的父亲把他拉扯大并供养他上学……全班同学静静地流着眼泪听着。张国强讲完后，我给他一个长时间的拥抱，并给他200元钱。第二天，班长告诉我，全班同学给张国强捐款2860元，8名经常捣乱的学生捐款最多，每人100元。张琪同学是那8位中的一位，一直迷恋于网吧，经常上课睡觉，不爱学习，怎么说教也无济于事。有一天下午，他没来学校上课，我向同学了解到他可能去市区广场北的黑蚂蚁网吧了，便来到网吧找他，当时他有些害怕但仍装得无所谓的样子，我把他领到吃羊肉串的地方，要了100串羊肉串、2瓶啤酒。他万万没想到会是这种情况，有些局促不安，想逃跑。我说："我命令你坐下，今天是我们两个男人之间的友情交流。"一晚上我拉东拉西和他聊天，只字不提上网的事。从此以后他再也没有进过网吧，后来学习成绩直线上升，毕业后考入天津商学院，现在就读于上海财经大学攻读博士。王超群同学的父母是小商贩，家庭生活不是很规范，他行为懒散、经常迟到，怎样做工作都不起作用，后来，我花20元钱买了一个闹钟送给他，王超群感动地说不出话来，从此再也没有迟到过，开始拼命学习，毕业后考入解放军理工大学……2007年，高二（12）班以二本上线53人的优异成绩位居天水市第一中学平行班第二名。毕业时，全班学生集体给我留言：听您的讲课是一种享受，做您的学生是一种福气。

反思：人的生命是教育的基石，教育的本质是促进每一个个体生命质量的提升，高品质的教育应从尊重生命开始。"尊重学生人格、尊重学生发展"是教育力量的源泉。

2.1987年至今，我在高中生物学教学一线工作34年。其中前十年，我一直将提升学生的学习成绩作为唯一的目标追求，一门心思只为学生知识的增长而教，课堂上滔滔不绝的讲授、灌输，课后布置大量作业，让学生超负荷地强化训练，忽视了对学生品德、人格、能力、体魄上的培养。结果发现学生知识增长的同时，精神脆弱了、人格缺失了、学习能力下降了、厌学情绪高涨了，而且每届学生到一定阶段都会进入高原期而停滞不前。后来，随着教学研究的不断深入，教学理念的不断转变，慢慢地让我明白，生物学不仅是一个结论丰富的知识体系，还包含着人类认识自然现象和规律的一些特有的思维方式、探究过程和丰富情感；生物学教学的本质不只是简单的知识问题或逻辑问题，而应该以知识为载体、以知识生产过程中凝结着的人类对真善美的执着追求为资源，引领学生人格品质的养成和关键能力的提升。于是，我开始重新审视生物学课程的价值内涵和高中生物学教材的思想意蕴，探寻生命科学的教育规律。后来的教学实践中，我特别重视课堂教学的生命性、思想性、科学性、实践性、生活性，坚持"问题驱动下的探究性教学模式"，运用生物学学科思想和学科方法，将生物学知识的逻辑维度、历史维度、创新维度融为一体，创设有利于高阶思维和深度学习的问题情境，引领学生在知识的探寻、生成和创新过程中，参悟和领会生命科学研究的视角、界域、思想和方法，培养学生的理性思维习惯、科学探究能力和社会责任意识，有效提升了学生的生物学学科核心素养，也使自己的教学活动走上了尊重科学教育规律的素质教育正轨。

反思："尊重"既是教育的思想和方法，也是教育的目标和归宿。学科教学只有从学科本质属性出发，尊重科学课程的教育规律，将学科"育智"与学科"育德"融合起来，并且贯穿到教学过程的每一个环节，才能成为真正的教育而发生力量。

三、对教师专业成长的感悟

钩沉磨洗，38年的默默坚守，38年的自觉行为，只因为"用心做教育，用爱为人师"的坚定信念，才有了无时无刻地自重、自省、自警、自励，在惶恐与不安中的反思与实践，才有了几十年如一日的慎初、慎微、慎教、慎言，孜孜不倦、一丝不苟地工作。做一名优秀的人民教师唯有用仁爱心、责任心、进取心、事业心、敬畏心、平常心做教育、为人师，方能取得教育的成功。

（一）仁爱心与责任心是教师专业成长的动力之源

教育是“仁而爱人”的事业，爱是教育的灵魂，没有爱就没有教育；教育是承载着学生未来发展和国家前途命运的事业，责任是教育的躯体，没有责任就没有好的教育。爱与责任是教师职业道德的体现，是师德之魂。爱与责任相互依存而共生，爱是责任的前提，有爱才有责任；责任驱动着爱的持久和深入，责任是爱的动力。爱和责任是教师最为可贵的职业道德，教师的爱和责任有多大，人生舞台就有多大。教育教学工作中，教师的仁爱心和责任心发挥着巨大的能动作用，教师只有不断培育自己博大的仁爱心和高度的责任心，才能实现对教育事业的忠心和忠诚，产生强烈的责任感和使命感，对本职工作真情热爱和真心投入，对学生无微不至的关注、关心和关怀，对教育教学工作无私奉献和精益求精。

（二）事业心和进取心是教师专业成长的能力之本

一个人热爱某项工作，努力成就一番事业的奋斗精神和希望取得良好成绩的积极心理状态，是人类一种高尚的情操。教育是培养德、智、体、美诸方面素质优良的社会公民的活动，教育的本质是成就人的丰富心灵，教育的原点是生命的健康成长，教育的目的在于培养全面发展和可持续发展的人，而不是高分低能、精神脆弱、人格缺失的“考试机器”。为此，如果教师把教育工作当作一份谋生的职业，表面看他能够坚守岗位、认真工作，本质上他没有积极主动的工作热情和为之奉献的工作动力，他不可能面向全体学生和学生的全面发展，他追求的是近期效果和轰动效应，一切只为分数而教，势必将教育窄化为以知识为唯一内容的灌输和训练，会与教育的本质和原点相悖。反之，如果教师把教育工作当作一种事业，具有强烈的事业心，他就会把工作当作精神寄托和一生的追求目标，从而产生强大的工作动力和投入极大的工作热情，发自内心的、充满激情的全身心投入到工作中，以立德树人为根本任务，不断学习文化科学知识，研究教育教学规律，提升教育理念和教育教学能力水平，关心爱护每一个学生，兢兢业业、无私奉献，处于忘我的工作境界，享受工作的乐趣和幸福。

进取心是指一个人不满足于个人现状，坚持不懈、持之以恒地向更高、更新的目标执着追求的、积极向上的心理状态，是一个人成长发展的内在动力，也是一个人干好工作的前提条件，更是教师从事教育活动不可或缺的品格之一。教师的进取心是教师坚持教育理想、追求教育作为的思想信念，是引领教师不断谋求发展的精神导向与动力源泉。进取心是一种伟大的激励力量，是事业心的升华。一个有进取心的教师会不断加强师德修养、完善人格品质，不断追求科学的教育理念和教育方法，产生工作的热情、务实的激情和创新的豪情，始终向着教育的艺术迈进，用崇高的教育品质追求崇高的教育理想。

（三）敬畏心和平常心是教师专业成长的定力之根

敬畏，是一种心怀神圣感的尊敬与惶恐，是慎独与人格自我完善的动力之源。教师是人类灵魂的工程师，肩负着塑造灵魂、塑造生命、塑造人的神圣使命，行为规范、为人师表，一个人的成就和性格奠基于他的学生时期，教师的一言一行都为学生所关注，潜移默化地影响着学生的心灵成长，甚至有可能影响学生的一生，正如陶行知所言“你的教鞭下有瓦特，你的冷眼里有牛顿，你的讥笑中有爱迪生”。敬畏心在外化为道德力量，在内使人修身明性。身为教师只有心怀敬畏之心，才会产生忠诚于本职工作的事业心、敬重本职工作的责任感和成就本职工作的使命感；才能积极主动的不断加强自己的师德修养、完善自己的人格品质、提升自己的能力水平；才能真正焕发出职业操守，以高尚的品德和规范的行为敬畏职业、敬畏生命、敬畏学生，慎独、慎微、慎言、慎教，“为学以敬，治学以畏”，给予学生“垂范的力量”；才能不辜负社会的期待、家长的厚望、学生的信赖，获得教育的成功，照亮教育美好的明天，不枉“太阳底下最光辉的职业”之称谓。

平常心是对客观世界的客观看法和面对客观世界时不骄不躁客观处事的行为，是对自己与现实做出的正确的衡量，是宁静淡泊地在平凡工作岗位上寻找自己的闪光点和人生价值，永远保持乐观进取的积极踊跃的生活态度，是睿智思维、坚定信念和强大自信的表现。教师职业的特殊性要求教师拥有一颗平常心。教师工作是平凡的，平凡到几乎看不到它的存在，就像我们身边的空气；教师工作是琐碎辛苦的，琐碎到吃、住、行……辛苦到朝六晚七；教师工作是清贫的，清贫到辛劳一生不可能有大富大贵；教师的工作是受关注有压力的，社会、学校、家长、学生时时刻刻关注着教师的工作，并带来有形无形的压力；教师的工作成果是隐性滞后的，隐性地表现为学生良好行为习惯的养成和优秀品质的培养，滞后地表现为学生未来的发展。教师是有七情六欲的普通人，有思想、有感情、有需求，教师也很在意学生和家长的好评，看重同事和领导的赞许，渴望轰轰烈烈的成就、热烈的掌声、耀眼的光环……然而，三尺讲台是个与功名利禄绝缘的地方，这里没有轰轰烈烈，只有默默无闻、实实在在。因此，教师只有修炼一颗平常心，才能参悟到平凡岗位上孕育的经天纬地之伟大，教师工作虽然平凡，教师的脊梁却支撑着祖国的未来，教师的双手却托举着明天的太阳；才能“不以物喜不以己悲”，淡泊明志，坚守住“清”的纯粹，坚持住“贫”的本真；才能“弱水三千，我只取一瓢”。坚定自己的教育信念，摒弃浮躁，回归成长规律；摒弃功利，回归精神陶冶；摒弃歧视，回归一切的孩子；摒弃花哨，回归自然与生活。一切从学生的发展出发，为每个学生的发展提供合适的教育，真正为学生的幸福人生奠基，为社会培养好的公民。

有人说“只要你用心去做一件事，全世界都会为你让路”。作为一名教师，只要我们把整个心灵献给孩子，以我们博大的仁爱心、高度的责任心、不断的进取心、强烈的事业心、朴素的平常心、虔诚的敬畏心对待我们所从事的工作，以一颗智慧之心、仁爱之心、包容之心去拥抱我们的孩子，我们一定能够实现心中的教育理想，托起明天的太阳！

结语

本案例作为教育叙事研究，旨在通过钩沉磨洗自己的专业成长历程，凝练对教师专业成长“内涵式发展”的认知。本案例的最终结论是：教师专业成长的根本动力源于教师的内在需求。教师专业内涵发展的核心是：基于价值观引领下的教育理念与专业精神的不断重构与塑造，基于广泛学习的专业知识和非专业知识的不断拓展，基于反思与科研基础上的教育智慧的不断提升。教师专业成长“内涵式发展”的途径和措施是：以教师教育为辅助手段，依赖于教师个体的主动参与和自主发展；依赖于教师自身以其经验和智慧为资源，在不断学习、反思、探究的过程中形成并得到有效提升。

本案例仅仅是叙说我个人的成长故事，所选素材略显单薄，而且作为一线教师，探讨的视角和界域自然更多地偏重专业知识和专业能力两个方面，对于教师专业内涵的道德素养和情意特质的探究有所不足。因此，本案例基本上是个案叙说或者是对教师专业成长“内涵式发展”的微观探究。

参考文献

［1］中国学生发展核心素养［N］.中国教育报，2016-09-14（1）.

［2］中华人民共和国教育部制定.普通高中生物学课程标准（2020年修订）［M］.北京：人民教育出版社，2020.

［3］教育部考试中心制定.中国高考评价体系［M］.北京：人民教育出版社，2019.

［4］中华人民共和国教育部制定.中小学心理健康教育指导纲要（2012年修订）［M］.北京：北京师范大学出版社，2013.

［5］林崇德.21世纪学生发展核心素养研究［M］.北京：北京师范大学出版社，2016.

［6］周步成.心理健康诊断测验（MHT）手册［M］.上海：华东师范大学出版社，1991.

［7］喻平.发展学生学科核心素养的教学目标与策略［J］.课程·教材·教法，2017（1）：48-53.

［8］余文森.核心素养的内涵与意蕴［J］.今日教育，2016（2）：1-3.

［9］施久铭.什么是核心素养：为了培养“全面发展的人”［J］.人民教育，2014（10）：13-15.

［10］郑日昌.心理测量学［M］.北京：人民教育出版社，1999.

［11］戴学云.核心素养视阈下的生物学科素养培养主要策略［J］.中学生物教学，2016.12.

［12］朱晓燕.基于情境认知理论的生物学核心素养培养策略［J］.中学生物教学，2017.03.

［13］吴海燕，李其柱.构建教育生态系统，培育学生生物学核心素养［J］.中学生物教学，2016.11.